松山大学研究叢書　第94巻

プロフェッショナル労働市場

スキル形成・賃金・転職の実態分析

西村 健

[著]

ミネルヴァ書房

は じ め に

　プロフェッショナルとはいかなる制度的特質を備えた労働市場において養成されるものなのか——本書のテーマは，経済学を中心とした視点からこの問いを考察していくことにある。

　様々な分野でイノベーションが進み，仕事で求められるスキルが日々高度化している現代社会において，私たちの生活は高度な専門知識を使い，具体的な問題を解決してくれるプロフェッショナルたちの活躍なしには成り立たないと言っても過言ではない。意識しているかどうかにかかわらず，私たちはプロフェッショナルが提供する様々なサービスの恩恵を日々受けている。さらにこれは先進各国において程度の差こそあれ共通して見られる現象でもある。経済のサービス化が進行する中で，1980年代以降，各国では産業構造の変化だけでなく雇用構造上の変化も同時進行したと言えるが (宇仁 2015)，この間にプロフェッショナルが私たちの経済活動に与える影響力は非常に大きくなったと考えられるのである。特に，専門的なサービスを消費者に提供している企業にとって，その技術的基盤を支える有能なプロフェッショナル人材をいかに確保していくかが死活問題となっていることなどは想像に難くない。高度なスキルを備えた確かなプロフェッショナルが安定的に養成されるような社会システムを整備することは，今や国が長期的に発展していく上での必須課題であることに間違いはないであろう。そしてこのようなマクロな視点から，いかなる条件が整えばそうした社会システムが適切に維持され，機能するのかを解明していくことは，現代の社会科学が取り組むべき重要な課題の1つであると考えられるのである。例えば，職業免許制度に関する評価をめぐって必要論の立場をとる E. Freidson の主張と，不要論の立場をとる M. Friedman の主張が鋭く対立するように，この課題には私たちがどのような哲学・思想を持って市場や社会

を設計していくのかという問いが含まれていることは言うまでもないことだろう。

　他方，専門性の高いサービスを供給する主体としてのプロフェッショナル労働を個人というミクロな立場から考察してみると，私たちはそこに働く上での裁量の大きさや自律性の高さといった特徴を見出すことができるかもしれない。専門性が高く汎用的なスキルを持ち合わせ，転職が容易で特定の企業や組織に縛られることがなく，仕事の内容と報酬が明確に対応していて，一般的な労働者よりも主体的に自分のキャリアを築いていく。私たちはプロフェッショナルの労働というものに，このようなイメージを抱いてはいないだろうか。もちろん職業によって程度は異なるだろうが，専門性を生かすことで労働供給の時間や場所をある程度自由にコントロールすることができるとすれば，例えば職場や家族の都合による離職などはプロフェッショナル労働においてはある程度抑制が可能かもしれない。専門性の高い仕事をこなすだけの能力が求められることは言うまでもないが，プロフェッショナル労働はある意味で私たちのワーク・ライフ・バランスを向上させる魅力的な働き方の1つとして捉えられるのである。

　「プロフェッショナル」の魅力はそれにとどまらない。職業人生の中で1つの職種を継続しようとするのがプロフェッショナルであるとするなら，意識するかどうかにかかわらず，それは長期にわたって自分の職域と向かい合い，専門性を研ぎ澄ますために日々努力を重ねることを意味するだろう。そうした活動は地道なものかもしれないが，腕や技が高まるたびに味わう達成感や充実感，面白さなどは，なにより彼らの職業人生を豊かなものとするはずなのである。

　しかし，他方でプロフェッショナルであるがゆえの厳しさというものがあることもまた確かであろう。プロフェッショナルはクライエントに対して，常に質の高いサービスを供給することが求められている。裏を返せば，プロフェッショナル・サービスの消費者としての我々は，常に質の高さを求めているという点においては一切妥協がないと言えるだろう。プロフェッショナルはこうしたクライエントの要求に応える責務を常に担っているのである。プロフェッ

ショナルが自律的な働き方を実現できるのは，この重責を果たすことによって，十分な社会的信任を獲得しているからである。そのためにプロフェッショナル一人ひとりが，あるいは職業集団としてのプロフェッショナルが不断に研鑽を積んでいく必要があるのである。

　また，一人前のプロフェッショナルとして活躍できるだけの十分な専門性を獲得するまでには，一定の訓練期間が必要となる。その長さは職業によって様々だろうが，時に10年を超すことがあるかもしれない。その間は言わば半人前としての扱いに甘んじなければならず，仕事への報酬なども十分ではない可能性がある。しばしばそれは無報酬であるかもしれない。晴れて一人前になれたとしても，その後の成功が約束されているわけでもない。プロフェッショナル労働には，一人前として正式に入職する以前の段階で，かように厳しい下積みの時代を経てまで当該の職業への入職を希望するか，という新規参入者の覚悟を問う側面があると指摘できるだろう。

　このように経済全体へ与える影響の大きさから個人の働き方の問題，そしてクライエントとの関係性にいたるまで，「プロフェッショナル」とは実に多様な文脈から語られるべき現代のキーワードの1つとして，私たちの関心を引いてきたことに間違いはないだろう。しかし，およそ耳目を集める言葉の定義付けがしばしば困難であるように，「プロフェッショナル」という言葉が指し示す概念も，本書において1章を割いて論じなければならないほど多分に曖昧なものである。そこから私たちが連想する職業と言えば，医師，弁護士，技術者，デザイナー，スポーツ選手，芸術家……と実に幅の広いものとなろう。むろん，これらの職業にはそれぞれ固有の職業的特性が存在しているわけであり，それらを十分理解することなしに，上述のような議論を深めていくことは本来不可能なはずである。個々のプロフェッショナルの職業上の特性，例えばスキルの特質や賃金，労働移動の実態，固有の職業意識などを比較し，それぞれの労働市場の異質性や共通性をあぶり出すことが，プロフェッショナルをめぐる建設的な議論を展開するための第一歩になると言えるのである。

　それでは，プロフェッショナル労働市場はこれまでどのようなものとして捉

えられてきたのだろうか。例えば，日本では職業別の労働市場は総じて未整備であり，人材育成に関しては企業の内部労働市場が主導的な役割を担ってきたと言われることがある（佐藤 2012a）。この観点に立てば，日本のプロフェッショナルの多くは企業ごとに形成される内部労働市場の管理的ルールに従って養成されてきた，企業特殊性の高い職業群と捉えることができるかもしれない。しかし他方で，企業の内部労働市場が人材育成において主導的な役割を担うという指摘は一国単位で労働市場を見た場合のことであり，個別の職業が形成する労働市場を詳しく見ていけば，より専門性の高いスキルを持った職業群などではその限りではないとも指摘される（宮本 1996）。この意見に従うなら，専門性の高い職業では職業ごとに賃金やスキル形成などに関わる労働市場の管理的ルールが存在しており，企業横断的な労働市場が形成されている可能性が考えられると言えよう。

　これらの主張はいずれもしごくもっともであるように思われるが，実際に実証的な分析によってプロフェッショナル労働市場の特性を明らかにしている研究は意外なことに非常に少ないのである。プロフェッショナルのうち，どのような職業において職業別労働市場が形成されていると言えるのか。職業別労働市場を形成することには，いかなるメリットとデメリットがあるのか。どのような条件がプロフェッショナル労働市場の発展形態を決めているのか。その形態は国ごとにどのように異なっているのか。このような疑問に対して十分な解答を与えてくれるような包括的かつ実証的な研究はこれまでほとんど行われてこなかった。さらに言えば，プロフェッショナルとは何か，すなわちどのような職業がプロフェッショナルであり，どのような職業がプロフェッショナルではないのか，という線引きについてさえも現状では十分なコンセンサスが得られているとは言い難い状況が続いている。

　以上のようなことを踏まえた上で，本書はプロフェッショナル労働市場に関する以下のような2つの課題の解決を図ることを目的としている。すなわち，第1の課題は，プロフェッショナル労働市場の実態を実証研究によって明らかにすることである。そして第2の課題は，実証研究によって明らかになった事

実から，現代の日本社会においてプロフェッショナル労働市場がどのような発展を遂げているのか，その像を描き出すことである。既述のように，プロフェッショナルとその労働市場をめぐる論点は非常に多岐にわたっており，それら全てを扱うことは筆者にとって手に余る仕事である。したがって，上記の課題を遂行する上で本書において触れることができたのは，自然とごくわずかな論点に限られてしまっている。この点を読者にはあらかじめ断っておかねばならない。しかしながら，他方で本書にはこれまでの研究にはないいくつかの特徴があることも記しておきたい。

プロフェッショナルとその労働市場の分析は経済学，社会学，経営学などの多様な学問領域が交差する領域として捉えることができる。プロフェッショナルに最も古くから着目してきたのは社会学であり，プロフェッショナルの定義・要件に関わる問題や，ノン・プロフェッショナルのプロフェッショナル化に関わる問題などが議論の中心となってきた（例えば Carr-Saunders and Wilson 1964；Wilensky 1964；Goode 1969；竹内 1972a；長尾 1995）。また，社会学での議論を基にして，経営学や心理学ではプロフェッショナルの自律性や心理的態度と組織の関係性，転職行動，そしてマネジメントに関わる問題などが議論されてきた（例えば田尾 1979ab, 1983；太田 1993；藤本 2005；谷内 2007）。総じて，社会学や経営学ではプロフェッショナルに関する研究はこれまで相当蓄積されてきたと言うことができる。

これに対し，賃金や労働移動など，労働市場に関わる論点からプロフェッショナルへアプローチしてきたのは経済学であった（例えば中田 1992；Ariga et al. 1997；村上 2003）。しかし，経済学のプロフェッショナル研究はその始まりが遅かったこともあってか，理論面と実証面の区別を問わず，社会学や経営学におけるそれと比較すればかなり層が薄いと言わざるを得ない。また，長い歴史を持つ社会学・経営学のプロフェッショナル研究と，経済学におけるプロフェッショナル研究は，十分な接合点を有することなく個別に発展してきたという印象がある。

以上のような先行研究の状況に対して，本書の特徴は，社会学，経営学，そ

して経済学の中で発展してきた諸理論を幅広く取り入れて，プロフェッショナルとその労働市場の特質を明らかにしようと努めている点にある。本書が課題に対してこのような幅広い学問的視座からアプローチする理由は，プロフェッショナルとその労働をめぐる論点が上記の通り幅広い問題領域に横たわっているからであり，課題を解決するための必要上，そうせざるを得なかったからである。しかし，それは同時にプロフェッショナルに関する学際的研究としての性質を多少とも帯びることとなったため，決して網羅的ではないけれど，結果的に本書では先行のプロフェッショナル研究の中で程度の差はあれ言及されてきた様々な論点に触れることができた。

　本書全体の研究アプローチに関しては以上の通りであるが，実証的研究とそれに関連した理論については，労働経済学において発展してきた手法を主として用いた。その理由は2つある。まず，上記の通りプロフェッショナルに関する経済学領域の研究が手薄であり，経済学からプロフェッショナルを論じる必要性があるように思われた。これが第1の理由である。また，本書の問題関心の中心は労働市場にあるが，労働経済学が労働市場の特質を明らかにする様々な分析道具を備えており，これらを用いることで明瞭な分析が行えると考えた。これが第2の理由である。実証分析に関して言うならば，労働経済学には労働市場の実態を実証的に明らかにする手法が数多く存在している。にもかかわらず，プロフェッショナルの労働市場に関する実証研究は，これまでほとんど行われてこなかったと言っても過言ではない。おそらく，実証分析に必要となる十分なデータが得られなかったことがその一因ではなかろうか。しかし，近年では政府や民間の研究所などが行った大規模調査の個票データの公開が進むなど，かつてに比べてプロフェッショナル労働市場の実態を示すデータの入手が容易になった。本書ではこれらのデータを利用した数量的な分析を行っている。

　それでは本書の具体的な構成について説明していく。第1・2章では理論的分析を，第3章以下では実証的分析を行っている。まず第1章では，本書がいかなる観点から職業を捉え，どのような範囲の職業をプロフェッショナルと考えるのかを明らかにする。先行研究では医師や弁護士など，古くからプロ

フェッショナルと考えられてきた職業と，技術者や研究開発者など新しくプロフェッショナルとして認識される職業が同じ文脈の中で捉えられてこなかった。本章はプロフェッショナルが用いる専門的知識の性質に違いがあることを明らかにし，その性質の違いに着目することで，新旧プロフェッショナルを同一文脈上で捉えるための分析視角の提示に努める。本章の議論の特徴としては，本書全体の中でもプロフェッショナルに関わる学問諸領域の成果を最も複合的に用いている点が挙げられるだろう。

　続く第2章では，本書が具体的に分析対象とする職種の選定を行い，その労働市場の特質を比較検討する上で必要となる分析視角について考察する。本書が分析対象とするのは医療プロフェッショナル（医師，薬剤師，看護師）と企業内ホワイトカラー型プロフェッショナル（企業内研究者，システム・エンジニア，プログラマー）である。これらの職種を選ぶ具体的な理由は第2章の中で明らかとなるが，前者は医療サービスを国民に提供する上で中心的役割を果たす職種群であり，後者は最先端の科学技術を創造し，応用する職種群である。医療と科学技術は，日本の産業を今後リードすると思われる重要な分野であり，本書で分析対象とする6つの職種はこれらの分野における中核的人材にあたる。その労働市場を分析することは，彼らの処遇問題にどのように対応していくかを考える上で示唆を得るという意味でも，非常に有意義であろう。また，本書が分析視角として用いるのは内部労働市場論である。内部労働市場論はこれまで多くの労働市場研究で用いられてきたが，プロフェッショナル労働市場の分析に用いるためには再検討されるべき論点も多い。ここでは旧来の内部労働市場論やそれを用いたプロフェッショナル研究の死角をあぶり出し，管理的ルールの強さ・性格と熟練形成のパターンから，プロフェッショナル労働市場には職能団体主導型，企業主導型，自己研鑽型という3つの類型が存在することを明らかにする。

　第3章以下では，プロフェッショナルのスキル形成，スキルの汎用性，賃金構造，そして労働移動に関する実証的分析が行われる。第2章において明らかになるように，これらは労働市場の性格を特徴付ける典型的要素であり，実証

分析を通してその実態を明らかにする必要がある。まず第3章では，教育制度の概要や各種アンケート調査の結果を見ることで，分析対象となる6つの職種それぞれのスキル形成がどのように行われているのか概観する。特にスキル形成はどのような場面において行われているのか，スキル形成を主導する主体は誰なのか，という2点に分析の重点を置くことで，スキル形成を支配する管理的ルールが労働市場でどのように機能しているのかを明らかをにする。

　次に，第4章ではスキルの汎用性と転職志向の関係について『ワーキングパーソン調査』の個票データを用いた分析を行う。汎用スキルを持つものが多い労働市場であれば，それを生かして転職が頻繁に行われることは不思議ではないし，また転職がそれほど行われていない場合でも，条件さえ整えば今後転職者が増加するかもしれないという意味で，潜在的に転職市場が存在していると捉えることができるかもしれない。本章では，スキルの汎用性に関する意識は職種によってどのように異なっているのか，スキルに汎用性を感じる人は転職志向が強いのか，という2点を考察することで，汎用スキルの獲得が職業別労働市場形成に寄与するのかどうかを検討する。

　第5章では，プロフェッショナル労働市場の賃金構造と労働移動の特徴を明らかにする。まず，『賃金構造基本統計調査』の集計データを用いて賃金構造と労働移動を分析する先行研究の追試を行い，近年のプロフェッショナル労働市場の変化と先行研究の問題点について明らかにする。次に，近年公開が進む『賃金構造基本統計調査』の企業規模別集計データを用いて賃金関数の推定を行い，年齢，勤続年数，職種経験年数などの変数のうち，賃金上昇に最も大きな影響を与えているのはどれなのか検討する。

　さらに第6章では，第5章で得られた結果との比較を念頭に置き，アメリカ国勢調査局（The United States Census Bureau）が実施する The Survey of Income and Program Participation の個票データを用いてアメリカのプロフェッショナル労働市場を分析する。まず，勤続年数と職種経験年数の乖離の程度や同一職種内での転職経験者の割合を比較することにより，職業ごとに見た労働市場の流動性や職種の継続性について検討する。次に，賃金関数を推定

し，年齢，勤続年数，職種経験年数などのうち，賃金上昇に最も影響を与える要因はどれなのかを検討する。

　最後に，第7章では本書全体のまとめと結論について論じる。まず，各章の分析から得られた結果を用いて職種ごとの労働市場の特徴について総括する。次に，これら分析の結果を今一度理論にフィードバックさせ，日米のプロフェッショナル労働市場の発展の仕方にどのような違いがあるのか特徴付ける。さらに本書の含意として，今後のプロフェッショナル労働市場の発展においては，プロフェッショナルが提供するサービスの質をどのように担保していくのかが課題となることを述べる。

　なお，本書は筆者の博士論文に大幅な加筆・修正を施して完成した。本書の研究が始まって以来，筆者は多くの方とプロフェッショナル労働市場について議論するチャンスに恵まれたが，そうした機会は本書の視野を広げる上でとても役に立った。また，本書の校正の段階では，ミネルヴァ書房編集部の梶谷修氏と中村理聖氏に大変お世話になった。両氏の丁寧な仕事ぶりにより，筆者の読みにくい文章は大幅に改善された。ここに感謝の意を表しておきたい。

2017年12月

著　者　西村　健

注
(1) 本書に関わる先行研究ではプロフェッション，プロフェッショナル，専門職という言葉が多用されている。これらにおいて，プロフェッションとプロフェッショナルはほぼ同義で用いられている（草野 2009）。本書では煩雑さを避ける意味で，慣用表現や引用等を除き「プロフェッショナル」に統一することにしたい。また専門職という言葉は "profession" の訳語として用いられるが，専門職とプロフェッションは日本語では必ずしも同じ概念を意味しない。したがって引用等で必要な部分を除いて専門職という言葉は極力用いない。
(2) Freidson (2001).
(3) Friedman (1962).

プロフェッショナル労働市場
——スキル形成・賃金・転職の実態分析——

目　次

はじめに

第1章

プロフェッショナルとは何か

---

1 プロフェッショナルの増加が意味するもの

　プロフェッショナル労働市場は急速に拡大してきた。データソースと職業分類の変遷に注意しつつ1960年代以降の各国のプロフェッショナル数の変化を見てみると，総数の著しい増加が確認できる（**表1-1**）。プロフェッショナルの総数が増加する背景としては，職種内部の従事者数が増加していること，職業分類においてプロフェッショナルとして認知される職業数が増加していることの2つの可能性が考えられるだろう。

　ところで，ある職業がプロフェッショナルたり得るのはどのような理由によるのか。ラムザイヤー（2010）によれば，プロフェッショナルとは自分たちに有利な独自の規制構造を形成するだけの政治的権力を持った職業集団であるという。すなわち，この政治的権力は職種の構成人数を抑え，一人当たりの所得を高めるための規制構造を作り出すために発揮される。とすれば，表1-1で見たプロフェッショナル総数の増加という現象が意味するのは，既存のプロフェッショナルがこのような政治的権力を行使する能力を失っている可能性や，政治的権力を持った新たなプロフェッショナルが次々に生まれている可能性であろう。ここから自然と湧き上がるのは，前者はまだしも，後者のような可能性は一体どれほどあるのかという疑問ではなかろうか。

　このような疑問に答えるための手がかりは，私たちが普段プロフェッショナルと呼んでいる職業の定義やその属性とは一体どのようなものか考えることにある。そして本章の課題は，まさにこの点の考察にある。以下に先行研究を簡

表1-1　プロフェッショナルの総数（上段，千人）と被雇用率（下段）の推移（男女計）

国　名	調査年						データソース	ISCO コード
日　本	1963	1974	1980	1990	2000	2008	労働力調査 (1963-2008)	58（1963） 68（1974-2008）
	2,210	3,410	4,380	6,900	8,560	9,500		
	83.3%	83.3%	83.1%	86.1%	88.1%	92.0%		
アメリカ	1960	1970	1980	1990	2000	2008	Population Census (1960), Current Population Survey (1970-2008)	58（1960-1970） 68（1980-2000） 88（2008）
	7,544	11,367	16,007	20,089	25,964	31,546		
	86.7%	90.1%	90.0%	92.1%	93.7%	94.7%		
イギリス	1961	1971	1981	1994	2000	2007	Population Census (1961-1981), Labour Force Survey (1994-2007)	58（1961） 68（1971-1981） 88（1994-2007）
	2,110	2,787	4,138	5,052	5,936	7,825		
	89.0%	90.0%	92.0%	85.3%	84.9%	86.2%		
フランス	1962	1975	1982	1990	2005	2008	Population Census (1962-1990), Enquête emploi (2005-2008)	58（1962） 68（1975-1990） 88（2005-2008）
	1,811	3,366	—	4,095	7,572	8,360		
	81.7%	88.8%	—	88.4%	95.6%	95.2%		

注：経済活動人口における集計。なお，次の職業区分をプロフェッショナルと見なしている。ISCO-58・68では Professional, Technical and Related Workers，ISCO-88では Professionals と Technicians and Associate Professionals の合計。

出典：ILO LABORSTA（http://laborsta.ilo.org/　2015年2月22日アクセス）より筆者作成。

単に整理してみよう。

　プロフェッショナルに関する研究は，元来社会学を中心に行われてきた。プロフェッショナルの属性を議論する研究には枚挙にいとまがなく（例えば Carr-Saunders and Wilson 1964；Wilensky 1964；Greenwood 1966；Hall 1969；Freidson 1970；Elliott 1972；中野 1981；長尾 1995），資格や社会的排除といった文脈からプロフェッショナルを論じるものや（Berlant 1975；Collins 1979；Murphy 1988），理念型としてのプロフェッショナルの要件からプロフェッショナルとそうでない職業の区別を論じるもの（Goode 1969；竹内 1971, 1972abc）などがある。

　近年では経済学・経営学的視点からプロフェッショナルにアプローチする研究も増えている。例えば，裁量労働制がとられる職業をプロフェッショナルと見なす佐藤（1999），労働市場における移動可能性が高い職業をプロフェッショナルと見る太田（1993），大企業ホワイトカラーをプロフェッショナルと見な

す宮下（2001）などが挙げられる。こうした研究の特徴として，プロフェッショナルと見なす基準や対象とされる職業の幅が広いことが指摘できる。

　しかし，いずれの文献でもプロフェッショナルの定義問題が議論されるものの，その結論は論者によって実に様々である。また，新たにプロフェッショナルと見なされる職業の幅が広まっていく様は，あたかも今日においてはあらゆる職業がプロフェッショナルとして認識されるべきだ，との印象を我々に与えてさえいる。まさにプロフェッショナル概念をめぐる議論は混迷を極めていると言っても過言ではないだろう。こうした問題へ1つの解答を与える意味から，本章ではプロフェッショナルが用いる専門的知識の性質の検討を軸にして，新旧のプロフェッショナルを体系的に捉える概念的枠組みを提示する[1]。また，そうすることによって，本書が対象とするプロフェッショナルの概念的範囲を確定させておきたい。

　専門的知識に着目したプロフェッショナル概念の再検討には，今日のプロフェッショナル労働市場を考える意味でも大きな意義があると思われる。というのも，プロフェッショナルの労働・仕事が実に多様で複雑な要素から成り立っているように思われるからである。それらを体系的に認識しようとする試みは，今後の労働市場設計においてプロフェッショナルの人材育成や処遇問題をどのように考えていけばよいのか，という政策的視座においても，その基礎的議論として積極的な意味を持つと考えられる。

　本章の構成は以下の通りである。第2節ではプロフェッショナルを扱う経済学・経営学分野の先行研究が増加傾向にあることや，それらが抱える問題点について指摘する。第2節で明らかとなった問題点を克服するため，第3節では理念型としてのプロフェッショナル概念の検討を行い，第4節では第3節での検討を踏まえて具体的に現代のプロフェッショナルを4つの類型に分類する。第5節では本章のまとめを述べる。

2　被雇用化の進展と概念的混乱

　統計から読み取れるように，プロフェッショナルの総数は少なくとも1960年代以降，増加の一途をたどってきた（表1-1）。その背景には，産業構造のサービス化により高度なスキルを必要とするプロフェッショナルの必要性が高まっていることが挙げられるだろう（清家 1999）。

　増加するプロフェッショナルの大部分は被雇用プロフェッショナルである。かつて Drucker（1954）は第二次世界大戦後の産業社会において「企業内の専門家職員ほど，急速に増大するグループはない[2]」と評したが，今日ではプロフェッショナルに占める自営業者の割合は1割前後にとどまっている（表1-2）。このことは，医師や弁護士といった古典的プロフェッショナルですら例外ではない。例えば，2014年のアメリカにおいて自営業の医師（physicians and surgeons）は10人に1人にすぎないのである[3]。

　被雇用プロフェッショナルの増加は，プロフェッショナルに関する学問的研究の視座にも大きな変化をもたらしてきた。従来，社会学者たちは国家や州の権限によって独占の機会を与えられた職業のみをプロフェッショナルとして扱ってきた（Berlant 1975；Collins 1979；Murphy 1988）。彼らは，基本的に自営のプロフェッショナルを念頭に，その職業的性質に関する議論を展開した。しかし，被雇用プロフェッショナルの増加によって議論の中心は組織とプロフェッショナルの関係性へと移行した（竹内 1972d）。また，（官僚的）組織の目的とプロフェッショナルの自律性は両立するのかという問題への問いかけから，反プロフェッショナル化（deprofessionalization）の議論も現れた（Haug 1975；Rothman 1984）。

　一方で，我が国においては経済学・経営学でもプロフェッショナルに関する研究は着実に進んできた（表1-3）。社会学的プロフェッショナル研究が「70年代以降の展開では法律家と医師へと（中略）収斂していく傾向にある[4]」のに対し，経済学・経営学的プロフェッショナル研究の特徴として，研究対象とさ

表1-2　プロフェッショナルに占める自営業者比率

国　名	自営業者比率
日本（2012）	9.9%
イギリス（2012）	13.3%
アメリカ（2009）	8.5% *

*Unincorporated self-employed workers (5.4%)＋Incorporated self-employed workers (3.1%)
注：日本とアメリカはそれぞれ「専門的・技術的職業従事者」，「Professional and related」に
　　該当する全労働者における自営業者の割合を示す。イギリスは「Professional Occupations」
　　に該当する employee と self-employed の合計における self-employed の割合を示す。
出典：『平成24年就業構造基本調査』（日本），*Labour Force Survey*, Jul-Sep 2012（イギリス），
　　Monthly Labor Review, September 2010（アメリカ）。

表1-3　我が国の経済学・経営学におけるプロフェッショナル研究の一例

研究名	扱われる職種
猪木（1989）	企業内弁護士，ロー・ファームの弁護士
太田（1993）	研究者，情報処理技術者（システム・エンジニア，システム・アナリスト），（服飾）デザイナー，建築士
日本労働研究機構編（1999）	社会保険労務士，デザイナー，ソーシャルワーカー，システム・エンジニア，翻訳家，公認会計士，棋士
佐藤（1999）	研究・開発技術者，ソフトウェア技術者，番組制作者，新聞記者，デザイナー
宮下（2001）	大企業の中間管理職
村上（2003）	研究開発技術者
今野（2005）	デザイナー，情報技術者
藤本（2005）	家電メーカー研究職
小池編・監修（2006）	新聞記者，企業内研究者，マネジャー，ファンドマネジャー，金融機関の融資審査担当者
山本（2009）	公認会計士，クオンツ
草野（2009）	医療プロフェッショナル
三輪（2011）	ソフトウェア技術者，経営コンサルタント

出典：各文献より筆者作成。

れる職業の幅が実に広いことが指摘できる。しかし，それは同時に「プロフェッショナル」という言葉が指し示す職業のイメージについて，看過できないほどのばらつきが生まれていることを意味している。

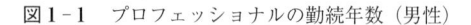

図1-1 プロフェッショナルの勤続年数（男性）

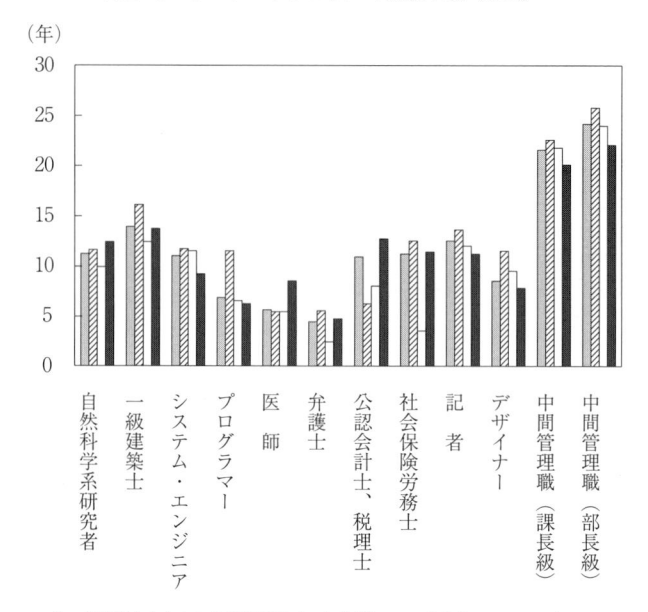

注：各職種とも左から企業規模計（10人以上），1000人以上，100〜999人，10〜99
　　人を表す。中間管理職については学歴計の値で，左から企業規模計（100人以上），
　　1000人以上，500〜999人，100〜499人を表す。
出典：厚生労働省『平成24年賃金構造基本統計調査』より筆者作成。

　このことは経済学・経営学の先行研究がどのようにプロフェッショナルを定
義してきたか見ればわかる。例えば太田（1993）は「Etzioni（1964）のいう『非
専門職組織』（non-professional organizations）に雇用されるプロフェッショナル
を直接の研究対象としている[5]」が，Shapero（1985）においてプロフェッショ
ナルに含められている職業が古典的プロフェッショナルの基準を必ずしも満た
していないことを挙げ，「『非専門職組織』に雇用される職種では，職業団体の
機能，倫理規範の重みなどの点で典型的なプロフェッションとは差異が生じる
ことはやむを得ない[6]」と言っている。そしてプロフェッショナルに含めるか含
めないかを測る指標として「移動可能性すなわち独立自営を含め現在所属して
いる組織以外に専門を生かした活動の場を見いだせるかどうか[7]」を挙げて「研
究者，情報処理技術者（システム・エンジニア，システム・アナリスト），（服飾）

デザイナー，および建築士の4職種を実証研究の主たる対象と[8]」している。これに対し，宮下（2001）は「日本の大企業ホワイトカラー，とりわけ大企業の中間管理職層の人材[9]」を「組織内プロフェッショナル」と呼び，分析の対象としている。

　ここでプロフェッショナルの企業への定着性について比較してみよう。図1-1では，表1-3で扱われた職種のうち利用可能なもの[10]について，『平成24年賃金構造基本統計調査』から男性に限定してその勤続年数を示した[11]。宮下（2001）が言う「中間管理職」については課長・部長級役職者を取り上げる。この図が示すように，企業規模1000人以上の一級建築士を除いたすべての職種で勤続年数が15年以内であるのに対し，中間管理職ではどの企業規模においても勤続年数は安定して20〜25年程度である。移動可能性，あるいは現実の移動性という基準を文字通りに解釈すれば，太田（1993）と宮下（2001）の考えるプロフェッショナルのイメージには大きな隔たりがあるように思われる。

3　理念型としてのプロフェッショナル概念

　経済学・経営学の先行研究が抱える最も大きな問題は，主に社会学で培われてきた理念型としてのプロフェッショナル概念に従って，古典的プロフェッショナルとそこには含まれない職種群を同じ文脈で捉え切れていない点にあると言えるだろう。特に，後者については「組織内プロフェッショナル」という概念によって，従来の議論とは異なる文脈から捉えようとする向きがある[12]。一見すると，従来のプロフェッション論とは体系立った知識の存在，強固な同職集団の形成，法律による業務独占の保証および倫理綱領の制定と行動規制などの諸要件を満たすかどうかによって，プロフェッショナルとノン・プロフェッショナルを分ける作業のように見える。単にこうした形式的要件を満たすかどうかを yes or no で判断してプロフェッショナルとノン・プロフェッショナルを分けるなら，組織内プロフェッショナルはこうした要件を必ずしも備えないことが多いため，彼らの多くは古典的プロフェッショナルと同じ文脈で捉えら

れない。そのため，先行研究の多くはプロフェッション論の文脈から組織内プロフェッショナルを捉えることを放棄してしまっているのである。

しかし，理念型としてのプロフェッショナル概念を丹念に見さえすれば，この点の克服は可能であると筆者には思われる。具体的に，どのようにプロフェッション論の文脈から組織内プロフェッショナルを捉えるのかは次節で検討していくが，本節ではその準備段階として，これまで議論されてきた理念型としてのプロフェッショナル概念を整理してみたい。

さて，伝統的なプロフェッション論を振り返ってみると，プロフェッショナルの属性として，体系的教育によって確立された専門的知識[13]，クライエントおよびコミュニティーによる権威の承認，専門職集団による倫理規定の制定や行動統制（Greenwood 1966；Hall 1969），そして自律性の高さ（Hall 1969）などへの言及が多いと言える。Hall（1969）によれば，「専門的知識に基づいていること，コミュニティーの承認が得られていること，そして同僚によって行動統制が行われているということは，すべて自律性の構成要素[14]」であり，自律性は，プロフェッショナルが「クライエント，自分と同じプロフェッションのメンバーではない他者，あるいは自分を雇用する組織から外的圧力を受けることなく自分自身で決断を下すことが許されてしかるべきである[15]」というニュアンスを含むという。この Hall の考えに従えば，プロフェッショナルの自律性とは，同職者以外（クライエントや雇用組織）から制約を受けることのない，職業的諸属性を根拠として与えられた「『判断と裁量を行使[16]』する自由」であると定義できる（図 1 - 2）。

逆に言えば，専門的知識，コミュニティーの承認，同職プロフェッショナルによる行動統制が無ければ自律性は確保できないわけであり，上記の 3 点の方が自律性を保持していることよりもプロフェッショナルの要件としてより本質に近いと考えることができるだろう。

では 3 点のうち最も本質的な要件は何だろうか。まず，コミュニティーの承認に関して言うと，アメリカにおいて葬儀屋が「葬儀大学」を設立して医師や弁護士なみのプロフェッショナルを目指すものの，社会的に認められていない

図 1 - 2　プロフェッショナルの自律性を支える根拠としての諸属性

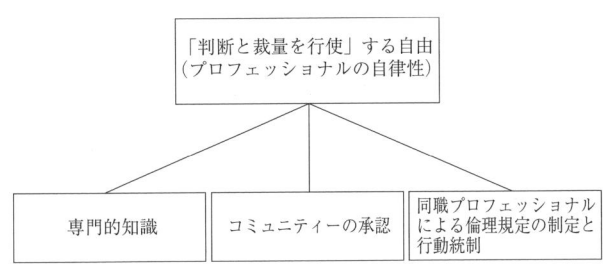

出典：筆者作成。

ことからもわかるように，古典的プロフェッショナルを形式的に模倣してみせることや，理論や技術を備えているだけでは専門職性が高いことの証明とはならず，それらは単なる「見せかけのプロフェッショナル化」にすぎないと言える（竹内 1972b）。また，Collins（1979）は「政治権力は，ほとんどすべての成功的な各専門職に介入している。すなわち各専門職は，各専門職を認可しその成員に対する集団的権限を支援する州の力を借りて，その独占権と自治を達成する[17]」と言っているが，同職団体がロビー活動を行い，自らをプロフェッショナルといくら称しようとも，単なる「自己宣伝は錯覚を生むだけで他者を説得することはほとんど[18]」なく，やはり社会は真のプロフェッショナルだと認知しないだろう。

　次に，同職プロフェッショナルによる行動統制を行う最も手っ取り早い方法としてライセンスの導入が挙げられる。ここで言うライセンスとは，まさしくR. Collins が言うところの「政治権力」によって業務の独占が法律によって規定されると共に，倫理規定の違反者が出た場合には剥奪され，業務停止となるものを指すわけである。しかし，「人間の生死にかかわる医療関係の職業（あんま，はり，きゅう師），大きな金銭的損失にかかわる不動産関係の免許職業を見れば[19]」わかるように，ライセンスとはその職業が備える専門性の高さによってというよりはむしろ「職業機能の重要性によって成立する[20]」ものであると言え，「免許制度は専門職の決定的指標ではない[21]」と考えられるのである。

では専門的知識はどうか。これも形式的にそなえるだけでは「見せかけのプロフェッショナル化」になることは間違いない。この点に関しては W.J. Goode と竹内洋の議論が論を進める上で参考になる。まず，Goode（1969）はプロフェッショナルがそなえるべき体系的知識の性質について以下の7点を指摘する。

①理想として，知識とスキルは抽象的なもので，コード化された体系的知識になっているべきである。
②知識は生活の具体的な問題に応用可能，あるいは応用可能と考えられているべきである。
③社会あるいは関連のある人々が，その知識が実際にこうした問題を解決すると信じているべきである（重要なのはこうした知識が問題となる案件を解決してくれると社会が信じていることであり，実際に解決できるかどうかは問題ではない）。
④社会の構成員がこうした問題を解決するには特定の職業集団に引き渡されるのが適当であると受け入れているべきである。なぜなら，その職業集団のみが他の職業にはない，解決に必要な知識を保有しているからである。
⑤当該プロフェッショナル自身がその知識を創造し，体系化し，伝えるべきである。
⑥想定される能力分野に横たわるあらゆる技術的問題の解決策の妥当性に関して，いかなる議論においても当該プロフェッショナルが最高の権威者（final arbiter）であると受け入れられるべきである。
⑦自分で努力しても，あるいは人から助けを受けても普通の人には獲得できないある種の神秘性を社会の構成員がプロフェッショナルに見出すほど，知識とスキルの量とそれらを得る難しさが十分あるべきである。[22]

　ここで少し批判を加えるとすれば，Goode の要件③④は社会による体系的知識の承認，いわばコミュニティーによる承認の必要性を説いているわけだが，

先に議論した通りコミュニティーによる承認は専門性が高いことではじめて獲得することができる，いわば副次的産物であるため，ここで議論しているプロフェッショナルが備えるべき専門的知識の本質的要件とはなり得ない。よってプロフェッショナルの専門的知識を考える上で問題となるのは要件①②⑤⑥⑦である。

　次に，竹内は「職業技術の高度性，代替不能性，職業機能の緊急性，不可欠性が専門職の一次要件となる[23]」と言っており，特に職業機能の緊急性，不可欠性に関して「医師については，医療は生命にかかわり，医療サービスそのものがマクシマムな professional science を要求する。弁護士の場合法律家と法律家の闘いであるから同様にマクシマムな professional science が要求される。医師や弁護士の伝統プロフェッションの professional science のクライエントや大衆にとっての（限界）効用が高いことに止目すべきである。(ママ)つまりプロフェッション化はたんに訓練期間を長期間にしたり，professional science を形式的にそなえても十分条件にならない。その（限界）効用が相対的に高くなるときに，『科学の応用者』としてのプロフェッションの地位となってペイオフするのである[24]」と言っている。

　両者の議論には共通点が多い。それらを要約すると，理念型としてのプロフェッショナルは（1）体系的知識のコード化を前提に，（2）高度で代替不能な体系的知識や職業技術，（3）緊急性や不可欠性を伴う職業機能，（4）体系的知識・技術を使う専門分野における頂点性，を備えている必要があると言うことができる。Goode と竹内の議論からは，プロフェッショナルが備える体系的知識の（社会的）性質こそがプロフェッショナルの「稀少性」（竹内 1971）を支える最も本質的問題であるということが理解できる（図1-3）。

　まず，要件（1）をクリアしていることがプロフェッショナルへの第一歩として重要な意味を持つ。このことは，熟練職人のように職業技術が高くともコード化された体系的知識がないような職業は，プロフェッショナルたり得ないことを意味している。次に，（2）をクリアしているかどうかが，より高度なプロフェッショナルとして見なされるかどうかの一つの大きな分岐点となる。

図1-3　プロフェッショナルの理念型の本質としての専門的知識

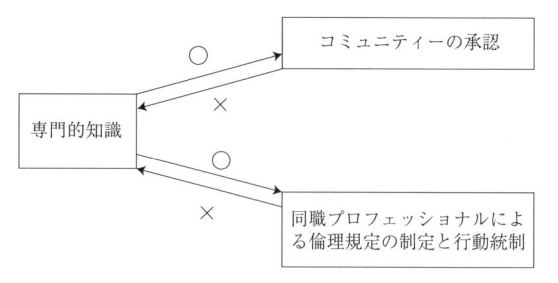

出典：筆者作成。

この要件をクリアできない教師やソーシャル・ワーカーが，セミ・プロフェッショナルと見なされる所以がここにある（Goode 1969；竹内 1972a）。また，（1）と（2）の要件をクリアしなければ（3）あるいは（4）は達成されない。それは繰り返しになるが，あんま，はり，きゅう師の例で示されたように（3）を満たしていても（2）を満たさなければプロフェッショナルと社会的に認められないことから明らかである。（2）がある意味ではプロフェッショナルの稀少性を達成するための最初のステップであると言い換えることもできるだろう。

　では（3）と（4）はどちらが先に満たされるべきか。Carr-Saunders and Wilson（1964）では次のようなことが述べられている。

　プロフェッショナルは，他の誰も供給できない，研究の結果提供できる何かを持っている。プロフェッショナルは，専門的技術が科学に基づいているとはいえ，当該科学の発展に寄与するアカデミックな科学者と同じようには位置付けられない。しかしながら，彼らだけが日常世界において技術がどのように作用するのか観察する立場にある。プロフェッショナルは片方の足をアカデミックな世界に，そしてもう片方を実務の世界に置いている。科学者は理論的に可能なことを知っていて，プロフェッショナルは実際に可能なものを知っている。あるいは，少なくともプロフェッショナルとは可能なこと

を発見し，知らしめる立場にある[25]。

彼らは（純粋）理論家としての科学者と（理論に根ざした）実務家としてのプロフェッショナルとを区別しているわけだが，それは一方で理論的発展の最先端は科学者によって担われることを認めているわけであり，また今日において，産学連携など科学者が純粋に科学理論の発展だけに寄与しているとは言い難い状況を鑑みると，科学者とプロフェッショナルの境界は現代において曖昧になってきていると考えるのが妥当なのではないだろうか。したがって，現代において要件（3）は達成されなくとも（4）は達成され得ると考えられよう。

4　職業グループの類型化

前節で議論した専門的知識を中心にしたプロフェッショナルの理念型から導出される4つの指標を使って，現代のプロフェッショナルを類型化してみたい。しかし，たとえ同一の職業であっても，その職業的特性は国によって千差万別だと考えられるので，ここでは日本のプロフェッショナルに限定して議論を進めたい。さらに個々の職業について詳しく分析を行う余裕もない。そのため必ずしもその職業の現実の姿が反映されているわけではない点に留意していただきたい。あくまで，理念型に沿って「概念的」に職業を分類しようという試みである。

職業の選択にあたっては，国際労働機関（ILO）による2008年に改訂された国際標準職業分類（ISCO-08）において professionals に分類される職業を参考にする[26]。ISCO-08では major group である Professionals は6つの sub-major group，すなわち Science and Engineering Professionals, Health Professionals, Teaching Professionals, Business and Administration Professionals, Information and Communications Technology Professionals, Legal, Social and Cultural Professionals に分かれており，それぞれのグループは例えば次のような職業を含む。Science and Engineering Professionals（科学者，技術者，

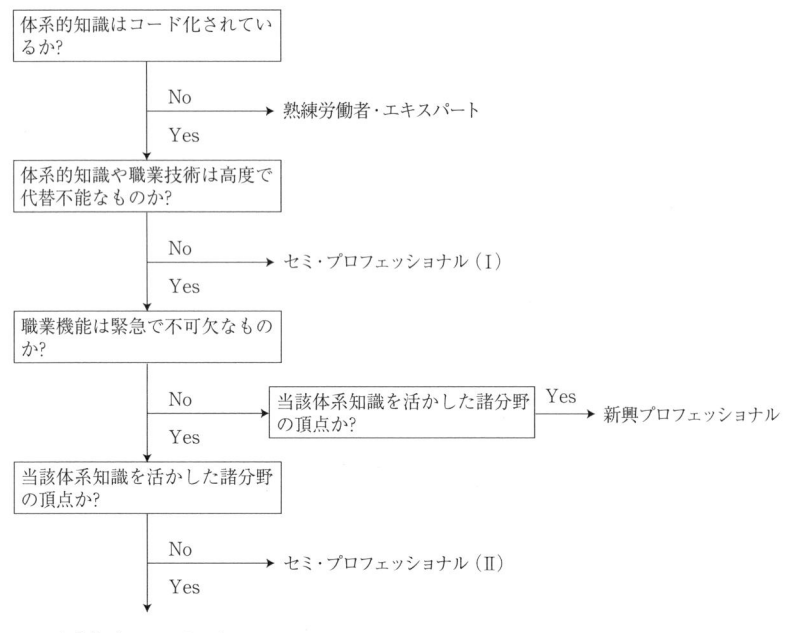

図1-4　プロフェッショナルの理念型に基づく分類

体系的知識はコード化されているか?

No → 熟練労働者・エキスパート

Yes

体系的知識や職業技術は高度で代替不能なものか?

No → セミ・プロフェッショナル（Ⅰ）

Yes

職業機能は緊急で不可欠なものか?

No → 当該体系知識を活かした諸分野の頂点か? → Yes → 新興プロフェッショナル

Yes

当該体系知識を活かした諸分野の頂点か?

No → セミ・プロフェッショナル（Ⅱ）

Yes

古典的プロフェッショナル

出典：筆者作成。

建築士，保険計理士，デザイナー），Health Professionals（医師，看護師，薬剤師），Teaching Professionals（教師），Business and Administration Professionals（公認会計士，財務・投資顧問，金融アナリスト），Information and Communications Technology Professionals（IT 関連開発者，アナリスト，プログラマー），Legal, Social and Cultural Professionals（弁護士，司法書士，図書館司書，ソーシャル・ワーカー，ジャーナリスト，エンターテインメント関連職業，芸術家）である。さらにこれらの職業以外に，表1-3からファンドマネジャー，社会保険労務士，翻訳家，大企業中間管理職を，また，ホワイトカラー・プロフェッショナルだけでなく，ブルーカラーから熟練労働者も加えることにする。

　こうした職業を，前節で議論した4つの指標を使って図1-4の手続きにより分類すると，4つのグループに分けることができるだろう。

①古典的プロフェッショナル

同じ体系的知識を使う諸職業のヒエラルキーにおける最高の権威者（final arbiter）である職種。職業機能に緊急性・不可欠性が伴う。例としては医師，弁護士，公認会計士，建築士。

②新興プロフェッショナル

技術革新による「新しい装置や技術に専門性が基づいており[27]」，体系的分野においても最高の権威者であるが，職業機能の緊急性・不可欠性は必ずしも高いとは言えない職種。例としては技術者，研究者，科学者，保険計理士。

③セミ・プロフェッショナル

セミ・プロフェッショナルは次の2つのタイプに分けられる。

(1)セミ・プロフェッショナル（Ⅰ）

体系的知識や職業技術が高度で代替不能であるとは言えない職種。業務遂行にあたって体系的知識・理論の利用が確認できない，あるいは経験による「カンやコツの割合[28]」が高いと思われる職種。例としては教師，ソーシャル・ワーカー，図書館司書，デザイナー，IT 関連開発者，アナリスト，プログラマー，翻訳家，エンターテインメント関連職業，芸術家。

(2)セミ・プロフェッショナル（Ⅱ）

体系的知識や職業技術は高度で代替不能であると言えるが，同じ体系的知識を使う諸職業のヒエラルキーにおいて最高の権威者となり得ていない職種。例としては看護師，薬剤師，司法書士，社会保険労務士。

④熟練労働者・エキスパート

長年企業に勤めることで専門性を高めた企業内エキスパートや，ブルーカラー職種においてクラフト的徒弟制度を通して高い職業的スキルを身につけた熟練労働者。コード化された体系的理論によるのではなく，「見習い」を中心に職業スキルを上げるタイプ。例としては記者（ジャーナリスト），大企業中間管理職，財務・投資顧問，金融アナリスト，ファンドマネジャー，熟練職人。

古典的プロフェッショナル，セミ・プロフェッショナル（Ⅱ），新興プロフェッショナルに含まれる職業群は，それぞれ専門的知識の創造と発展，そしてその実用化や実務の点で重要な役割を果たしており，相互補完的に機能して不可分の関係にあると言えよう。また，セミ・プロフェッショナル（Ⅰ）には一般に自律性が高いと考えられている職業が多く含まれている。専門的知識を中心にしたプロフェッショナルの類型化という観点において，この自律性はFreidson（1970）の言う「否定形の自律性（autonomy by default）[29]」として解釈できるだろう。この意味で，日本において資格による業務独占を達成している教師は，セミ・プロフェッショナル（Ⅰ）の中でも特異な存在だと解釈できるかもしれない[30]。

　大企業ホワイトカラーのスキルや知識は，入社後長年にわたって職場で仕事を経験することによって培われるものである（佐藤 2001；小池 2005）。ゆえに，たとえそれらが高度であったとしても，コード化された体系的知識として社会的認知を受けているとは言い難い。この点で彼らはプロフェッショナルというより，エキスパートである。同じことは熟練労働者にも当てはまる。彼らの技能形成は徒弟制（apprenticeship）を通した「見習い」による（小池 2005）。同じ金融関連の分野でも，保険計理士がコード化された高い数学・統計に関する専門的知識を要する職業であるのに対し，財務・投資顧問，金融アナリスト，ファンドマネジャーのスキル形成は入社後培われる[31]。この点で両者は異なるプロフェッショナルのカテゴリーに分類される。

　ここで，前節では考慮しなかった知識の陳腐化問題に触れておく必要がある。公認会計士とクオンツの知識タイプの違いを比較した山本（2009）によれば，クオンツでは専門的知識のコード化の程度は高いと言えるが，他方でそれは陳腐化が速く，専門誌やインターネット，学会や私的な人的ネットワークを通じて次々に新しい知識を獲得する必要があるのに対し，公認会計士では専門的知識の陳腐化が遅い反面，コード化が難しいものも多く，専門的知識の習得には時間がかかるという。これまで古典的プロフェッショナルとされてきた職業の専門的知識は概して寿命が長く，またその獲得には長期にわたる訓練が必須と

なる傾向があると指摘できよう。古典的プロフェッショナルはその体系的知識の陳腐化の遅さ，換言すればそれが帯びるある種の普遍性ゆえに，その職業的地位の担保に成功してきたのである。また，山本（2009）が公認会計士の例で実証するように，プロフェッショナルが備えるべき専門的な知識・スキルには，適度な抽象性を残してコード化されるという特徴があるとも言えよう。このことは以下の Collins（1979）の言葉からもうかがい知れる。

　強固な専門職は，明白な結果を産出し，教え得る実際的な専門技能を必要とする。これによってのみ，誰が訓練されるかを統制することにより，その技能の独占が可能なのである。技能は訓練を必要とするほど困難なもので，結果を産出するに十分に確実なものでなければならない。しかし，あまりに確実すぎてもいけない。そうなると部外者が結果によってその職を判断し得て，その判断によって専門職従事者を統制しうるからである。理想的な専門職は，結果の完全な予測性と完全な非予測性との中間点を占める技能を持つ。[32]

保険計理士（アクチュアリーやクオンツ）などの金融工学を多用する分野のプロフェッショナルは，今日の企業活動においてなくてはならない存在であり，緊急性と必要不可欠性を帯び，かつ分野における頂点性も獲得している。にもかかわらず，ここで古典的プロフェッショナルに分類しなかったのは，こうした分野における知識の陳腐化問題がまだクリアされていないためである。同様の問題は IT 技術の分野にも当てはまると考えられる（Tsai et al. 2007）。

　このような分類によって，古典的プロフェッショナルが最も偉大である，などとよもや言いたいのではないことは，賢明なる読者ならば理解していただけるところだろう。「職業に貴賎無し」と言われる通り，社会というのは数多の職業が多様な条件の下，相互補完的に分業を行うことから成り立っている。ここでは，それがプロフェッショナルの世界でも例外ではないことが明らかとなったにすぎない。

5　専門的知識の差異と労働市場

　まず，本章の分析結果を要約すると以下のようになる。プロフェッショナル
の理念型の最も本質的な特徴として挙げられるのは，コード化を前提とした体
系的知識である。それは高度で代替不能なものとして社会から認知されていな
ければならない。さらにプロフェッショナルの職業機能には緊急性や不可欠性
が伴っている必要があり，体系的知識・技術を使う専門分野においては頂点性
が達成されている必要がある。このような基準によって現代のプロフェッショ
ナルを分類すると，古典的プロフェッショナル，新興プロフェッショナル，セ
ミ・プロフェッショナル（Ⅰ），セミ・プロフェッショナル（Ⅱ），熟練労働
者・エキスパートに類型化できることがわかった。特に，これまで「組織内プ
ロフェッショナル」として扱われてきた記者，大企業中間管理職，財務・投資
顧問，金融アナリスト，ファンドマネジャーは企業におけるエキスパートに分
類される。また，新興プロフェッショナルやセミ・プロフェッショナルのグ
ループは高い専門性や職業機能の緊急性・不可欠性を伴う職業を含んでいるが，
「知識の陳腐化」の問題を抱えている職業も多く，古典的プロフェッショナル
と同じ高い社会的認知を獲得しているとは言い難い点を指摘した。

　プロフェッショナルは多様な角度から論じられてきた。特にその職業的範囲
について様々な論者が解釈を試みてきたにもかかわらず，未だにプロフェッ
ショナルの概念的統一はなされていない。その大きな要因として，近年の研究
が理念型としてのプロフェッショナルの姿を十分に描いて来なかったことが挙
げられるだろう。

　本章では，プロフェッショナルの職業要件を議論する先行研究の精査を通し
てプロフェッショナルの本質的要件を抽出し，現代の様々な職業を理念型とし
てのプロフェッショナル像の延長線上で整理・理解することに努めた。その結
果，今日プロフェッショナルと呼ばれている多くの職業が本書においてはプロ
フェッショナルに含められないことになったと言えるだろう。それは，あらゆ

る職業をプロフェッショナルと呼ぼうとする今日の風潮にある意味逆行するものかもしれないが，それぞれの職業が持つ社会的価値を真に明らかにするためには評価軸を設定しなければならない。本章の結論が個々の職業の性格をよりクリアにし，それぞれの職業的価値や社会が職業に求めていることについて評価するための1つの材料となれば幸いである。

　ところで，分析の結果，プロフェッショナルの最も本質的な要件とはコード化された体系的知識であり，知識の性質の違いがプロフェッショナルの間に違いを生み出していることが明らかとなった。このことは経済学的視点からプロフェッショナル労働市場を分析する上で重要なヒントを我々に与えている。プロフェッショナルの間に存在する専門的知識やスキルの性質に関する差異は，労働市場に形成されるジョブラダーの長さや働き方を管理する様々なルールに多様性を生んでいる可能性がある。しかし，プロフェッショナルの専門的知識の性質とジョブラダーや労働市場がどのような対応関係を持つのかについて，労働経済学などの先行研究はこれまで十分な説明を与えてこなかった。プロフェッショナルが形成する労働市場の性質，とりわけ彼らの賃金構造や労働移動，スキルの汎用性に違いがあるとすれば，それは専門的知識・スキルの性質の違いを反映しているのかもしれない。続く第2章ではこれらの点を議論する。

注

(1)　「プロフェッショナル」とは異なる視点から職業を捉える概念として「ナレッジ・ワーカー」(Drucker 1969)，「ゴールドカラー」(Kelley 1985)，「シンボリック・アナリスト」(Reich 1991)，「クリエイティブ・クラス」(Florida 2002) なども挙げることができる。これらの概念にどのような視点の違いが見られるのかについて本章では論じないが，関心のある読者は三輪（2011）を参照のこと。

(2)　Drucker (1954), p. 329.

(3)　Bureau of Labor Statistics ホームページ (http://www.dol.gov/　2017年1月21日アクセス)。

(4)　吉村 (1992)，51ページ。

(5)　太田 (1993)，15ページ。

(6)　同上書，20ページ。

(7)　同上書，21ページ。なお，太田はこの直後において「現実にその職業で移動率が

高いか低いかが問題になるのではない」と述べ，現実の労働移動の問題を一旦考慮の外に置いている。しかし，移動可能性の高さは，通常現実の移動率と密接に関係するであろう（第5章第3節を参照）。以下の図1-1において企業への定着性を比較する根拠はここにある。

(8)　同上書，22ページ。

(9)　宮下（2001），56ページ。

(10)　表1-3の諸研究と『平成24年賃金構造基本統計調査』では職種に関する定義が異なっていることを割り引いて考える必要がある。

(11)　職業の継続性や移動可能性を検討するに際しては，性別を考慮するのが一般的であろう。太田（1993）はこの点について特に触れていない。なお，プロフェッショナル労働におけるジェンダーの問題は，本書で触れることができなかった重要な論点の1つである。差し当たっては Witz（1992）などを参照のこと。

(12)　「組織内プロフェッショナル」は就業形態に基づいてプロフェッショナルを捉えようとする方法である。この点については，第2章第2節においてもう一度論じる。

(13)　プロフェッショナルにとって，体系的教育による専門的知識の確立が重要な意味を持つ理由は，プロフェッショナル誕生の起源からも理解することができる。Carr-Saunders and Wilson（1964）からイギリスのプロフェッショナルの起源に関する記述を簡単にまとめると以下のようになる。

　　大学の起源は教会ではないが，次第に教会の支配下に入り中世においては教授と学生は教会の秩序に組み込まれた。教育は教会機能と深い関わりを持ち，大学教授はしばしば聖職者でもあった。大学で養成された弁護士，内科医，公務員は特別な機能を果たすことを期待された教会の秩序に属するメンバーだった（pp. 289-290）。その後，弁護士の養成は法曹院で行われるようになり，13世紀中頃までに裁判所から聖職者は排除された。コモン・ローも中世を通して完全に教会から切り離された。一方，外科医，（当時 grocery との区別がなかった）薬剤師，公証人は教会の秩序と関係のない形で（すなわち，大学とのかかわりなく）出現し，職業ギルドを形成した。さらに教会の衰退も相まって，16世紀の終わりまでに大学教授を除いてすべての職業が教会の秩序と関係が無くなった（p. 291）。大学教授は19世紀にいたるまで教会の影響下にあった（p. 294）。産業革命をはさみ，化学や物理学の発展によって19世紀には化学者，物理学者が出現した。さらに大規模産業組織の形成により会計士，秘書，高度に発達した銀行や保険システム，ブローカーへの需要を生んだ（p. 297）。

　　このように古典的プロフェッショナルは教会との深い関わりの中で大学を中心に形成され，ゆえに理念型としてのプロフェッショナルにとっては「『学問』がなによりも基本要件である」（竹内 1972a，76ページ）と考えることができる。また，新興プロフェッショナルの出現には初期の大学における「学問」要件以外の要素として理系分野を中心とした技術革新が重要な役割を果たしていたのであり，プロフェッショナル概念が理念型的なものからより幅の広いものへ発展する過程で，産業革命が果たした役割は大きなものであったと推測できる。なお，本書において触

れられない論点ではあるが，プロフェッショナルの出現経路や性格は国によって多様であり画一的なものではない，という批判には真摯に向き合う必要があると思われる（McClelland 1991；Krause 1996）。

⒁　Hall（1969），p. 81.

⒂　*Ibid.*, p. 82.

⒃　*Ibid.*, p. 81.

⒄　Collins（1979），p. 133.

⒅　Goode（1969），p. 269.

⒆　竹内（1972a），79ページ。

⒇　同上。

㉑　同上。

㉒　Goode（1969），pp. 277-278.

㉓　竹内（1972a），79ページ。

㉔　竹内（1972b），181ページ。

㉕　Carr-Saunders and Wilson（1964），p. 485.

㉖　ILO ホームページ（http://www.ilo.org/public/english/bureau/stat/isco/isco08/index.htm　2017年1月22日アクセス）。

㉗　Goode（1969），p. 272.

㉘　竹内（1972a），82ページ。

㉙　「たとえば，ナイト・クラブの魔術師やサーカスの曲芸団員（中略）タクシー運転手や灯台守のような職業もかなり自律性が高いが，それはそれらの仕事が移動あるいは物理的隔離という文脈でなされ，その仕事ぶりを他者が監視し，評価し，統制することが困難であるからである。これらすべての事例に見受けられるのは，否定形の自律性（autonomy by default）である。すなわち，ある職業が全面的に外部の干渉から免れているとする――しかし，それは（中略）その仕事の特質（複雑で，専門分化しておらず可視性が低い）が他者による評価・統制を困難にしているがゆえになのである。（中略）このような自律的職業に対する関心が他の労働者や社会の中で湧き上がった場合，公的制度が導入されなければ，この職業集団の自律性がいかに脆弱なものであるかが判明するだろう。要するに，組織化された自律性（organized autonomy）こそがきわめて高い安定性をもつのであり，専門職と関連のある自律性類型なのである」（Freidson 1970, pp. 135-136）。

㉚　教師をセミ・プロフェッショナル（I）に分類した根拠として Goode（1969）および竹内（1972abc）を参考にした。

㉛　飛田（2006）によると，アクチュアリーは「職種別採用である」のに対し，ファンドマネジャーは「総合職として入社」するのが一般的であるという（154ページ）。

㉜　Collins（1979），p. 132. なお，Collins は Wilensky（1964）を参考にこの部分を記述している。

第2章

労働市場分析のフレームワーク

1　労働市場を捉える視点

　前章で確認したように，1960年代以降のプロフェッショナル数の推移を追ってみるとその数が著しく増加してきたことがわかる。さらにその被雇用率の推移を見れば，いずれの国でも実におよそ9割が組織に雇用される「組織内プロフェッショナル」となっている（表1-1）。

　労働市場の流動性に着目すれば，この組織内プロフェッショナルは組織内定着型と組織間移動型の2つのタイプに分けることができる。日本の労働市場を念頭に置けば，前者の例としては企業内研究者・技術者，情報処理技術者，人事・教育・経理・財務等の企業内管理スタッフが，後者の例としては理工系大学研究者，医師，弁護士，公認会計士，デザイナーがそれぞれ挙げられるだろう（今野 2005）。

　ところで，社会学におけるプロフェッショナル研究の大家である E. Freidson は，プロフェッショナル労働市場に関して次のような見解を示している。労働市場は自由市場，官僚的労働市場，そして職業別労働市場に分類できるが，職業別労働市場こそがプロフェッショナルの労働市場である。そして，プロフェッショナルとして職業別労働市場へ参入するには，サービスの供給者（プロフェッショナル）が消費者（クライエント）に対して，どのようなサービスを提供する能力があるのかを示す職業資格の獲得が必須になる（Freidson 2001）。しかし，上で見たプロフェッショナル労働市場の実態に照らし合わせてみれば，この見解には2点の批判を加えることができるだろう。

まず，社会学におけるプロフェッショナル研究はこれまで独立自営がイメージされる医師や弁護士などの古典的プロフェッショナルを主要な研究対象としてきており，Freidson もその範疇でプロフェッショナル労働市場を捉えようと努めている。しかし，現実には独立自営ではなく被雇用型がプロフェッショナルの主流を占めている。また，現代においてプロフェッショナルとされる職業は今野（2005）が指摘するようにもはや医師や弁護士等に代表される，業務独占型の職種だけではない。つまり，高い被雇用率を前提にした，多様な職業の労働市場を捉えるための分析枠組みを展開していく必要がある。これが第1の批判点である。

　次に，同じプロフェッショナルであっても職種によって流動性に差が生まれる理由について考えてみたい。現代的な労働市場を想起すれば自明であるように，労働の需給は今や古典的な経済学が想定した完全競争モデルの中で単純に決まっているわけではない。それらはむしろ，フォーマル，イン・フォーマルを問わない種々の「ルール」によって統制される「制度化された市場」の中で決まっている（Kerr 1954）。つまり，流動性に差異が生じることに対する1つの説明として，職種ごとに定められる管理的ルールの違いを反映しているという指摘が可能となる。具体的には，技能形成の手順や賃金水準が企業ごとに管理されるなら組織内定着型になり，企業外部の職能団体等の管理的ルールが強い影響力を持ち，技能形成の手順や賃金水準が企業を超えて標準化していれば組織間移動型になる可能性が高い。このため，仮に組織内定着型にもかかわらず転職を繰り返すなら賃金の低下等のコストが生じ，逆に組織間移動型にもかかわらず組織に定着するなら十分な技能形成が行えない等のキャリア形成上の限界に直面することが予想されるのである。

　このように管理的なルールに基づいて労働が給付され，その対価として報酬が支払われる市場は「内部労働市場論[1]」によって概念的に特定化されてきた（Kerr 1954；Doeringer and Piore 1971；Althauser and Kalleberg 1981；Osterman 1984；Marsden 1990, 1999；久本 2010など）。内部労働市場論の強みは，企業が定めるルールと職業内で定められるルールのいずれが個々の職業の労働市場を支

図2-1 内部労働市場論による労働市場の類型

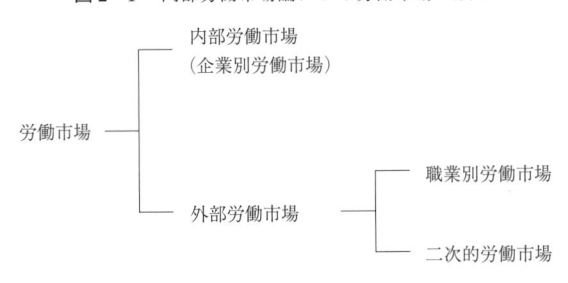

出典：筆者作成。

配しているのかを，賃金や技能形成といった多様な観点から考察する点にある。つまり，プロフェッショナル労働市場のタイプの違いを説明するのに非常に有用な理論なのである。Freidson の労働市場論も内部労働市場論に依拠して展開されていると言えるだろう。しかし，現代のプロフェッショナル労働市場の分析にあたっては，旧来的な内部労働市場論は見直される必要がある。これが第2の批判点である。

　ところで内部労働市場論に関わる用語は今日にいたって若干の混乱を生んでいる。議論の混乱を避けるため，以下では図2-1のように「内部労働市場」＝「企業別労働市場」，「外部労働市場」＝「職業別労働市場」＋「二次的労働市場」のように捉えることにしたい[2]。

　さて，周知の通り内部労働市場論は Doeringer and Piore（1971）をもってはじめて体系的に展開され（小池 2005），その後も各国で理論・実証の両面から研究が進められてきた。その多くは企業別労働市場に関する研究であり，今では「内部労働市場」は「企業別労働市場」の同義語として捉えられている（Althauser and Kalleberg 1981）。これに対して，外部労働市場には，同職集団によって技能や賃金の水準が標準化される職業別労働市場が存在する（Marsden 1990）。しかし，その理論的研究はこれまで十分に蓄積されてきたとは言い難い。ただ，関連する分野では実証研究の成果が蓄積されつつある。これら職業別労働市場に関する実証研究の成果を理論に反映させ，内部労働市場と職業別労働市場の関係性を再構築することで，より実態に近い形でプロフェッショナル労

働市場のモデルを描くことができるのではないだろうか。

　本章では労働市場の管理的ルールの規定主体（職能団体や企業）の役割に着目しながら内部労働市場論の主要な論点を再検討し，今日のプロフェッショナル労働市場を論じるための分析枠組みについて考察する。

2　分析対象としての組織内プロフェッショナル

　すでに第1章で見たように，伝統的にプロフェッショナルの雛形として扱われてきたのは，医師や弁護士，公認会計士といった職種である。このような古典的プロフェッショナルとしての地位を確立してきた職種は免許制による入職制限を設け，当該分野における独占的営業権を獲得してきた。同時に高い自律性を確保し，独立自営がイメージされる職種でもある。しかし，各分野の専門分化・分業化の進展に伴って職種ごとに求められる専門性が高まり，今日では幅広い職種が専門性に関する程度の差はあれ，プロフェッショナルとして論じられている。こうして新しく捉えられるプロフェッショナルには，古典的プロフェッショナルとは違って免許制が設けられていない職種も数多く含められる。

　また，日本のプロフェッショナルの就業状況について統計を確認すると，研究者，技術者，教員，看護師などでは独立自営よりむしろ企業に雇用されている者が圧倒的に多いことがわかる（表2-1）。さらに，かつては独立自営とされていた医師，公認会計士，税理士，薬剤師といった旧来のプロフェッショナルでさえも，1970年からの40年間で被雇用率が大幅に上昇している。組織内で働く以上，彼らも組織内プロフェッショナルとして捉えるべきであろう。以下では組織で働くプロフェッショナルを問題とする。

　ところで，プロフェッショナルの分業化はいわゆる単純労働者の分業化とは区別される必要がある。前者の場合，専門領域への造詣が深いプロフェッショナルが個々のパートを受け持ち，常に不確実性の高い問題への対処を迫られる。そのため彼らの労働は容易に代替が利かない。もちろん，例えば特定の病気や患者に対して医師や看護師がとる処置はかなり標準化しており，どの医師や看

表2-1 職種別の就業者数と被雇用率*

職　種	1970年		1980年		1990年		2000年		2010年	
	総　数 （人）	被雇用 率（%）	総　数 （人）	被雇用 率（%）	総　数 （人）	被雇用 率（%）	総　数 （人）	被雇用 率（%）	総　数 （人）	被雇用 率（%）
自然科学系研究者	96,980	98.6	63,729	98.9	110,364	98.7	152,342	98.5	110,150	98.2
情報処理技術者	44,990	99.4	129,763	98.2	558,463	96.1	777,487	93.3	902,760	93.9
医　師	118,765	43.6	151,762	50.6	204,369	61.7	238,142	64.5	262,630	67.3
薬剤師	50,170	48.2	76,129	60.4	102,389	70.7	150,104	79.2	200,470	85.0
看護師**	314,285	98.6	530,905	99.0	770,536	99.4	976,214	99.7	1,204,220	99.4
裁判官,検察官,弁護士	12,490	40.9	15,931	35.5	17,624	31.9	20,536	30.3	25,960	34.2
公認会計士,税理士	23,400	15.1	41,016	14.7	58,318	10.5	66,139	11.6	75,740	25.7
高等学校教員	216,380	99.7	270,024	99.8	330,761	99.8	311,697	99.8	277,500	99.8
デザイナー	70,630	73.8	92,936	69.7	156,855	70.1	161,393	63.9	179,570	63.6

注：* 役員は被雇用者に含まない。** 准看護師含む。
出典：総務省『国勢調査』各年版（抽出詳細集計）より筆者作成。

護師が対応してもさして違いがないというようなケースも多々あるかもしれない。それでも単純労働と違って欠員に誰でも応募できるわけではないという意味で，分業におけるプロフェッショナル労働の稀少性は十分大きいと言えるのである[3]。

　前述のように，分業の重要性の増大によって現代のプロフェッショナルの中心は組織内プロフェッショナルへと移行した。今や組織内労働に従事するプロフェッショナルが多数派を占める状況である。しかし，自律性の高い活動を行っているのは独立自営のプロフェッショナルだけではない。組織内労働に従事しつつも，頻繁に組織間移動を繰り返すプロフェッショナルもいる。身近な例では頻繁に病院を移る勤務医や看護師を想像すればよい。また企業を移らずとも裁量労働によって自律性の高い働き方をする研究開発技術者，デザイナー

のような例もある（佐藤1999）。さらにPink（2001）が言う「フリーエージェント」型プロフェッショナルも組織に縛られない活動を行うプロフェッショナルの1つの例と言ってよいだろう。彼らはある場面では独立自営型プロフェッショナルとして働き，また別の場面では短期的に組織と契約を交わして組織内労働に従事する。フリーエージェント型プロフェッショナルは独立自営型プロフェッショナルの1つの類型とも考えることができるが，現時点でこのように多くの副業を持つものを十分統計的に捉えることは難しい。そこで，以下では労働者の主たる仕事について議論していく[4]。

　宮下（2001）のように大企業ホワイトカラーのうち企業内昇進型のキャリアをとる者（例えば中間管理職層の人材）をプロフェッショナルと捉える向きもある。このような企業内ホワイトカラーをプロフェッショナルと捉えて良いかどうかについては否定的な意見も見られるが（草野2009），プロフェッショナルと捉えられることが多いシステム・エンジニアやプログラマーは企業内でキャリア形成を行う者が少なくないと言われている（佐藤1999；今野2005）。現代においては企業内で専門性を高めるタイプのプロフェッショナルも組織内プロフェッショナルと見なすべきだろう。

　以上のように捉えると，組織内プロフェッショナルはその中心的活動の形態によって2つの類型に分類できよう。第1類型は組織間移動を頻繁に行う組織間移動型プロフェッショナル，第2類型は企業間移動の頻度が少ない組織内定着型プロフェッショナルである。日本を念頭に置けば，例えば今野（2005）は横断的労働市場が形成されやすい職種として理工系大学研究者，医師，弁護士，公認会計士，デザイナーを，形成されにくい職種として企業内研究者・技術者，SE等情報処理技術者，人事・教育・経理・財務等の企業内管理スタッフをそれぞれ挙げている。そこで第3章以降では，第1類型を代表する職種として医療プロフェッショナル（医師，薬剤師，看護師）を，第2類型を代表する職種として企業内ホワイトカラー型プロフェッショナル（企業内研究者，システム・エンジニア，プログラマー）を想定して取り上げることにしたい。総務省統計局『平成19年就業構造基本調査』から被雇用者の状況を調べてみると，専門的・

技術的職業従事者の総数は855万5000人，そのうち企業内研究者[5]，システム・エンジニア，プログラマー，医師，薬剤師，看護師の合計は264万800人であり，日本のプロフェッショナル全体のおよそ31％を占めている。プロフェッショナルの中でも労働者数が多く，分析対象として十分意義のある職種群であると言うことができるだろう。

さて，伝統的にプロフェッショナルとして扱われてきた医師，薬剤師，看護師では免許取得が入職に際して義務付けられている。免許は技能水準の客観的指標として機能するため，免許制が採られていない場合に比べて組織間移動を容易にするだろう。一方，比較的新しいプロフェッショナルとして言及される自然科学系の企業内研究者，システム・エンジニア，プログラマーでも取得可能な資格や学位が存在しているが，こうした資格・学位の取得は入職にあたって義務付けられていない。そのため，第2類型の職種では技能水準を証明する指標が十分に機能しないため，第1類型の職種に比べて組織間移動の頻度が低いことが予想されるのである。

3　内部労働市場論と先行の実証研究

前節ではもっぱら資格取得の義務付けの有無に起因する組織間移動の頻度という観点から組織内プロフェッショナルを類型化した。しかし，猪木（1994）が述べるように労働者にとって「『動くこと』それ自体は目的ではない」[6]。職種によって組織間移動の頻度に差が生じるのは，労働市場の性質が職種ごとに様々であることによる。また組織内定着型職種にあっても組織間移動を志向する者もいれば，組織間移動型職種にあっても組織への定着を志向する者もいる。特に前者の場合は転職による収入の低下などのコストが労働者側に生まれる可能性も考えられる。それゆえ，個々の職種がどのような性質を持った労働市場を形成しているのか詳しく探っていく必要があると言えよう。

現実に存在する労働市場の特性の多くは，古典的な経済学が想定した完全競争モデルの中で規定されているというよりは，むしろ様々な管理的ルールに

よって規定される側面が強いと考えられる。労働市場における管理的ルールはプロフェッショナルの間にスキル形成や賃金等に関する様々な差異を生み出すものとして機能していると思われる。さらにこれらの差異は，プロフェッショナルの世界に序列を生み出すことにも寄与しているかもしれない。

　管理的ルールによって支配される労働市場の特性を明らかにする理論は，これまで「内部労働市場論」として発展してきた。しかし，従来の理論には不十分な点も見られ，本書の分析道具として用いるためには理論を再構成する必要がある。そこで本節ではまず先行研究のレビューを行い，内部労働市場論が一般的にどのように認識されているのか確認する。C. Kerr や J.T. Dunlop の論考を嚆矢とする内部労働市場論において，参照すべき先行研究は非常に多い。しかし，それらは多かれ少なかれ Doeringer and Piore（1971）と Osterman（1984）を下敷きにして，あるいはこれらに批判を加えながら展開されてきたと言って大過ないように思われる[7]。本節ではまずこの２つの研究を中心にこれまで展開されてきた内部労働市場論の基本的なモデルを明らかにし，次に関連する実証研究の内容についてレビューする。

（1）　内部労働市場論の形成

　新古典派の経済学において，労働市場のアクターは完全に同質であることが想定されてきた。すなわち，労働市場では仕事を求める労働者が他のすべての労働者と競合し，労働者を求める雇用主が他のすべての雇用主と競合する。このような労働市場は「自由市場」もしくは「自然市場」（"free choice market" あるいは "natural market"）と呼ぶことができる（Kerr 1954）。Fisher（1951）によれば，（１）先任権や他のルールを伴う労働組合が存在しない，（２）雇用主と労働者の関係は一時的で，個人的感情を伴わない，（３）労働者は不熟練である，（４）報酬は出来高に応じて支払われる，（５）資本や機械設備が必要ない，といった特徴が見られる労働市場は，様々なルールが労使間や職場に存在する「制度化された市場（institutional market）」に対して「構造を持たない市場（structureless market）」と考えられる。雇用主と労働者の関係が（即金払いの）

報酬のみによって成り立つこのような労働市場は，まさに構造を持たない労働市場であり（Kerr 1954），カリフォルニアの農作物の刈り入れ作業者の労働市場などがその例として挙げられる（Fisher 1951）。

一方で，労働者や雇用主の好みや気まぐれによって労働市場での行動が決定される自由市場の概念は，労働市場の現実に照らし合わせてみると必ずしも有効な分析枠組みではない（井上 1976）。現実の労働市場をより正確に描き出すためには，フォーマル，イン・フォーマルを問わない「ルール」によって統制される「制度化された市場」，あるいは「構造化された市場」の存在を考慮する必要があった。例えば塗装工が一人前の煉瓦工にはすぐになれないように，構造化された労働市場における競合関係を短期的視点から見てみれば，労働市場における労働者間の競合関係は無くなる（あるいは希薄になる）ことになる。[8]こうした競合関係の希薄化は，職業間のスキルギャップ，あるいは雇用の地理的ギャップによってもたらされる（Kerr 1954）。

構造化された労働市場を支配する制度的ルールは，雇用主の団体，イン・フォーマルな雇用主間の「紳士協定」，個別企業の方針，労働組合，労働協約，そして政府の活動によって形成される（Kerr 1954）。さらに，制度的ルールは職務の単位・構造をも決定していることが指摘され，この制度的ルールを持つ労働市場は「内部労働市場（internal labor markets）」と呼ばれるようになる。内部労働市場における制度的ルールは「管理的ルール」と呼ばれ，昇進，一時解雇，異動，退職などは管理的ルールが定める基準に従って行われることが強調された（Dunlop 1966）。

（2） Doeringer and Piore（1971）の内部労働市場論

第1節で触れたように，Kerr や Dunlop により提示された内部労働市場論をより体系的に展開したのは，P.B. Doeringer と M.J. Piore であった（小池 2005）。Doeringer and Piore（1971）では，内部労働市場は「労働の価格付けと配分が一連の管理的ルールや手続きによって統制される，製造工場などのような管理上の単位である」[9]と定義付けられ，従来の経済理論が想定してきたよう

な自由市場的特徴を持つ外部労働市場とは明確に区別されることが強調される。以下にその特徴を詳しく見よう。[10]

　まず，管理的ルールとは明文化されたものだけでなく労働市場を安定化させる長年の不文律をも含んだものである。管理的ルールの内容は多岐にわたるが，その主要な関心事項は労働の価格付け，配分，そして教育訓練に関する事柄である。次に，内部労働市場と外部労働市場は特定の職務または入職・退職口を通じて連結されている。しかし，この点において内部労働市場の構成員は外部労働市場と明確に隔てられており，外部労働市場の労働者がアクセスできない様々な権利や特権を享受する。それは一定水準の雇用保障や，一定の規則に従いながらキャリア形成を行ったり，賃金を受け取ったりする機会など，職場で受ける様々な待遇を含んでいる。

　内部労働市場は①技能の特殊性，②職場内訓練，そして③慣習が存在する場合に生成される。まず，技能の特殊性が，技能の内容である（a）職務の特殊性と，職務遂行に必要な機械設備への精通などに代表される（b）技術の特殊性からなる。技能の特殊性が内部労働市場の生成要因として重要な役割を果たすのは，それが雇用主側の訓練費用の負担額と負担割合を増加させる働きを持ち，雇用主が労働者の離職を減少させようとするからである。

　また，監督者がはじめは比較的単純な作業を訓練生に任し，次第に複雑な課業を割り当てることで行われる職場内訓練は，技能の特殊性と密接に関係して内部労働市場生成の要因となる。なぜなら，職務に必要な技能の多くは非公式な職場内訓練によって習得されるからである。DoeringerとPioreはかつての経済学が教育訓練の費用面ばかりに注意をとられ，ほとんど関心を払ってこなかった職場における教育訓練の過程こそが，内部労働市場の理解において重要であることを強調した。

　さらに，前例や慣例といった慣習によって意味付けられる平等感や公平感は，内部労働市場で形成される社会的集団や共同体を安定化させる働きを持つ。慣習は，職場の軋轢や利害の不一致を解消するように機能することで，内部労働市場の安定的な形成に寄与するのである。

　ところで，以上の3要件は内部労働市場成立の十分条件ではない。競争的労働市場において労使間に発生するコストを合理的に削減可能である，という追加的条件が必要となる。それは①労働者への価値付けと②離職の削減が実現され，③募集，選抜，教育訓練における技術的効率性が認められる場合に成立する。労働者への価値付けとは職務保障と昇進機会，公平性を与えることで行われる。そして，こうした価値観が労使間で共有されるとき，双方が解雇や離職を踏みとどまる作用が生まれる。さらに，職場での学習は無意識のうちに行われるため，訓練費用がかからないことが多い。よって，外部から欠員を埋めるよりも内部昇進によって補充する方が効率的となり，外部労働市場との間の労働移動が抑制され内部労働市場が安定的に生成されるのである。

　このように，内部労働市場が様々な経済的合理性の下に成立し，企業内のルールに従って運用されることを Doeringer and Piore（1971）は初めて体系的に説明した。しかしそこには2つの課題が残された。まず，彼らの理論は製造業のブルーカラー職場への聞き取り調査に基づいて構築されたが，職業別労働市場の考察が十分でなかった。また，ホワイトカラーの労働市場を説明する理論としての妥当性にも検討の余地が残ることとなった（Althauser and Kalleberg 1981）。

（3）　Osterman（1984）による企業内雇用ポートフォリオの3類型

　アメリカでは1950年代以降，日本では1970年代以降，産業構造の変化に伴って，量的規模においてホワイトカラーがブルーカラーを凌駕し始める（日本生産性本部労使協議制常任委員会編 1983）。Osterman（1984）はこの労働力のホワイトカラー化に対応して，企業内の雇用ポートフォリオに関する理論を提案した。彼の理論によれば，企業内労働市場は industrial subsystems，craft subsystems，secondary subsystems という3つのサブシステムからなる。industrial subsystems では，企業が定めるジョブラダーに沿って技能訓練が行われ，入職口の制限により労働力の企業間移動は抑制される。部長・課長職や技術者・プロフェッショナルがこのサブシステムに属する。craft subsystems

では，技能の性質がそれほど企業特殊的でないために企業間移動が頻繁に起こり，職種技能や職業そのものへの忠誠心が企業に対するそれに勝る。コンピュータ・プログラマーや上級セールスマンが該当する。secondary subsystems では，低技能・低賃金の仕事が多く，企業の内外に共通してキャリア発展の見通しがない。郵便室の職員や電報配達人といった事務系の職種が該当する。

　P. Osterman の理論は，同じ企業内労働市場にあって，異なるルールの下に管理される職種が存在することを指摘した点で新しかった。[11]特に，企業内で雇用されながらも職業の論理を優先する craft subsystems とは企業横断的に形成されるホワイトカラーの職業別労働市場の特質を指摘しており，Doeringer and Piore（1971）の問題点を克服していると評価できる。一方，craft subsystems や secondary subsystems では企業が外部人材を活用する様子が描写されるが，外部労働市場の構造そのものへの言及がない点で，包括的な労働市場論としては限界を抱えているとも指摘できる。また，個別のサブシステムに含まれる職種の種類については，国や時代の違いに応じた議論が必要だろう。[12]

（4）　重層的な外部労働市場

　企業の外には重層的な外部労働市場が広がっている。その最も下層部分に位置するのは，石川（1991）が「ほとんど何の学習もなく，仕事上の前進もない。まさに『袋小路[13]』」と形容する二次的労働市場である。それは労働市場が構造を持っていないことによって最も本質的に特徴付けられる。雇用慣行はルール化されておらず，雇用の持続の大部分は景気の動向や雇い主の気質・気分といった不安定な要因によって支配される（石川 1991）。二次的労働市場の仕事はほとんどが低賃金で，ジョブラダーが形成されないために技能形成の機会もほとんど無い。二次的労働市場は不熟練労働者の市場だと言える。

　これに対し，外部労働市場の中でより上層に位置するのは職業別労働市場である。「より上層に位置する」とは，職業ごとに定められる管理的ルールによって労働市場が構造化し，賃金や技能形成，雇用の機会が職業の内部で安定

することを意味する。

職業別労働市場では専門技能を活用した企業横断的な活動が行われる。専門技能は高度に標準化され，公的資格や免許制，あるいは専門分野を同じくする同僚や職能団体[14]による承認によって担保される。報酬は勤続年数ではなく職業資格や職種技能に重点を置いて決定され，職種が同じであれば賃金水準は企業横断的に平準化する[15]。技能は企業特殊的な性格が薄いため，企業は進んで訓練費用を負担しようとしない。制度的な補助がなければ訓練生は十分な訓練機会を得るのが難しく，職業別労働市場は成立しづらくなる。そのため，職業別労働市場は，職能団体が入職管理によって技能労働者の需給バランスをコントロールし，訓練機会を確保して効率的に訓練生に割り当てる仕組みを伴うことが多い（Marsden 1999）。

職能団体等が定める管理的ルールによって職業別労働市場が構造化されることは，実は Kerr（1954）や Doeringer and Piore（1971）によってすでに指摘されていた。しかし，その考察は十分なものではなく，その後も D. Marsden による一連の研究等を除けば職業別労働市場の理論的な研究は十分に進んでこなかった。職業別労働市場の理論上の問題点については第4節で論じることにしたい。

（5）　内部労働市場論に基づく実証研究

内部労働市場と職業別労働市場の違いを決定付ける要因についての定説はないと言われるが，多くの論文に両者の典型的な特徴についての共通認識がある（有賀ら 1996）。それらは入職条件，技能獲得のための訓練の特徴，技能の汎用性，そしてそうした技能の特殊性に起因する労働移動と賃金上昇の傾向などに集約できる（表2-2）。さらに，これらの論点について個別職種レベルから複数のプロフェッショナル労働市場を実証分析する先行研究は，表2-3のようにまとめられる[16]。しかし，複数のプロフェッショナル労働市場を実証分析し類型化を試みる研究は非常に少ない。

Ariga et al.（1997）は『賃金構造基本統計調査』の60歳未満男子の集計デー

表2-2　職業別労働市場と内部労働市場で見られる典型的特徴

機　能	職業別労働市場	内部労働市場
入職条件	職業資格	ポジションによって異なる
訓　練	徒弟訓練	企業内で獲得された経験
OJT訓練の特徴	職業で求められる水準への標準化	標準化されず，当該企業に固有
技能の汎用性	職業内部で汎用可能	企業内で汎用可能
典型的キャリアパターン	企業を超えて水平的	企業内で垂直的
勤続年数	訓練期間が終了すれば技能形成や報酬に影響しない	技能形成と報酬に強い影響

出典：Eyraud et al.（1990）の Table 1（p. 504）と Freidson（2001）の Table 3.1（p. 82）を元に，Marsden（1990, 1999），佐藤（2012b）なども参考にして筆者作成。

表2-3　内部労働市場論に基づくプロフェッショナル労働市場の実証研究

先行研究	中田（1992）	Ariga et al.（1997）	佐藤（2001）
データ	1989年『賃金構造基本統計調査』の集計データ。	1990年『賃金構造基本統計調査』の集計データ（60歳未満の男子）。	著者が参加する日本労働研究機構（当時）の調査データ。
分析のアプローチ	賃金上昇を経験年数効果と加齢効果に分解。	職種経験年数と年齢階級別の平均勤続年数を比較して労働移動を分析。	転職経験者の多さと職業資格取得者の多さから職種を分類。
分析結果	経験年数効果の方が大きい職種は医師（男），看護師（女），保険外交員（女），教員，薬剤師（女），プログラマー。逆に加齢効果の方が大きい職種は薬剤師（男）。	最も職業別労働市場の特徴を示した20職種にはシステム・エンジニア，プログラマー，医師，薬剤師，診療エックス線技師，臨床検査技師など，公的資格の取得が必須の職種が該当する。最も企業内労働市場の特徴を示した20職種には専門的・技術的職業に含まれる職種は含まれない（ブルーカラー系職種中心）。	①転職経験者が少ない非資格職群（情報処理・ソフト，写真撮影・デザイン，介護士など），②転職経験の少ない資格職群（設計・技術，理容・美容，教員・講師，税理士，板前・コック，医師，臨床検査技師など），③転職経験の多い非資格職群（事務系職種など），④転職経験の多い資格職群（建設・技能，看護師，公認会計士など）。

注：分析結果の職種については，特にプロフェッショナルに限定して明示している。
出典：中田（1992），Ariga et al.（1997），佐藤（2001）より筆者作成。

タを用いて職種経験年数と勤続年数の乖離年数を比較し，データに含まれる92職種を内部労働市場型と職業別労働市場型に分類する。その結果，公的資格の取得が必須である医師，薬剤師，医療系技師や，システム・エンジニア，プログラマーが後者に該当すると結論付ける。しかし，職種ごとの技能形成過程の違いを全く考慮していない点や，分析の前段で賃金の伸長率のみに基づいて二次的労働市場に属する職種を選別している点で問題がある。⁽¹⁷⁾

　佐藤（2001）は転職経験者比率と職業資格取得者比率という2つの基準から，著者自身が参加した日本労働研究機構（当時）の調査データに含まれる職種を分類する。その結果，①転職経験者の少ない非資格職群（情報処理・ソフト，写真撮影・デザイン，介護士など），②転職経験者の少ない資格職群（設計・技術，理容・美容，教員・講師，税理士，板前・コック，医師，臨床検査技師など），③転職経験者の多い非資格職群（事務系職種など），④転職経験者の多い資格職群（建設・技能，看護師，公認会計士など）と分類ができ，①②が内部労働市場型，③が二次的労働市場型，④が職業別労働市場型だと結論付ける。⁽¹⁸⁾しかし，中小サービス業に限定した分析であり，大企業を含んだ場合，その分類にどの程度妥当性があるのかは不明である。

　以上2つの研究に共通して言えるのは，労働移動の頻度と職業資格の観点からプロフェッショナルを捉えている点である。これらは，表2-2で示されるような内部労働市場論の古典的分析視角である。これに対し，中田（1992）は『賃金構造基本統計調査』の集計データを用いて賃金上昇への職種経験年数と年齢の影響を分析する。その結果，医療プロフェッショナルや保険外交員，教員，プログラマーなどで賃金上昇への職種経験年数の影響が大きく，職種経験年数の影響の強さが職種の専門性の強さと高い相関があると結論付ける。

　中田は上記の2つの研究，あるいは多くの内部労働市場論的な実証研究に先駆けて職種特殊的人的資本に着目した賃金の分析を行ったと評価できよう。しかし，他方でその分析手法は統計的バイアスを伴っていると考えられ再検討の余地も残っている。⁽¹⁹⁾

　とは言え，細分類レベルで職種ごとの労働市場を捉えている点で上記の3つ

の研究は貴重である。特に，プロフェッショナルに関わる実証研究は分析の観点を問わず独自調査のデータによるものが多い中，中田（1992）と Ariga et al.（1997）は政府統計データを用いる希少な研究だと言えるだろう。

4　本書の分析フレームワークと実証研究上の論点

　以上，内部労働市場論の基本的なモデルと関連する実証研究について概観した。しかし，プロフェッショナル労働市場の実態を念頭に置けば，先行研究の分析枠組みは必ずしも十全なものではない。本節では修正すべき分析枠組み上の問題点と，検証が求められる実証研究上の論点について考察していく。

（1）　クラフト型と非クラフト型：プロフェッショナルの2類型

　これまで見てきたように，企業ごとに形作られる「内部労働市場」と対比して，外部労働市場で職業ごとに形作られる労働市場は「職業別労働市場」と今日では呼ばれている（Ariga et al. 1997 ; Marsden 1999など）。しかし，後者はかつて「クラフト型労働市場」と呼ばれていた（Kerr 1954 ; Doeringer and Piore 1971）。この「クラフト型労働市場」は，厳密には「職業別労働市場」と同じ市場概念ではない。この点は先行研究の中でもあまり指摘されてこなかったように思えるし，時に両者は混同されてもきた。例えば，より現代的な労働市場論を展開する Osterman（1984）は，craft subsystems にコンピュータ・プログラマーや上級セールスマンが該当すると言っているが，これらの職業は以下に見る「クラフト」という言葉の範疇から明らかに逸脱している。ここでの「クラフト」は，言ってみれば「職業」というような広い定義で用いられているように読み取れる。

　「クラフト」とは本来ブルーカラー系職種に対して用いられた用語だが，その本質は，高度の熟練を要し，通常は徒弟訓練を修めることで入職資格が付与される職業を指すと考えることができる（小野塚 2001）。つまり，クラフト型労働市場では職能団体が制度化する徒弟訓練へ参加・登録し，訓練を終えて免

第**2**章　労働市場分析のフレームワーク

図2-2　クラフト型と非クラフト型の活動領域

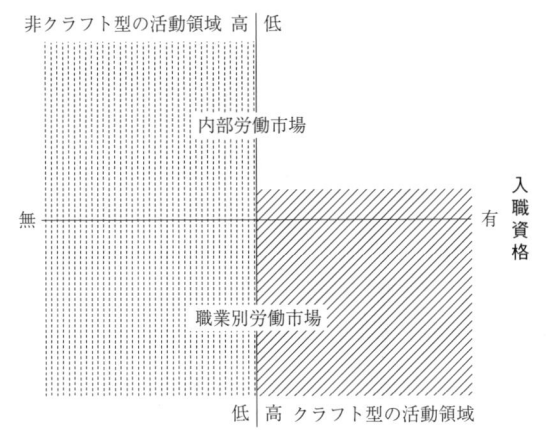

　　　職業間移動の頻度　企業間移動の頻度

注：ここでは二次的労働市場は考慮しない。
出典：筆者作成。

許・資格を獲得して初めて活動（営業）の許可が下りるのである。職能団体に
よる厳格な入職規制は労働市場を覆うシェルターとなって「社会的閉鎖」
（Murphy 1988）を引き起こし，労働市場は部外者の参入から守られることにな
る（Freidson 2001）。すると，例えば医師や弁護士等の古典的プロフェッショナ
ルはクラフト型の，Osterman（1984）が言うプログラマーや上級セールスマン
は非クラフト型のプロフェッショナルとしてそれぞれ位置付けられるだろう。

　これに対し，「職業別労働市場」とは入職条件として徒弟制や免許制を伴う
かどうかを問うのではなく，職業間移動の多寡から労働市場を捉える概念であ
る（高梨 1982：久本 2008a）。つまり，相対的に企業間移動の頻度が高く，職業
間移動の頻度が低ければ職業別労働市場が成立していると見なすのである。し
たがって，職業別労働市場はクラフト型プロフェッショナルと非クラフト型を
共に含んだ概念として位置付けられるだろう（図2-2）。

　ここで，日本を例にプロフェッショナル労働市場の職種構成を見てみよう。
図2-3は総務省統計局『平成22年国勢調査』（抽出詳細集計）から，被雇用者

39

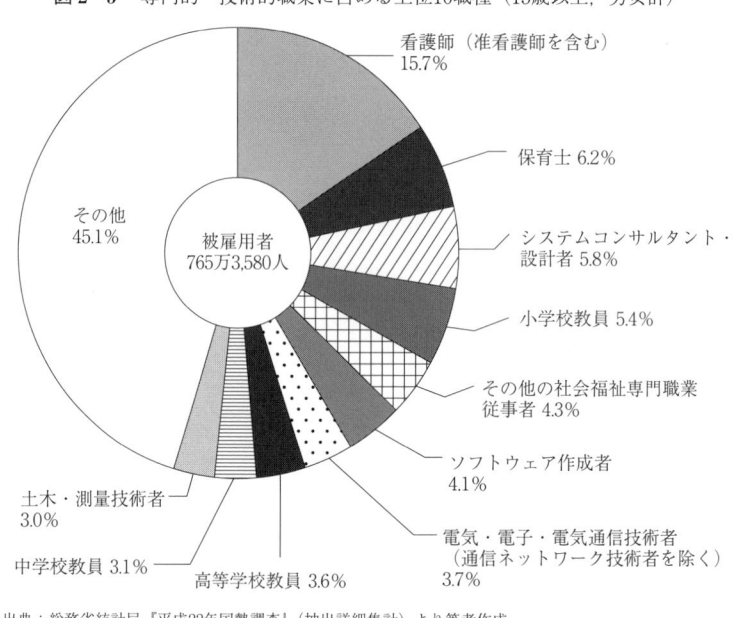

図2-3 専門的・技術的職業に占める上位10職種（15歳以上，男女計）

出典：総務省統計局『平成22年国勢調査』（抽出詳細集計）より筆者作成。

である専門的・技術的職業従事者のうち労働者数が多い10の職業を示している。看護師や学校教員といった免許制の職業が名を連ねる一方で，ITエンジニアや技術者といった免許制を採らない職業が多く含まれていることがわかる。つまり，職能団体や入職資格を備えない非クラフト型が多く含まれるプロフェッショナル労働市場の実態を鑑みれば，外部労働市場を中心に活動するプロフェッショナルを捉える分析概念として，「クラフト型労働市場」は明らかに包括性に欠けているのである。

　また，非クラフト型プロフェッショナルを包摂するのは職業別労働市場だけではない。国による違いは当然考慮される必要があるが，例えば企業間移動の頻度が低い日本の技術者のように（村上 2003），非クラフト型は内部労働市場にも包含される。さらに，従来の内部労働市場論ではクラフト型職種の企業内昇進は考えられてこなかったが，弁護士が事務所内で昇進することを指摘する

いくつかの事例研究が示すように（猪木 1989；堀 2000），今やクラフト型を代表するプロフェッショナルが内部労働市場に包摂されることさえ起こり得る。図2-2でクラフト型の活動領域が内部労働市場側に若干食い込んで描かれているのはこれを反映したものである。ただし，クラフト型の内部昇進についての実証研究はまだ十分に進んでいない点には注意したい。

（2）　管理的ルールの強さ・性格と熟練形成のパターン

　構造化された労働市場ではジョブラダーを移動しながら熟練が形成される。ジョブラダーとは難易度が低い方から高い方へと職務が序列付けされている状態を言い，職務間の移動は通常昇進や異動を伴う。内部労働市場ではこのジョブラダーに沿って効率的に熟練形成が行われることが再三にわたり指摘されてきた。ジョブラダーの移動は時にかなり長い時間を要することもある（小池 2005）。

　これに対し，職業別労働市場の熟練形成では入職資格の取得やキャリア初期に配置される徒弟訓練が重要だと指摘されてきた（Eyraud et al. 1990；Marsden 1990, 1999）。徒弟訓練後はほとんど技能が伸びないと言われる大工等の職人型職種の熟練形成のように（小池 2005），この指摘が当てはまる職種は確かに多い。しかし，例えば医師の労働市場には医師免許取得直後に実施される初期の臨床研修から後期の専門医研修へと，長期的な熟練形成プログラムが存在している（平林編 2012）。これらは外部組織である医師会や各専門学会等が連携して制度化するものであり，かなり長い時間をかけてジョブラダーを上昇する構造になっている。つまり，内部労働市場はもちろんのこと，職業別労働市場に形成されるジョブラダーについてもより長期的な視点から観察しなければ，プロフェッショナルの熟練形成の全体像は把握できないのである。

　ところで，内部労働市場論として後の研究に大きな影響を与えた Doeringer and Piore（1971）だったが，彼らのジョブラダーに関する定義は非常に曖昧なものであった。その結果，彼らはジョブラダーの長さが異なる労働市場を十分に区別しなかった（Althauser and Kalleberg 1981）。これに対し，ジョブラダー

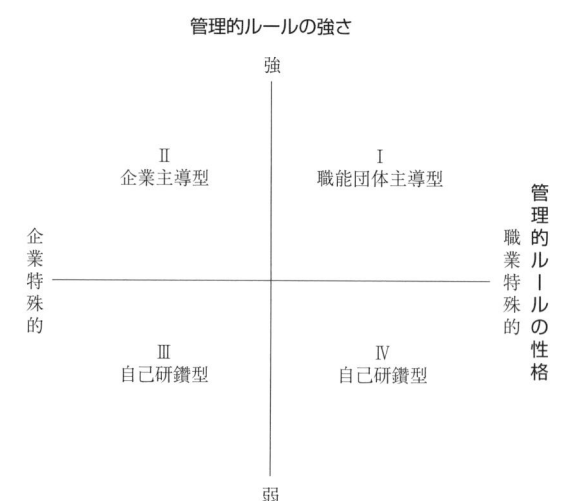

図2-4 管理的ルールの性格・強さと熟練タイプ

管理的ルールの強さ

強

Ⅱ
企業主導型

Ⅰ
職能団体主導型

企業特殊的

管理的ルールの性格

職業特殊的

Ⅲ
自己研鑽型

Ⅳ
自己研鑽型

弱

注：ここでは二次的労働市場は考慮しない。
出典：筆者作成。

をキー概念として内部労働市場論を再構成する Althauser and Kalleberg(1981) は，内部労働市場と職業別労働市場のそれぞれには，長いジョブラダーを持つ市場と短いジョブラダーしか持たない，もしくはほとんどジョブラダーが存在しない市場の2類型があることを指摘する。今，ジョブラダーとは管理的ルールの賜物であることを思い起こせば（Doeringer and Piore 1971；Althauser and Kalleberg 1981)，この労働市場モデルは次のように読み替えることができるだろう。プロフェッショナルの熟練形成パターンは，管理的ルールの性格を横軸に，その強さを縦軸にとった図2-4のような座標平面上で決まる。管理的ルールの性格とは，それが企業特殊的なのか，職業特殊的なのかを表す。また，その性格には強弱があり，強ければジョブラダーが形成されており，逆に弱ければそれは十分整備されていないと考えることができる。第Ⅰ・Ⅳ象限が職業別労働市場，第Ⅱ・Ⅲ象限が内部労働市場であり，熟練形成のパターンは職能団体主導型，企業主導型，自己研鑽型の3つに類型化できる。以下では，それ

ぞれに該当すると思われる職種名を仮説的に示しながら，各パターンについて若干の説明を加えたい。

　まず，職能団体主導型では熟練形成のステージは職能団体によって制度化され，ステージの移動はしばしば雇い主の変更も伴う。先ほど述べた医師の養成過程が好例である。職能団体の組織力が高いクラフト型プロフェッショナルが該当するだろう。次に，企業主導型では熟練形成は企業内で定められるジョブラダーに沿って行われ，一般に勤続年数は長期化する。日本の企業内研究者・技術者がそうであるように（村上 2003；今野 2005），ジョブラダーの上昇は関連する分野の別の職種や管理職への転換を伴うことがある。非クラフト型プロフェッショナルや，クラフト型プロフェッショナルの中でも内部昇進する一部の者が該当するだろう。

　職能団体主導型と企業主導型のどちらも，ジョブラダーの上昇に通常は長い時間を必要とするが，例えばジョブラダーの上昇と共に報酬も上昇するような仕組みを整えることにより，プロフェッショナルはジョブラダーを利用した熟練形成に積極的に向かうと考えられる。制度への参加を構成員に価値付けることは，制度を安定的に運用する上で非常に重要になる（Doeringer and Piore 1971；Marsden 1999）。

　これに対し，自己研鑽型では熟練形成のステージは職能団体や企業によって十分に制度化されていない，もしくは制度化されていたとしてもプロフェッショナルはその利用価値を認めていない。つまり，技能の向上・維持は個人に委ねられている。独立志向が強いデザイナーのような非クラフト型プロフェッショナルや（今野 2005），日本の薬剤師や看護師のように，クラフト型の中でも職能団体の組織力が弱く入職後のジョブラダーが十分整備されていない職種が該当すると考えられる（山口ら 2004；下野・大津 2010）。

　もちろん，上に例示した職種はあくまで理念型として示したにすぎない。職種の中の一人ひとりを観察すれば，現実には多様な熟練形成が行われていると思われる。そこには上記 3 類型間の移動も含まれるに違いない（Althauser and Kalleberg 1981）。例えば，企業内技術者がジョブラダーの上昇コースから外れ

れば企業主導型から自己研鑽型への移動であり，あるいは外部労働市場への転出も考えられる。また，専門医として実績を積んだ医師が病院の管理職や院長へと昇進すれば職能団体主導型から企業主導型への転化であり，内部労働市場への包摂として見ることができる。

　以上のような枠組みでプロフェッショナル労働市場を捉えれば，内部労働市場と同様に職業別労働市場にもジョブラダーに基づくヒエラルキーが生まれることがわかる。また，賃金の水準はジョブラダーの上位層ほど高くなる傾向が見られるだろう（Althauser and Kalleberg 1981）。すると，例えば年長医師と若年医師の間には賃金・技能格差が生まれることになる。この職業内部のヒエラルキー化は，時に経済的効率性を損なうリスクを孕むこともあるかもしれないが，他方で，プロフェッショナルの職業的地位を安定させる装置としても機能すると考えられるのである（Zweifel and Eichenberger 1992）。

（3）　技能の汎用性

　次に先行の実証研究が検討してこなかった論点として技能の性質と賃金構造の問題を取り上げたい。これらは表2-2が示す通り労働市場の規定要因として最も関心を集めてきた中心的課題であり，前項で見た熟練形成のパターンとどのように関連するのか，あわせて検討する意義も大きいと考えられる。

　さて，これまでの内部労働市場論の通説では職業別労働市場で獲得される技能には汎用性が認められるが，内部労働市場で獲得される技能には汎用性は認められないと考えられてきた（Eyraud et al. 1990）。そして，職業別労働市場に属する古典的プロフェッショナルは汎用技能を操ると見なされてきた（Freidson 2001）。しかし，汎用技能は現実には徒弟訓練や職業内で統一的に行われる研修だけでなく，個別企業の内部でも獲得され得る。実際，実証研究では企業内で獲得された技能に汎用性を感じる人が職種に関係なくかなりいることが指摘されており（尾高 1991；戸田・樋口 2005など），内部労働市場で熟練形成するプロフェッショナルも汎用技能を持っている可能性が考えられる。しかし，プロフェッショナル技能の汎用性に関する実証研究は現状ではほとんど行われていない。

　そこでまず，労働市場の管理的ルールの強さとそれを定める主体（企業主導か，職能団体主導か），そしてスキルの汎用性がどのような対応関係を持つのか明らかにする必要があるだろう。この点は，人的資本論の観点から見て，スキルの特性と次項で見るプロフェッショナルの賃金処遇の特性がどのような対応関係を持っているのか検討する上で重要な意味を持つだろう。また，自らの腕一本で勝負するプロフェッショナルが，自分のスキルをより活かすことのできる機会・職場を探そうとするのは自然なことのように思われる。そこで，スキルに汎用性を感じる者は転職を志向するのかどうか検討する必要があるだろう。現実に（職種は変えず，雇い主のみを変える）転職が行われているかどうかは，職業別労働市場の形成を見る上で確かに重要な指標の1つではある。しかし，企業を超えて汎用可能なスキルを持つ者が多い労働市場の場合，現在のところ転職がそれほど起こっていなくとも，密かに転職を希望している者が多い可能性もある。もしそうであるなら，労働市場のマッチングを改善することにより，将来的には転職が行われやすくなる職業別労働市場へと発展する余地があるかもしれない。したがって，職業別労働市場形成の実態を見る1つの指標として，こうした潜在的な転職の可能性についても考慮に入れておく必要があると考えられる。

（4）　職業別の賃金構造

　Eyraud et al.（1990）や Marsden（1999）は，内部労働市場の賃金構造が勤続年数に強く規定されると言う。しかし，職業別労働市場の賃金構造について，彼らは内部労働市場的な特徴の残余として言及するにとどまった。

　すでに見てきたように，技能形成は内部労働市場や職業別労働市場の重要な成立要件であり，賃金配分は技能の形成・特徴と密接に関係し，ジョブラダーの各段階と賃金は対応して設定される傾向がある（Doeringer and Piore 1971；Althauser and Kalleberg 1981）。その背景を説明する1つの有力な理論は Becker（1975）に代表される人的資本論である。人的資本論は訓練費用負担の観点から技能を2つに分ける。1つは多くの企業において同時に生産性を高めること

ができる一般技能で，他企業で活用可能な技能であることから訓練費用は訓練生が負担する。もう1つは特定の企業においてのみ生産性を上昇させる企業特殊的技能で，他企業では活用できないため訓練生が訓練費用を負担するインセンティブは働かず，企業が負担する。企業は訓練費用がかかる後者の技能を備えた労働者の離職を防ぐため，彼らの賃金プロファイルに勾配を付けようとするが，訓練費用を負担しない前者の技能を備える労働者に対してはそうした勾配を付けようとはしない。

　しかし人的資本の研究が進むと，この技能の二分法は批判に晒された。久本 (1999) は企業特殊的技能であっても実際には同じ業界内，あるいは同じ職種内であれば企業を超えて役立つ可能性があり，技能には汎用技能，職種専用技能，業界専用技能，企業専用技能の4類型があると指摘する。特に，同一職種内での転職コストが小さいことから，プロフェッショナルは職種特殊的人的資本を相対的に多く備えているとも指摘される（樋口 2001；勇上 2001；大橋・中村 2002など）。職種特殊的人的資本の大きさが転職行動と密接に関係することを示唆するこれらの研究は，いずれも転職前後の賃金変動率から職種間の転職コストの違いを比較し，職種特殊的人的資本の大きさを推定するという手法を採っている点で共通している。しかし，職種特殊的人的資本の推定方法として別の手法も考えられる。それは，職種経験年数を代理変数として賃金関数の中でその収益率を調べるという方法である。にもかかわらず，従来の賃金構造研究[20]の主要な関心は企業内賃金構造における勤続年数や年齢の収益率の推定に集中しており，職種経験年数や個別職種の賃金に関わる研究はほとんど行われてこなかった。[21]

　また，年齢は勤続年数と共に企業内賃金構造において年功賃金を表す変数として用いられてきたが，職業別労働市場でも序列化が進めば賃金が年功化する可能性がある（Althauser and Kalleberg 1981）。例えば医師の場合，入職資格だけでなくより上級の専門医資格が専門領域学会等により設けられ，入職後も長期の訓練が求められる。職能団体による階層化が進む医師の労働市場では，医師側の訓練費用負担が大きくなって（男性を中心に）中途離職が抑制され，職

種経験年数と年齢が共に賃金と相関する可能性が高くなる。また，現実には職種経験年数よりも年功・職階給中心の賃金体系が採られてきた側面もあり（楠田 2002；Selder 2006），医師の賃金構造では職種経験年数より年齢の規定力がより大きくなる可能性も考えられる。したがって，プロフェッショナルの賃金構造研究では技能形成に関わる制度面からの分析と，職種特殊的人的資本の測定とをあわせて行うことが求められるのである。

5　ルールによる労働市場の管理

　本章では内部労働市場論の観点からプロフェッショナル労働市場へアプローチするための理論的枠組みについて検討した。その内容を要約すれば以下のようになるだろう。第2節では今日のプロフェッショナルの中心的存在としての組織内プロフェッショナルに光を当て，特に企業内ホワイトカラー型プロフェッショナルに焦点を当てることの重要性を確認した。また，組織内プロフェッショナルにはその活動形態に応じて組織間移動型と組織内定着型の2類型があることを明らかにした。第3節では，Doeringer and Piore（1971）やOsterman（1984）を中心に展開されてきた内部労働市場論について確認した。その結果，OJT（on-the-job training）の特徴，スキルの特殊性，そしてそれらが労働移動や賃金上昇へ与える影響，などを多くの論文が内部労働市場を特徴付ける要因として共通に挙げていることが明らかとなった。さらに，これらの論点について実証分析を行う先行研究のうち，職種レベルで分析が行われる先行研究が非常に少ないこと，さらにそれらにも分析上の問題点が見られることが明らかとなった。第4節では，これまでの内部労働市場論では曖昧であった論点や，見落とされてきた論点について検討した。「クラフト型労働市場」と「職業別労働市場」は異なる概念として捉える必要があり，今日のプロフェッショナル労働市場を捉える視点として「職業別労働市場」の視点が必要不可欠であること，先行研究においてジョブラダーの長さに関する定義付けが十分でなかったことが職業別労働市場の理解を難しくしてきたこと，管理的ルールの

強さと性格に基づけば，プロフェッショナル労働市場には職能団体主導型，企業主導型，自己研鑽型という3つの熟練形成パターンを見出すことができること，企業内で獲得されるスキルは従来考えられてきた以上に企業を超えて活用できる可能性が高く，スキルの汎用性について内部労働市場論における理論的見直しを行う必要性があること，職業別に見た賃金構造の検討はこれまで十分に行われてきておらず，職種経験年数や年齢を含んだ賃金関数の推定にあたっては労働市場の制度的要因を考慮する必要があること，などを指摘した。

　以上のような検討の結論として，次のような労働市場論が求められていることが確認できたのではないか。つまり，労働市場の管理的ルールの内容やその規定主体（職能団体や企業）の行動，そしてそれらが表出することで形作られる賃金構造や技能の特性を考察する労働市場論である。質の高いサービスを持続的に享受していくためにも，我々は個々のプロフェッショナル労働市場のメカニズムを早急に解明する必要がある。しかしながら，職業資格要件から労働市場を捉える見方では熟練形成のタイプや賃金構造の違いなどの重要な論点を十分に検討することはできない。労働市場は様々なルールによって統制され，職業資格はそうしたルールの1つに過ぎないからである。確かに，業務独占的な資格取得という形式的要件によって職業別労働市場かそうでないかを分ける旧来の見方は，労働市場の類型化を明瞭にするというメリットをもたらしてきたかもしれないが，それは同時にプロフェッショナル労働市場の多様性を覆い隠す結果をもたらしてきたのではないか。そして，今日のプロフェッショナル労働市場の変化，特に組織内プロフェッショナルの増加に対応することができず，結果的にその全体像を捉えることに失敗してきたとは言えないだろうか。

　本章で明らかになったように，内部労働市場論に関する十分な理論的考察と実証分析の両面を伴ったプロフェッショナル労働市場研究は，これまでほとんど存在してこなかった。第4章以降では，本章が明らかにした諸課題について，数量的データを用いた実証的分析を行っていく。その前段として，続く第3章では各プロフェッショナル労働市場のスキル形成の現状や職能団体の機能について検討したい。

注

(1)　以下，「内部労働市場」は企業別労働市場を，「内部労働市場論」は内部労働市場と外部労働市場の両方を含んだ労働市場の構造全体を捉える理論体系を指すものとする。

(2)　Doeringer and Piore（1971）では企業別労働市場と職業別労働市場はともに「内部労働市場」として位置付けられている。彼らは管理的ルールが機能する労働市場を「内部労働市場」だと定義付けており，管理的ルールを規定する主体は企業や職業だからである。筆者も彼らのように労働市場を捉えることが筋の通った理解であると考えるが，他方，今日では図2-1のように「企業別労働市場＝内部労働市場」という捉え方が学界に普及していることもまた事実である。ここでは後者の慣習的な用語法にひとまず従った。

(3)　例えば，医療行為においては様々な場面で種々の症例と向き合わなければならいという不確実性が常に付きまとう。この不確実性に十分対応する上で，症例経験豊富な熟練医師が必須となるのである（中岡 1971）。

(4)　フリーエージェント化するのはプロフェッショナルのように専門的能力が高く，意図的にフリーエージェントを選択する者だけではない。能力があっても正規社員となる機会に恵まれなかった者や，能力不足の結果フリーエージェントとならざるを得なかった者も含まれる（三島 2006）。

(5)　企業内研究者は「自然科学系研究者」の値とした。

(6)　猪木（1994），289ページ。

(7)　論者による内部労働市場論の違いについてはAlthauser（1989）を参照。

(8)　一方で，長期的視点から見てみれば労働市場ではすべての人が競合関係に陥る可能性があり，新古典派による労働市場の解釈は長期的視点に基づいた理解として捉えられる（Kerr 1954）。

(9)　Doeringer and Piore（1971），pp. 1-2.

(10)　以下の説明はDoeringer and Piore（1971），第1・2章による。

(11)　企業内雇用ポートフォリオの立場から企業類型を見た近年の成果として佐藤（2012bc）がある。

(12)　例えば小野（1997）は，1970,1980,1990年の『賃金構造基本統計調査』の個票を用いて職種経験年数と勤続年数を比較し，データに含まれる職種が内部養成型か外部調達型かを分析する。プログラマーやシステム・エンジニアなど，Ostermanがcraft subsystemsに分類する職種の外部調達率は日本では5～10％と低く，内部養成型であると結論付けている。

(13)　石川（1991），225ページ。

(14)　医師や弁護士の国家資格のように，現実には職能団体と国が連携していることもある。

(15)　第4節第4項で見るように，職種経験年数の違いは賃金決定に反映される可能性がある。

(16)　内部労働市場論からプロフェッショナル労働市場にアプローチする研究のうち，

単体の職種のみ分析の対象とする Smith（1983）や村上（2003）等はここでは取り上げない。また，プロフェッショナル労働市場の実態把握に努める調査研究（日本労働研究機構編 1999など）も取り上げない。

⒄　Ariga et al.（1997）は20～24歳の時間あたり賃金に対する40～44歳のそれを比較し，これが1.3倍以下の職種は二次的労働市場に属するとした。しかし，徒弟訓練を終えた職人の賃金が職業人生を通してそれほど変化しないように，職業別労働市場においては同一技能に対して同一賃金を支払う合意が形成され，同じ職業を続ける限り賃金がそれほど上昇しない可能性がある（Marsden 1999）。そのため，賃金伸長率のみに着目して職業別労働市場型と二次的労働市場型を区別する手法には疑問の余地が残る。

⒅　佐藤（2001）では二次的労働市場型は「普通の外部労働市場型」，職業別労働市場は「職能別労働市場」とされている。前者は異職種への転職者や転職によって賃金が低下する者の割合が相対的に高く，キャリアの発展や賃金上昇が見込めない二次的労働市場を指すと見なせる。後者は資格によって職業能力の客観的評価が行われる「職種横断的労働市場と同義」（218ページ）だと言うから，第4節第1項で見る「クラフト型労働市場」に近い。

⒆　中田（1992）では集計データが用いられ，勤続年数，セル別労働者数，賞与等の特別給与額が考慮されていない。ただし，『賃金構造基本統計調査』の個票データへのアクセスの難しさも背景にある。

⒇　例えば Hashimoto and Raisian（1985）や Tachibanaki（ed.）（1998）など。

21　日本に関して戸田（2010）は例外的だと言えるが，職種に関する検討が本書の関心から言って不十分である。職種経験年数を推定する研究は，総じて日本より海外においてより進んでいると言えるが（Sullivan 2010；Kwon and Milgrom 2014など），個別職種レベルでの検討が十分でない点は同じである。

第3章

スキル形成の比較

1 スキル形成と企業・職能団体の役割

　熟練職人の世界では職業人生の初期における徒弟訓練がスキル・熟練形成の中心部分をなし，以後それほど熟練は進まないと言われる（小池 2005）。他方，プロフェッショナルの場合は様々な研修プログラムや職業資格制度，あるいはOJT 等を通して，スキルが職業生活の中で長期的に伸びる可能性がある。

　第2章で見たプロフェッショナル労働市場に関わる先行研究では，入職資格を備えていることがプロフェッショナル労働市場の条件だと見る傾向があった。周知の通り，本書が分析の対象とする3つの医療プロフェッショナルには入職資格の取得が義務付けられており，資格を取得すれば基本的に一人前として見なされる。しかし，医療プロフェッショナルの熟練の形成は，入職資格の取得によって終わるわけではない。入職後に様々な職業経験を積むことで，プロフェッショナルは熟練を重ねていくのである。同じことは，入職資格が義務付けられない企業内ホワイトカラー型プロフェッショナルにも当てはまる。

　プロフェッショナルのスキル形成を見る上でまず考えなければならないのは，どのようなスキル形成の機会が，どのような主体によって準備されているのかである。さらに，プロフェッショナルたちはそうした機会を利用することにどれほどの価値を見出しているのか，スキル形成の機会が形骸的なものになっていないか，といったことも見逃せない論点である。なぜなら，このような価値付けが十分に行われることは，内部労働市場や職業別労働市場が合理的に成立するための要件だからである（Doeringer and Piore 1971）。入職資格の有無だけ

でプロフェッショナル労働市場かどうかを選別するとすれば，それは各労働市場の成立に関わる重要な論点を見失うことになりかねない。

　そこで第4章以下で行う実証的分析に先立ち，企業内研究者，情報処理技術者，医師，薬剤師，看護師のスキル形成・能力開発の様子をあらかじめ素描しておくことが本章の目的である。その際2つの点に着目したい。すなわち，1つ目はスキルがどのような場面，方法によって獲得されるのかという点，2つ目はスキル形成過程における企業や職能団体・企業外部機関の役割・管理機能がどのようなものであるかという点である。これらの論点を先に検討しておくことでスキルの性質，賃金構造，そして労働移動に関わる管理的ルールの機能に関する分析がより明瞭なものになると考えられる。

2　医療プロフェッショナル

　医師，薬剤師，看護師には入職条件である国家資格だけでなく，より専門的な知識を持つことを証明する上級の専門資格が存在する。本節では，これらの資格がどのような過程を経て取得されるのか確認していく。

（1）医　師
①卒前教育と卒後初期臨床研修
　まず医師の養成過程から見ていくことにしよう。それは**図3-1**のように整理することができる。まず，6年間の医学部における卒前教育では，5・6年次に臨床実習が実施される。4年次までの医学教育課程では基礎的な医学知識，技能，臨床医として身につけるべき態度・コミュニケーション能力の習得が目標となり，4年次にはその到達度を評価する「共用試験」が行われる。この共用試験は知識や問題解決能力の到達度を判定する computer-based test（CBT）と技能や態度の到達度を測る objective structured clinical examination（OSCE）の2つの試験により構成される。共用試験の結果は5年次への進級条件とされることが多い。これらを踏まえ5・6年次には臨床実習が行われているが，学

図3-1　卒前・卒後の医学教育の概要

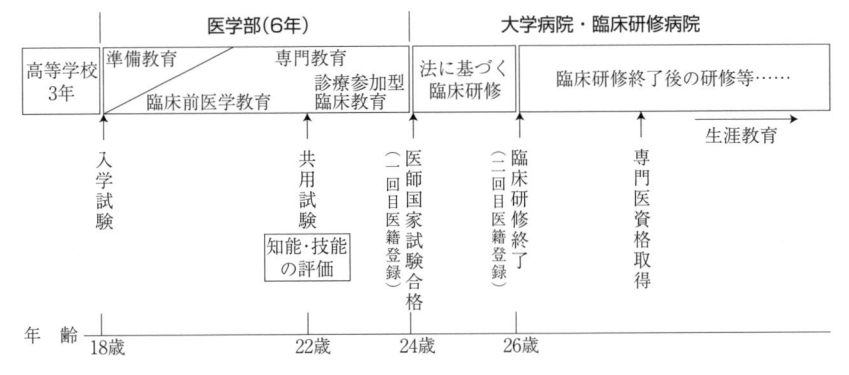

出典：厚生労働省（2011），6ページを一部改変。

生による医療行為に関わる法的な問題もあり，その内実は見習型実習が中心の傾向にある。総じて卒前教育では基礎的な医学知識の習得に重点が置かれていると考えて差し支えないだろう。[1]

　6年間の大学教育を終えると医師国家試験を受け医師免許を取得する。医師免許取得後には2年間の卒後初期臨床研修を受ける必要がある。2003年以前，卒後初期臨床研修は必修ではなく「努力規定」にすぎなかった。当時の研修医の多くは大学病院中心に特定の診療科のみで研修を行う「ストレート方式」と呼ばれる研修を行っていたため，様々な診療科で研修を行う「ローテート方式」による研修を受けた医師に比べて基本的な診療能力が劣ることが指摘されていた（葦沢・青木 2012）。

　こうした問題点を克服すべく，2004年から卒後初期臨床研修は様々な診療科を2年間にわたって回り基本的な診療技術を学ぶ「新医師臨床研修制度」として必修化された。医師に求められる診療技術をプライマリケアの分野を中心に幅広く習得することがその目的である。[2]　2年間の研修を終えると一人前の医師として働き始めることとなる。

　かつての卒後初期臨床研修が主に出身大学の附属病院で行われていたのに対し，新医師臨床研修制度では研修医は大学病院だけでなく，NPO 法人卒後臨

表3-1　臨床研修を行った病院の種別

病院の種別	人　数	割合（%）
大学病院	2,757	47.0
臨床研修病院	3,095	52.7
無回答	19	0.3

出典：厚生労働省『2011年度調査』より筆者作成。

床研修評価機構が認定する臨床研修病院から研修先を選ぶこともできるように
なった。研修医が希望する研修先と研修施設の組み合わせは，医師臨床研修
マッチング協議会によって運営される「医師臨床研修マッチング」というコン
ピュータ・プログラムによって決定される[3]。

　厚生労働省は2005年度以降，臨床研修修了者を対象にしたアンケート調査を
行っており，以下では2006年度，2011年度，2012年度のアンケート調査（以下
では『2006年度調査』，『2011年度調査』，『2012年度調査』とそれぞれ呼ぶ）の結果を
主として利用しながら，臨床研修の特徴を見ていくことにしよう[4]。

　まず，『2011年度調査』から修了者が研修を行った病院の種別を見てみると，
大学病院と臨床研修病院でほぼ半々だが，わずかに臨床研修病院で研修した者
が多いことがわかる（表3-1）。2005年度以降の調査結果では，いずれも大学
病院と臨床研修病院の研修者比率は4対6から5対5の間で推移しており，こ
の10年余りの間にそれほど目立った変化は見られない。

　再び『2011年度調査』から，次は具体的な各診療科の平均的なローテート期
間を見てみると，最も長い内科系の研修期間が8ヶ月，外科系が3.2ヶ月，麻
酔科2.1ヶ月，小児科1.8ヶ月，救急1.7ヶ月などと続くような研修体制が全体
として採られている（図3-2）。『2011年度調査』以降，大学病院と臨床研修病
院それぞれのローテート期間に関する調査結果は公表されていないが，2009年
度と2010年度の調査結果では大学病院と臨床研修病院における各診療科のロー
テート期間が公表されており，両者の間に違いはほぼ見られない。ローテート
期間に関しては大学病院と臨床研修病院の間にさほど大きな違いはないことが
推測される。

図3-2　研修医の各診療科における平均研修期間（月数）

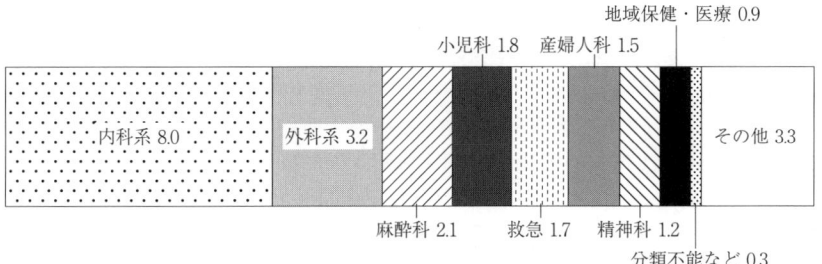

注：その他の内訳は整形外科（0.7），放射線科（0.6），脳神経外科（0.4），総合診療科（0.4），皮膚科（0.3），耳鼻咽喉科（0.2），泌尿器科（0.2），眼科（0.2），形成・美容外科（0.2），その他（0.2）。
出典：厚生労働省『2011年度調査』より筆者作成。

表3-2　臨床研修を行った病院を選んだ理由（上位5項目，複数回答）

大学病院で研修した研修医

順　位	理　　由	割合（%）
1	出身大学である	57.8
2	プログラムが充実している	35.8
3	指導体制が充実している	33.2
4	修後の進路やキャリアを考えて有利	29.9
5	様々な診療科でバランス良い経験を積める	28.4

臨床研修病院で研修した研修医

順　位	理　　由	割合（%）
1	多くの症例を経験できる	54.2
2	プログラムが充実している	48.9
3	プライマリケアの能力を習得できる	46.9
4	様々な診療科でバランス良い経験を積める	40.1
5	指導体制が充実している	30.9

出典：厚生労働省『2011年度調査』より筆者作成。

　修了者が研修先の病院を選択した動機は大学病院と臨床研修病院で大きく異なっている（**表3-2**）。まず，臨床研修病院の修了者は「多くの症例を経験できる」「プログラムが充実している」「プライマリケアの能力を習得できる」「様々な診療科でバランス良い経験を積める」など，診療経験が多く積めることを研修先選択の理由として挙げている。これに対し，大学病院の修了者は研

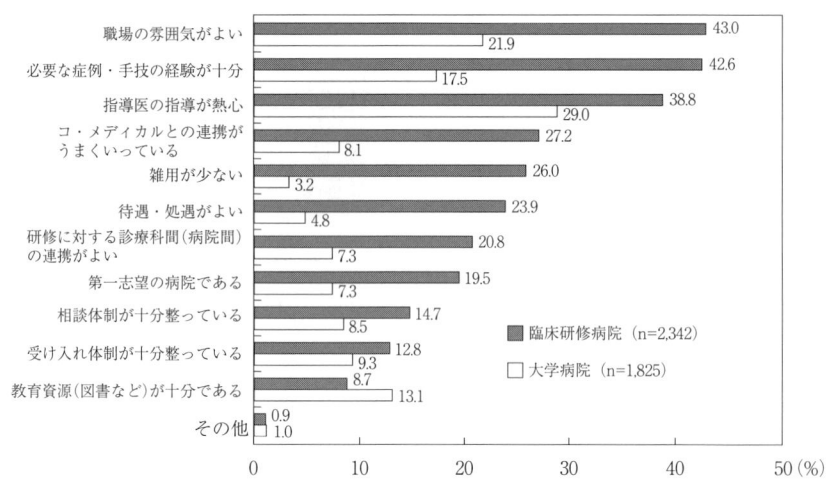

図3-3　研修体制等で満足している点（複数回答）

職場の雰囲気がよい　43.0／21.9
必要な症例・手技の経験が十分　42.6／17.5
指導医の指導が熱心　38.8／29.0
コ・メディカルとの連携がうまくいっている　27.2／8.1
雑用が少ない　26.0／3.2
待遇・処遇がよい　23.9／4.8
研修に対する診療科間（病院間）の連携がよい　20.8／7.3
第一志望の病院である　19.5／7.3
相談体制が十分整っている　14.7／8.5
受け入れ体制が十分整っている　12.8／9.3
教育資源（図書など）が十分である　8.7／13.1
その他　0.9／1.0

■ 臨床研修病院（n=2,342）
□ 大学病院（n=1,825）

0　10　20　30　40　50 (%)

出典：厚生労働省『2006年度調査』より。

修先選択の動機として「プログラムが充実している」や「指導体制が充実している」も挙げてはいるが，圧倒的に「出身大学である」という理由が多い。さらに，4番目の理由として「修後の進路やキャリアを考えて有利」という理由が挙げられている。これは後で見る大学病院医局への入局を視野に入れた選択動機であると見ることができる。

　次に，臨床研修体制に関する研修医の満足度が大学病院と臨床研修病院でどのように異なっているのか，『2006年度調査』の結果から見てみよう。図3-3が示す通り，総合的に臨床研修病院の修了者の方が，研修体制に関する満足度が高いことがわかる。各診療科のローテート期間は大学病院でも臨床研修病院でもほぼ同じ期間だと考えられるにもかかわらず，技能面では「必要な症例・手技の経験が十分」という点に関して大学病院の修了者の満足度は低い。さらに「待遇・処遇がよい」や「雑用が少ない」など研修環境に関しても大学病院の修了者では満足度が低い。かつての研修制度の下で，多くの大学病院が研修医を無給の労働力として利用していたことはよく知られるが（水島 2010），無

表3-3　臨床研修修了後に勤務する病院（予定）の種別

病院の種別	人　数	割合（%）
大学病院	3,170	54.0
大学病院以外の病院	2,522	43.0
臨床以外の進路	79	1.3
未定，無回答	100	1.7

出典：厚生労働省『2011年度調査』より筆者作成。

給ではないにせよ，新医師臨床研修制度への移行後も研修医を安価な労働力とする慣行が一部続いている可能性が示唆される。[5]

　ただし注意しなければならないのは，これら調査の質問は初期臨床研修の内容に関わるものであり，修了者はあくまで研修目標達成を前提にした研修内容への満足度を回答しているという点である。例えば図3-3では「必要な症例・手技の経験が十分」という点に関して大学病院の修了者の満足度は低いが，これはあくまでプライマリケアに関わる症例や経験が不足しているという意味であって，より専門的な症例についてはその限りではないと思われる。

　そのことを端的に示しているのが，『2011年度調査』が研修修了後の勤務予定先を尋ねた表3-3であろう。臨床研修を大学病院で行った者が約47%だったのに比べて（表3-1），大学病院へ勤務予定の者は約54%となっている。およそ7ポイント分の研修医が大学病院へ移動していることがわかる。さらに，なぜ研修修了後の勤務先を選んだのか尋ねたのが表3-4である。大学病院以外の病院を選択した修了者の回答を見てみると，「優れた指導者がいる」や「臨床研修を受けた病院である」が勤務先選択の中心的理由として挙げられているのに対し，大学病院を選択した修了者の回答を見てみると「出身大学である」「優れた指導者がいる」に加えて「専門医取得につながる」が勤務先選択の中心的理由として挙げられているのがわかる。大学病院への勤務は本項③で詳述する大学医学部の「医局」へ入ることを意味するが，医局に所属することで大学病院だけでなく関連病院をローテーションし，専門医資格の取得に必要となる症例数を医局員は獲得することができる（猪飼 2010）。大学病院を研修

表3-4 臨床研修修了後に勤務する病院（予定）を選んだ理由
（上位5項目，複数回答）

大学病院を選択した研修医の回答

順　位	理　由	割合(%)
1	出身大学である	51.5
2	優れた指導者がいる	46.2
3	専門医取得につながる	43.0
4	臨床研修を受けた病院である	37.0
5	病院の施設や設備が充実している	33.9

大学病院以外の病院を選択した研修医の回答

順　位	理　由	割合(%)
1	優れた指導者がいる	49.8
2	臨床研修を受けた病院である	40.9
3	研修プログラムが優れている	34.5
4	病院の施設や設備が充実している	33.5
5	専門医取得につながる	33.2

出典：厚生労働省『2011年度調査』より筆者作成。

修了後に勤務先として選んだ者には，おそらくこのような意図があるのではないだろうか。このことは表3-2において大学病院を研修先に選んだ修了者のおよそ3割が，大学病院を研修先とすることが「修後の進路やキャリアを考えて有利」だと考えていたことからも読み取ることができる。

②卒後後期臨床研修

新医師臨床研修制度ではプライマリケアにおける診療技術の習得を主眼に研修が行われるのに対し，その後の専門的教育は各専門科学会が規定する専門医資格制度に則って行われる。日本における専門医制度は1962年4月11日に発足した日本麻酔学会による指導医制度に始まる。その後，1981年には学会認定医制協議会が発足し，日本医師会，各専門領域の学会等の連携の下に専門医制度の整備が進められてきた。[6]

認定医・専門医資格制度では学会が指定する症例数を一定期間（基本領域の専門医研修は5年以上，subspecialty 領域の専門医研修は3年以上）にわたって経験する必要がある（日本専門医制評価・認定機構 2013）。基本領域と subspecialty 領

表3-5　基本領域の専門医数の推移　　（単位：人）

基本領域の学会	2003年8月	2010年8月	2013年8月
日本内科学会	7,267	14,179	15,125
日本小児科学会	514	14,052	14,940
日本皮膚科学会	4,552	5,736	6,129
日本精神神経学会	該当者無し	10,443	10,104
日本外科学会	6,400	20,181	21,275
日本整形外科学会	14,369	17,924	17,280
日本産科婦人科学会	11,407	11,938	12,569
日本眼科学会	8,881	10,161	10,860
日本耳鼻咽喉科学会	8,048	8,333	8,542
日本泌尿器科学会	5,514	6,291	6,471
日本脳神経外科学会	5,812	7,024	7,207
日本医学放射線学会	4,216	5,491	6,334
日本麻酔科学会	5,088	6,095	6,733
日本病理学会	1,873	2,085	2,232
日本臨床検査医学会	531	601	666
日本救急医学会	358	3,043	3,626
日本形成外科学会	1,503	1,831	2,191
日本リハビリテーション医学会	809	1,729	1,930
合　計	87,142	126,976	154,214

出典：西村（2012），日本専門医制評価・認定機構ホームページ（http://www.japan-senmon-i.jp/hyouka-nintei/data/index.html　2017年3月7日アクセス）より筆者作成。

域の専門医資格の関係をどのように整理していくのかについては依然議論が続いてはいるが，おおむね基本領域の専門医資格取得を subspecialty 領域の専門医資格取得の条件とする「二段階制」とする流れになっている（厚生労働省2013）。日本では医師免許について更新制度は今のところ設けられていないのに対し，専門医資格についてはおよそ5年に一度のペースで更新する必要がある。更新方法は講習会・セミナー等への参加や学術論文の掲載等に基づく必要単位の認定を条件とするもの[7]から，単位取得に加えて一定数以上の症例経験を条件とするもの[8]まで専門領域によって様々である。

　専門医数の変化を見た**表3-5**によると，2003年からの10年間で基本領域の専門医資格を持つ医師数は2倍近くに増え15万4214人となっている。調査の時期は少しずれるが，厚生労働省『平成24年医師・歯科医師・薬剤師調査』によると2012年12月31日時点の医師数は30万3268人であったので，基本領域の専門

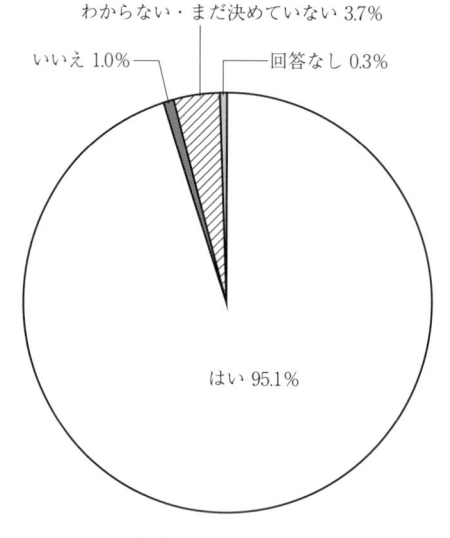

図3-4　専門医・認定医の取得希望の有無

わからない・まだ決めていない 3.7%

いいえ 1.0%　　　回答なし 0.3%

はい 95.1%

出典：厚生労働省『2012年度調査』より筆者作成。

医資格を持っているのは医師のおよそ半数であると思われる。また，『2012年度調査』から今後専門医資格の取得を希望しているかどうかを尋ねた問いへの回答結果を見てみると，研修修了者の専門医資格取得への意欲は非常に高いことがうかがい知れる（図3-4）。しかし，専門医資格取得とその更新には定められる症例数を継続的にこなす必要がある。症例数が確保できない病院に勤務することになれば必然的に専門医への道は閉ざ

されることになる。他方，すでに見た通り，医局に所属することによって専門医資格取得に必要な症例数は獲得しやすくなるのである。ところで医局とはいかなる特質を備えた組織だと言えるのか。次にこの点を確認しておこう。

③医局制度

　日本の医師の世界には「医局制度」と呼ばれる仕組みが存在している（図3-5）。医局とは大学医学部における講座のことを指す。医局組織は教授，准教授，講師，助教，研究員，大学院生，研修医，そして市中病院の常勤医からなる医局員によって構成され，教授を頂点とするピラミッド構造を持つ（猪飼2010）。医局員たちは，教授の指示に従って医局が抱える関連病院を移動する。

　医局員が関連病院間の移動を行う医局制度は，次の2点において医局と市中病院の利害が一致することにより合理的に成立してきた。1点目は市中病院への医師の安定的供給である。2004年の新医師臨床研修制度が施行される前までは市中病院への医師供給において医局制度は中心的役割を果たしてきた（吉田2010）。2点目は医局員への臨床経験の分配機能である。市中病院が医局の関

図3-5　医局制度における大学病院と関連病院の序列化

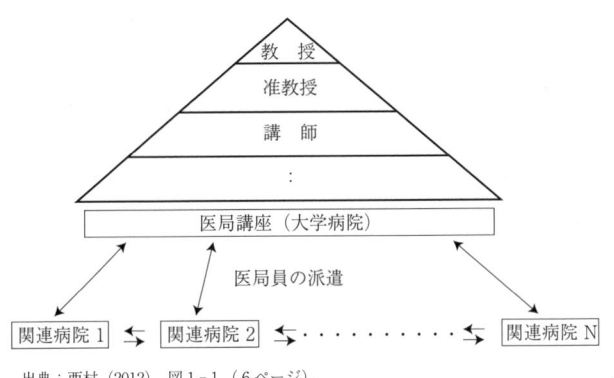

出典：西村（2012），図1-1（6ページ）。

連病院化している状況にあっては，医師は医局に所属していなければ十分な臨床経験を積むことができなかった。特に1980年代に専門医資格制度が普及し始めると，関連病院間のローテーションによる臨床経験の医局員への分配機能は必須のものとなっていったのである（猪飼 2010）。

　大学病院や市中病院の常勤ポストに就くことは，かつては「医局」に所属していなければ実現できないことだった（猪飼 2010）。しかし，2004年の新医師臨床研修制度の施行後，マッチング制度が導入されたことにより研修医が初期臨床研修を受ける研修先をある程度自由に選択することができるようになり[9]，出身大学の医局に縛られる必要が必ずしもなくなった。さらに臨床研修病院が後期臨床研修のプログラムを提供することが一般化した（猪飼 2010）。そのため，研修医が「臨床研修を受けた病院である」や「研修プログラムが優れている」という理由から大学病院以外の勤務先（多くは臨床研修病院と思われる）を選択する傾向が見られるのである（表3-4）。

　こうした状況を背景に新医師臨床研修制度導入後の一時期に「医局制度の崩壊」論が言われることがあった（例えば今田 2007）。確かに『2006年度調査』によると，入局を希望する者は約6割にとどまっていた。こうした状況から猪飼（2010）は，2006年当時の入局志向の低下は医師が専門性獲得の機会として医

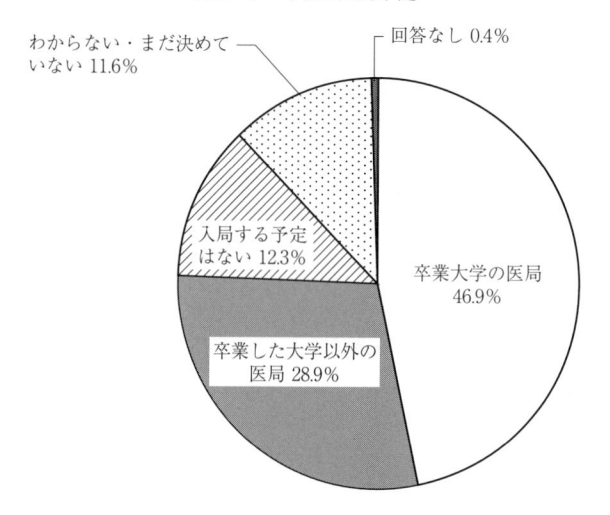

図 3-6　今後の入局予定

わからない・まだ決めて
いない 11.6%

回答なし 0.4%

入局する予定
はない 12.3%

卒業大学の医局
46.9%

卒業した大学以外の
医局 28.9%

出典：厚生労働省『2012年度調査』より筆者作成。

局に見切りを付け，専門医制度へ乗り換えようとしているのではないかという見通しを示している。

　しかし，『2012年度調査』の結果を見ると，出身大学以外の医局への入局も合わせて全体の約76％が入局を希望しており，医局はその勢いを回復しつつあることが読み取れる（図3-6）。さらに表3-4のからも推察される通り，研修医自身も入局することが専門医資格取得に必要となる臨床経験の獲得にとって有利になると認識しているのである。すなわち，医局制度はその全盛期と考えられる1990年代[10]に比べればやや弱体化したと言えるかもしれないが，その力は決して失われたわけではなく，現在も市中病院への医師の安定供給において重要な役割を担っていると結論付けられるだろう。

（2）　薬剤師
　①卒前・卒後教育
　次に，薬剤師のスキル形成について見ていこう。まず，図3-7は業務の種

図3-7　業務の種類別に見た薬剤師数の推移

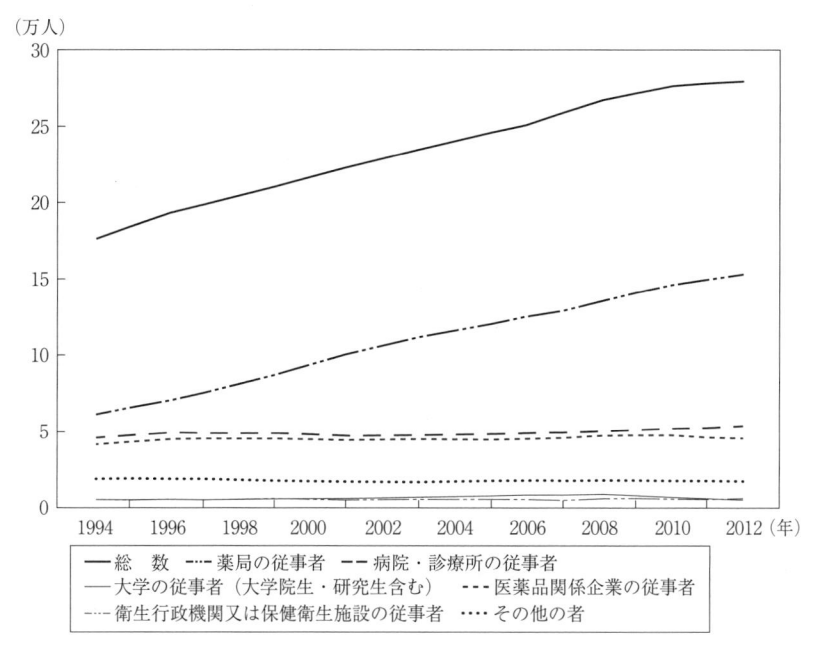

出典：厚生労働省『平成24年医師・歯科医師・薬剤師調査』より筆者作成。

類別に薬剤師数の推移を見たものである。病院・診療所の従事者，大学の従事者（大学院生・研究生含む），医薬品関係企業の従事者，衛生行政機関または保健衛生施設の従事者の数がこの約20年間ほとんど変化していないのに対して，薬局の従事者（特に薬局勤務者）の増加が著しいことがわかる。

　こうした統計から読み取れる事実とは裏腹に，あるいはそれ故にかもしれないが，医療技術の高度化や医薬分業の進展等に伴う医薬品の安全使用といった社会的要請に応える目的や（厚生労働省医薬食品局 2007），チーム医療における薬剤師の役割の重要性が高まっていることから（日本学術会議薬学委員会チーム医療における薬剤師の職能とキャリアパス分科会 2014），今まで以上に臨床経験を積んだ薬剤師養成の必要性が叫ばれている。日本薬剤師会が数十年にわたり薬学教育の6年制化を主張してきた経緯[11]からも推察できる通り，教育課程の再

図3-8 薬学教育制度の改正

図3-8 薬学教育制度の改正

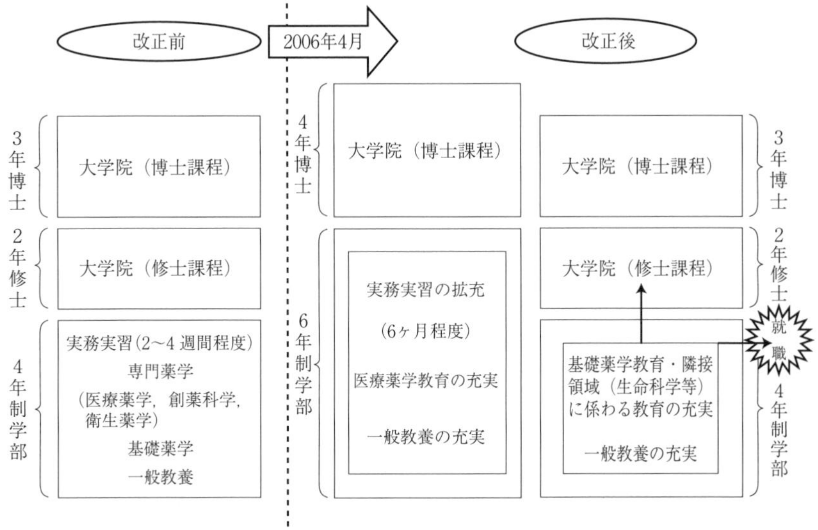

出典：文部科学省（2009），2ページを一部改変。

編・長期化によって，医師や看護師などと並んで遜色ない医療プロフェッショナルとしての地位を築こうとする日本薬剤師会の思惑がこの背景にあることもまた容易に想像がつくことではある。しかし，いずれにしても，2006年度には新しい6年制の薬学部教育がスタートし，2012年度から6年制の薬学教育を受けた薬剤師が輩出され，現在薬剤師を取り巻く状況は過渡期にあるということができる。

図3-8は薬学教育制度の改正の前後を比較して示したものである。2005年度までの薬学教育制度において，薬剤師国家試験受験資格は4年制学部卒業または卒業見込みによって得ることができた。この旧4年制学部教育では，実務実習は必修化されていなかった。実習が行われる場合も，その期間は2～4週間程度と非常に短く，医療人としての技能や態度を身につけるには不十分であるとの指摘があった（厚生労働省医薬食品局 2007）。こうした中で，上記の医療技術の高度化やチーム医療における薬剤師の役割への要請に応える等の理由か

ら，専門教育と実務実習の充実を図る新しい薬学教育制度が2006年度から始まり，学部における薬学教育は6年制へと移行した。注意が必要なのは，すべての学部が6年制へと移行したわけではなく，4年制学部＋大学院修士課程2年の履修課程も併存している点である。ただし，4年制学部へと進学した場合は教育課程に実務実習が義務付けられていないため，そのままでは国家試験の受験資格を得ることができない。そこで制度改正後12年間の限定措置として，4年制学部教育と2年の修士課程を修め，さらに一定要件（6ヶ月程度の実務実習の履修など）を満たせば国家試験の受験資格が与えられることになっている（小村 2011）。

　6年制へと移行した新しい薬学部教育を含め，これまでの薬学教育にはいくつかの問題点を指摘できる。まず，6年制薬学部教育は臨床志向の薬剤師養成にウエイトが置かれているが，臨床志向の薬剤師の増加に対応した病院ポストが今後確保できるのかどうかについて懸念が寄せられている（小村 2011）。また，上述の通り6年制薬学部教育の目玉の1つは実務実習の必修化であり，その内容は見学型実習ではなく参加型実習となる必要がある。しかし，医師や後で見る看護師の場合と同じく，薬学生は薬剤師ではないため実務実習における調剤が違法性を帯びないような条件整理が必要となる（厚生労働省医薬食品局 2007）。このため，学部教育における実務実習は，薬剤師資格取得後に即戦力として活躍できるような職務経験を積むことができる訓練の機会にはなっていないのである（鷲山ら 2008）。

　6年制の薬学部教育を経ても現場で即戦力として活躍できる薬剤師が養成されない以上，薬剤師のスキル形成において入職後の卒後研修が重要となる。また，薬剤師免許にも更新制が採られていないため，薬剤師のスキル形成や維持において卒後研修制度の充実が必須であることは明白である。しかし，薬剤師に対する卒後臨床研修は，薬剤師法で義務付けられていない。このため薬局薬剤師および病院薬剤師への卒後研修は薬剤師全体で特に制度化されておらず，研修は個別薬局・病院等が行うか，または薬剤師個人の自己研鑽に委ねられる「個人自主性主義」の側面が強い（山口ら 2004）。

図3-9 卒後臨床研修制度としての薬剤師レジデント募集施設数の推移

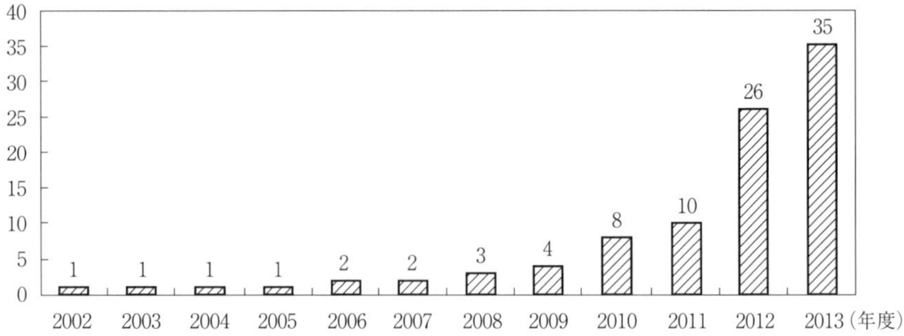

注：サンプルは日本病院薬剤師会会員施設のうち，薬剤師レジデント制度を有する施設に限られている。
出典：橋田ら（2013），図1（806ページ）を一部改変。

　病院薬剤師への卒後研修は，薬学教育のための附属病院を有する薬科大学が非常に限られる中で，大学病院を中心に「薬剤師研修生制度」として行われてきた。しかし，この制度において研修生は基本的に無給であり，福利厚生についても全く手当されない。逆に研修生側が施設に研修費を納める必要がある（橋田ら 2013）。これに対し，研修生に何らかの給与が支払われる「薬剤師レジデント制度」を採用する病院が近年徐々に増加する傾向にある。例えば，日本病院薬剤師会会員施設のうち，薬剤師レジデント制度を有する施設数の推移をレジデント制度の開設年度別に見てみると，6年制の薬学部教育の最初の卒業生が輩出される2012年度から募集を始めた施設が多いことがわかる（図3-9）。レジデント制度では，給与以外に交通費や健康保険，厚生年金，労災保険など福利厚生も常勤職員に準ずる処遇が与えられる場合が多い。研修期間はいずれの施設でも1年以上で，2年にわたって段階的なプログラムを提示する施設が大半を占めている（橋田ら 2013）。

　ただし，図3-7の通り薬剤師全体の半数以上は薬局薬剤師が占めており，病院薬剤師は薬剤師全体の20％弱ほどを占めるに過ぎない。全体として薬剤師の卒後のスキル形成は個人もしくは薬局・企業に委ねられているのが現状である。また，薬学部卒業生の進路は薬局，病院，そして医薬品関係企業などとか

なり幅広いと言えるが，それは一人ひとりの薬剤師が身に着けるべきスキルの種類に大きなばらつきがあることを意味しているとも言えるだろう。そのため，仮に卒後研修制度が必修化されたとしても，それが効率の良い薬剤師養成制度として機能するかどうかは検討の余地が残るところかもしれない。

②薬剤師認定制度

次に，卒後後期研修制度について見ていこう。薬剤師の卒後後期研修制度としては各学会や機構等が定める様々な薬剤師認定制度が挙げられる。これらを利用して図3-10のようなキャリアラダーを歩むことが，現在の標準的な専門薬剤師への道だと考えることができる（日本学術会議薬学委員会専門薬剤師分科会 2008）。専門薬剤師への第一歩は，薬剤師免許取得後，実務経験と講習を履修することで研修認定薬剤師の資格を獲得することから始まる。代表的な新人薬剤師向けの認証制度として日本薬剤師研修センターが主宰する認定薬剤師制度や，日本薬剤師会が主宰する生涯学習支援システムがあり（柴山 2012），いずれも更新制が採られている。次に，各学会・機構等が定める実務経験や講習の受講等の条件を満たし，認定試験に合格することで認定薬剤師や領域別専門薬剤師の資格を得ることができる（表3-6）。最も上級の資格は領域別高度専門薬剤師資格であり，研修や認定試験に合格するだけでなくピアレビュー付の学術論文の発表等が条件となる（柴山 2012）。高度専門薬剤師は，指導薬剤師として専門薬剤師の育成や指導，先端的研究の実施などの役割を担う（日本学術会議薬学委員会専門薬剤師分科会 2008）。

しかしながら，これらの認定資格制度には問題点も多い。まず，これら認定資格制度は各学会・機構等によって相当多岐にわたって広がっており，一律的な標準化や質の担保が難しい状況となっている（日本学術会議薬学委員会チーム医療における薬剤師の職能とキャリアパス分科会 2014）。また，様々な認定制度があるにもかかわらず，これらの制度を利用して認定を受けている薬剤師の割合は，例えば医師に占める専門医資格取得者の割合と比べれば圧倒的に少ないと推測される。正確な認定・専門薬剤師数は不明だが，例えば研修認定薬剤師資格のうち最も一般的である，上述の日本薬剤師研修センターが主宰する認定薬

図 3-10　専門薬剤師に至るためのラダー

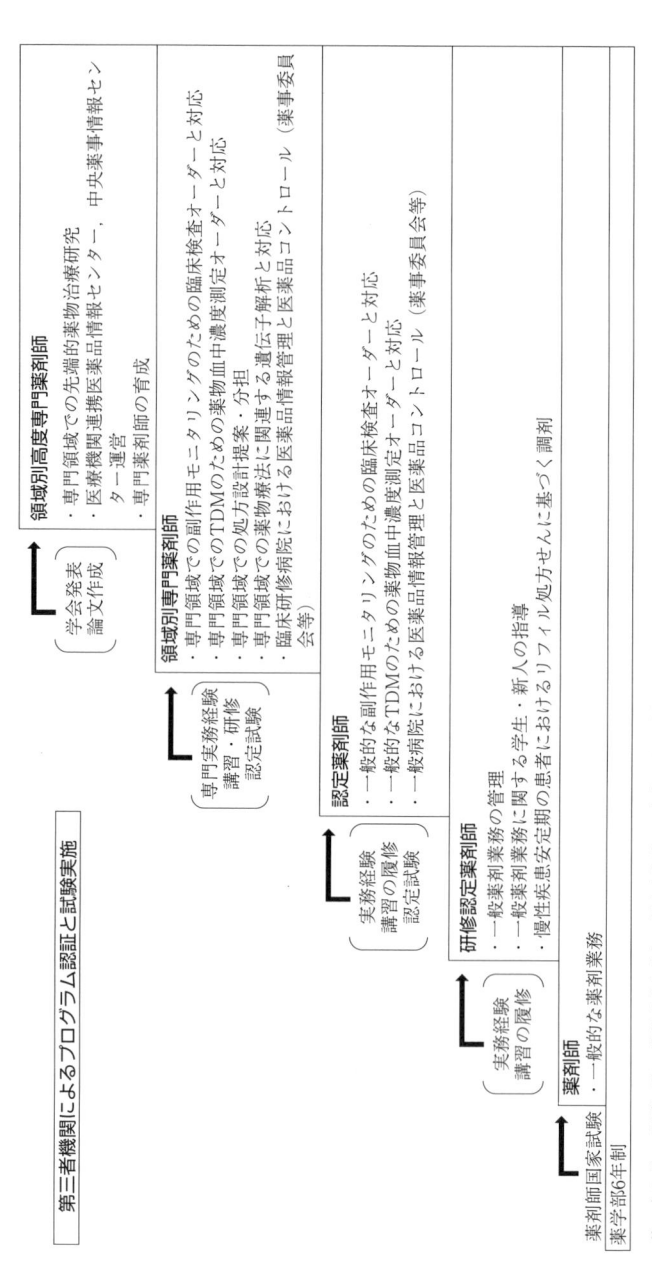

第三者機関によるプログラム認証と試験実施

領域別高度専門薬剤師
・専門領域での先端的薬物治療研究
・医療機関連携医薬品情報センター、中央薬事情報センター運営
・専門薬剤師の育成

学会発表
論文作成

↑

専門実務経験
講習・研修
認定試験

領域別専門薬剤師
・専門領域での副作用モニタリングのための臨床検査オーダーと対応
・専門領域でのTDMのための薬物血中濃度測定オーダーと対応
・専門領域での処方設計提案・分担
・専門領域での薬物療法に関連する遺伝子解析と対応
・専門研修病院における医薬品情報管理と医薬品コントロール（薬事委員会等）

専門実務経験
講習・研修
認定試験

↑

実務経験
講習の履修
認定試験

認定薬剤師
・一般的な副作用モニタリングのための臨床検査オーダーと対応
・一般的なTDMのための薬物血中濃度測定オーダーと対応
・一般病院における医薬品情報管理と医薬品コントロール（薬事委員会等）

実務経験
講習の履修
認定試験

↑

研修認定薬剤師
・一般薬剤業務の管理
・一般薬剤業務に関する学生・新人の指導
・慢性疾患安定期の患者のリフィル処方せんに基づく調剤

実務経験
講習の履修

↑

薬剤師
・一般的な薬剤業務

薬剤師国家試験

薬学部6年制

注：本ラダーで階段ごとの業務はそれぞれの認定を取得して行うことが適当であると考えるものの例である。
出典：日本学術会議薬学委員会専門薬剤師分科会 (2008). 11ページを一部改変。

表3-6　薬剤師の取得対象となる主な認定制度

団体名称	認定制度
日本薬剤師研修センター	研修認定薬剤師
	漢方・生薬認定薬剤師
日本病院薬剤師会	がん専門薬剤師，がん薬物療法認定薬剤師
	感染制御専門薬剤師，感染制御認定薬剤師
	精神科専門薬剤師，精神科薬物療法認定薬剤師
	妊婦・授乳婦専門薬剤師，妊婦・授乳婦薬物療法認定薬剤師
	HIV感染症専門薬剤師，HIV感染症薬物療法認定薬剤師
	生涯研修履修認定薬剤師
日本医療薬学会	指導薬剤師，認定薬剤師
	がん指導薬剤師，がん専門薬剤師*
	薬物療法指導薬剤師，薬物療法専門薬剤師（2012年度発足）
日本臨床理学会	認定薬剤師
	認定CRC
日本静脈経腸栄養学会	栄養サポート（NST）専門薬剤師
日本緩和医療薬学会	緩和薬物療法認定薬剤師
日本化学療法学会	抗菌化学療法認定薬剤師
日本褥瘡学会	日本褥瘡学会認定師
日本臨床救急医学会	救急認定薬剤師
日本医療情報学会	医療情報技師
日本医薬品情報学会	医薬品情報専門薬剤師
日本腎臓病薬物療法学会	腎臓病薬物療法専門薬剤師，腎臓病薬物療法認定薬剤師
日本プライマリ・ケア学会	プライマリ・ケア認定薬剤師
糖尿病療養指導士認定機構	糖尿病療養指導士
ICD制度協議会	ICD（医師またはPh.D.）
日本アンチ・ドーピング機構	スポーツファーマシスト
日本サプリメントアドバイザー認定機構	サプリメントアドバイザー

注：＊医療法上広告が可能な専門性に関する資格。
出典：日本医療薬学会ホームページ（http://www.jsphcs.jp/general/02.php　2017年3月7日アクセス）を一部改変。

剤師数は2014年9月末時点で4万843人である。[12]厚生労働省『平成26年医師・歯科医師・薬剤師調査』によれば，2014年12月31日時点の薬剤師数は28万8151人であるので，その割合はおよそ14.2％にすぎない。

（3）　看護師

①卒前・卒後教育

最後に見るのは看護師のスキル形成である。その前に，まず看護師資格の種

類について確認しておく必要がある。看護師資格にはいわゆる正看護師と准看護師の2種類の資格が存在している。両者は教育水準や必要とされる知識が異なっているにもかかわらず，医療の現場では実質的にほぼ同じ仕事を担ってきた。このことは，正看護師と同じ仕事を行っているにもかかわらず処遇が低いという不満を准看護師の内部に生み，他方，教育が十分でない准看護師が業務を遂行するのは危険性を伴うという正看護師からの批判を招いてきた（野村 2015）。こうした状況を受け，日本看護協会は長年にわたって両資格の正看護師資格への統一化を求めてきた。[13]

　正看護師数と准看護師数の推移を見てみると，図3-11が示す通り准看護師の数は2000年代に入ってからは伸びていない。現在の看護師養成は正看護師中心に行われていると言うことができるが，他方で医師会の強い反対があり，准看護師資格そのものは存続している状況である。正看護師よりも賃金の低い准看護師を雇用したい医療施設の思惑や，看護師不足が背景にあると言われている（下野・大津 2010；野村 2015）。

　本章では准看護師は考察の対象とせず，以下で「看護師」と言う場合は正看護師を指すものとする。

　さて，看護師国家試験の受験資格を得るには大まかに以下のような3通りのコースがある（図3-12）。第1は高等学校を卒業後，大学や短期大学，看護師学校養成所等で3年間（大学では4年間）の教育を受けるコース，第2は中学卒業後に准看護師養成所（2年間）に通って准看護師の資格を取得し，その後さらに2年間の看護師学校養成所で教育を受けるコース，そして第3は高等学校看護科と高等学校専攻科における5年一貫教育のコースである。第1のコースは3年課程，後のふたつのコースは2年課程と呼ばれる。現在の看護師養成の中心をなしているのは3年課程である（下野・大津 2010）。

　では，卒前教育における学生の看護技能習得過程の特徴を見ていこう。ここでは日本看護協会が看護基礎教育の現状を明らかにするために実施した調査の結果（日本看護協会政策企画部編 2007）を用いて検討したい。まず，授業と臨地実習の時間数について確認しよう。法律で定められる単位数と授業時間に関し[14]

図3-11 就業中の正看護師数および准看護師数の推移（実人員）

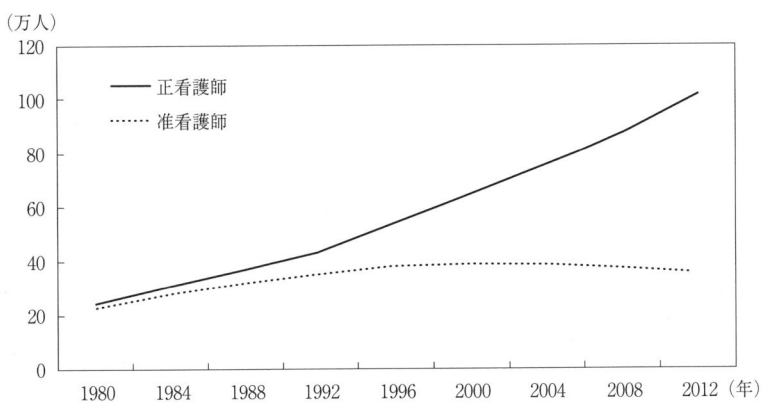

出典：厚生労働省『衛生行政報告例』各年版より筆者作成。

て実際の施行状況を見たのが**表3-7**である。ここでは卒業必修単位数および実際の時間数について，すべての教育項目に回答した学校のみが集計の対象となっている。教育時間に着目すると，指定規則では基礎分野（360時間），専門基礎分野（510時間），専門分野（990時間）の教育時間数の合計は1860時間，対して臨地実習は1035時間である。指定規則上，卒前教育では知識習得に重点が置かれていると言えよう。次に，この指定規則以上の時間をかけて教育が行われている学校の割合を見てみると，基礎分野（69校，32.9%），専門基礎分野（91校，43.3%），専門分野（101校，48.1%）に対して，臨地実習では14校，6.7%にとどまっていることがわかる。

　臨地実習を指定規則以上に行う学校が少ないのはなぜか，そして臨地実習の内実はどのようなものなのか。これらの点を明らかにするために，臨地実習を行う技術項目と実習がどのような状況において行われているのか確認する。同調査は看護技術80項目に関する臨地実習の実態について，ほとんどの学生（80%以上）が「1.教員や看護師の助言指導により学生が単独で実施した」「2.教員や看護師の指導監視のもとで学生が実施した」「3.学生は原則として看護師・医師の実施を見学した」「4.学生は見学もしなかった」のうちのどの状態

図3-12　日本の看護師養成制度

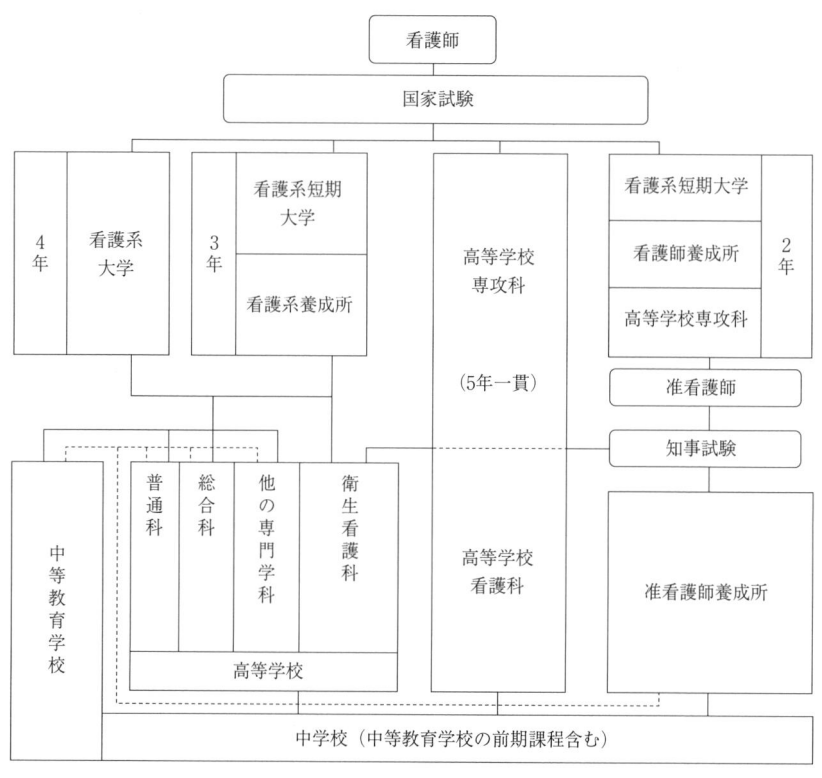

出典：文部科学省ホームページ（http://www.mext.go.jp/a_menu/shotou/shinkou/kango/　2017年3月7日アクセス）を一部改変。

であったかを尋ねている。調査結果によれば，30項目について厚生労働省の推奨基準に及んでいない学校があることがわかった（**表3-8**の網掛け部分）。最も推奨基準に及んでいない学校の割合が高かった看護技術は「吸引（口腔，鼻腔）」の71.5％（推奨基準1），5割以上の学校で推奨基準に及んでいなかった看護技術は22項目（下限は「止血」の50.0％）に上っている。表では示さないが，同調査は臨地実習を「見学した」もしくは「見学もしなかった」場合の理由についても尋ねている。「学生の技術の未熟さによる危険性が高い」「実習に適した事例がない」「患者に苦痛や不安を与える可能性が高い」「事故防止と患者お

表 3 - 7　看護師免許の取得にかかわる卒業必修単位数（2006年時点）および実際の時間数

	指定規則	計	指定規則どおり	指定規則を上回る	平 均
計	93単位	210 (100.0)	68 (32.4)	142 (67.6)	95.2
	2,895時間	210 (100.0)	45 (21.4)	165 (78.5)	2,955.5
基礎分野	13単位	210 (100.0)	161 (76.7)	49 (23.3)	13.4
	360時間	210 (100.0)	141 (67.1)	69 (32.9)	369.6
専門基礎分野	21単位	210 (100.0)	138 (65.7)	72 (34.3)	21.6
	510時間	210 (100.0)	119 (56.7)	91 (43.3)	529.6
人体の構造と機能・疾病の成り立ちと回復の促進	15単位	210 (100.0)	143 (68.1)	67 (31.9)	15.6
社会保障制度と生活者の健康	6 単位	210 (100.0)	200 (95.2)	10 (4.8)	6.1
専門分野	36単位	210 (100.0)	104 (49.5)	106 (50.5)	37.1
	990時間	210 (100.0)	109 (51.9)	101 (48.1)	1,014.3
基礎看護学	10単位	210 (100.0)	122 (58.1)	88 (41.9)	10.7
在宅看護論	4 単位	210 (100.0)	209 (99.5)	1 (0.5)	4.0
成人看護学	6 単位	210 (100.0)	167 (79.5)	43 (20.5)	6.3
老年看護学	4 単位	210 (100.0)	206 (98.1)	4 (1.9)	4.0
小児看護学	4 単位	210 (100.0)	204 (97.1)	6 (2.9)	4.0
母性看護学	4 単位	210 (100.0)	203 (96.7)	7 (3.3)	4.0
精神看護学	4 単位	210 (100.0)	203 (96.7)	7 (3.3)	4.0
臨地実習	23単位	210 (100.0)	207 (98.6)	3 (1.4)	23.0
	1,035時間	210 (100.0)	196 (93.3)	14 (6.7)	1,042.0
基礎看護学	3 単位	210 (100.0)	208 (99.0)	2 (1.0)	3.0
在宅看護論	2 単位	210 (100.0)	210 (100.0)	― (―)	2.0
成人看護学	8 単位	210 (100.0)	209 (99.5)	1 (0.5)	8.0
老年看護学	4 単位	210 (100.0)	210 (100.0)	― (―)	4.0
小児看護学	2 単位	210 (100.0)	210 (100.0)	― (―)	2.0
母性看護学	2 単位	210 (100.0)	210 (100.0)	― (―)	2.0
精神看護学	2 単位	210 (100.0)	210 (100.0)	― (―)	2.0

注：基礎分野の教育内容は「科学的思考の基盤」「人間と人間生活の理解」を合わせたもの。卒業必修単位数および
　　実際の時間数に関しては，すべての教育内容に回答をした学校のみ集計の対象としている。
出典：日本看護協会政策企画部編（2007），第19表（6ページ）を一部改変。

および学生の安全確保」などが臨地実習を「見学した」もしくは「見学もしな
かった」主要な理由として挙げられている（日本看護協会政策企画部編 2007，第
37表［14ページ］）。卒前教育における臨地実習の運用の難しさがここからうか
がえる。

表3-8 臨地実習の実態（看護基礎教育3年課程の学校，N=366）

看護技術	厚生労働省の推奨水準	臨地実習の実態					
		1. 教員や看護師の助言指導により学生が単独で実施した	2. 教員や看護師の指導監視のもとで学生が実施した	3. 学生は原則として看護師・医師の実施を見学した	4. 学生は見学もしなかった	推奨水準に及んでいない学校の割合	無回答・不明
1 食生活支援	1	33.4	38.8	4.4	0.3	(43.5)	23.1
2 経管栄養法（経鼻胃チューブの挿入）	2	1.3	11.9	46.3	17.2	(63.5)	23.4
3 排尿困難時の援助	1	18.1	32.5	11.6	9.4	(53.5)	28.4
4 膀胱内留置カテーテル法（管理）	1	27.8	39.1	12.2	3.1	(54.4)	17.8
5 浣腸	2	2.8	27.8	35.3	13.1	(48.4)	20.9
6 導尿	2	0.6	19.1	41.3	19.4	(60.7)	19.7
7 摘便	2	0.9	22.2	41.3	14.4	(55.7)	21.3
8 ストーマ造設者のケア	2	0.6	20.3	35.0	22.8	(57.8)	21.3
9 膀胱内留置カテーテル法（カテーテル挿入）	2	0.6	14.4	51.3	14.4	(65.7)	19.4
10 入浴介助	1	37.8	43.1	1.9	1.3	(46.3)	15.9
11 酸素吸入療法	1	17.2	45.3	16.3	1.9	(63.5)	19.4
12 気管内加湿法	1	15.3	40.0	13.1	7.2	(60.3)	24.4
13 吸引（口腔，鼻腔）	1	8.4	43.4	22.2	5.9	(71.5)	20.0
14 吸引（気管内）	2	0.6	25.0	40.9	11.6	(52.5)	21.9
15 人工呼吸器装着中の患者のケア	2	0.3	20.6	30.3	25.3	(55.6)	23.4
16 褥瘡の予防ケア	1	33.1	36.3	5.6	3.8	(45.7)	21.3
17 経口・経皮・外用薬の与薬方法	1	23.8	40.3	16.3	1.3	(57.9)	18.4
18 皮内・皮下・筋肉内・静脈内注射の方法	2	0.9	11.6	56.9	9.7	(66.6)	20.9
19 輸液ポンプの操作	2	0.3	15.3	55.0	8.1	(63.1)	21.3
20 意識レベル把握	1	26.9	32.2	14.1	8.1	(54.4)	18.8
21 救急法	3	0.6	5.6	25.6	43.4	(43.4)	24.7
22 人工呼吸	3	0.9	0.6	28.8	48.1	(48.1)	21.6
23 閉鎖式心マッサージ	3	0.3	0.3	18.4	59.1	(59.1)	21.9
24 除細動	3	0.3	—	19.4	58.4	(58.4)	21.9
25 止血	3	0.6	2.2	23.4	50.0	(50.0)	23.8
26 検体の採取と扱い方（採尿，尿検査）	1	20.9	27.8	13.8	14.4	(56.0)	23.1
27 検査の援助（心電図モニター，パルスオキシメーター，スパイロメーターの使用）	1	28.4	34.4	12.2	3.1	(49.7)	21.9
28 検査時の援助（胃カメラ，気管支鏡，腰椎穿刺，12誘導心電図など）	2	0.9	15.3	43.4	17.8	(61.2)	22.5
29 医療事故予防	1	30.0	30.6	9.7	2.8	(43.1)	26.9
30 リスクマネジメント	1	18.4	31.6	10.0	10.0	(51.6)	30.0

注：厚生労働省の推奨水準は以下の通り。なお，網掛け部分は厚生労働省の推奨水準に及んでいない実態を示す。
　1：教員や看護師の助言指導により学生が単独で実施する。
　2：教員や看護師の指導監視のもとで学生が実施する。
　3：学生は原則として看護師・医師の実施を見学する。
出典：日本看護協会政策企画部編（2007），第36表（13ページ）を一部改変。

　さらに看護技術80項目について，卒業時点で「一人でできる」学生の割合を20％未満，20～39％，40～59％，60～79％，80％以上の5つのカテゴリーから選択させる問いへの回答結果を見てみると，救命救急処置や呼吸・循環を整える技術，与薬の技術など16の項目で「20％未満」と回答した学校が5割を超えている（表3-9）。

　ただし，学生がこれらの技術を一人で行うことができないまま卒業してしまうのは，実習の運用に問題があることに必ずしも起因していない。なぜなら，16項目のうち救命救急処置に関する技術を中心とした10項目では，厚生労働省の推奨基準が「学生は原則として看護師・医師の実施を見学する」と定めており，学生自身が自ら行う必要が無い，あるいは法律上行ってはいけないことになっているからである。この点は，医師の卒前教育における実習が見習い中心型であることと何ら変わらない。要するに，卒前教育で習得できない技術については卒後教育の中で習得できる仕組みが作られていればよいのである。

　しかし，この卒後教育の仕組みはこれまで十分に制度化されてこなかった。すなわち，病院等の自主的な取り組みに委ねられてきたのである。その結果，看護師養成所での基礎看護技術教育と養成所卒業後の看護技術に関する職場研修はうまく連動してこなかった（下野・大津 2010）。この点は日本看護協会が実施したアンケート調査（日本看護協会編 2006）からもうかがい知ることができる。まず，表3-10は新卒看護職員の職場定着を困難にしている要因を病院と学校に尋ねた結果を示している。病院が最も多く挙げるのは「基礎教育終了時点の能力と看護現場で求める能力とのギャップ」（76.2％）であり，次いで「現代の若者の精神的な未熟さや弱さ」（72.6％），「看護職員に従来より高い能力が求められるようになってきている」（53.3％），「現場の看護職員が新卒看護職員に仕事のなかで教える時間がない」（39.0％）などの理由が続いている。学校が挙げる上位3つの理由も病院が挙げたものと同じである。新卒看護師の精神的弱さを抜きにしても，学校で習得する看護に関する知識や技術と，現場で求められる看護技術のギャップが大きく，これが新卒看護師の離職の大きな要因だと新卒看護師の周囲が感じている様子が読み取れるだろう。

表3-9 一人でできる学生が「20％未満」と回答した学校が5割を超えた看護技術（N=366）

看護技術	厚生労働省の推奨水準	卒業時点で「一人でできる」学生の割合					
		20％未満	20～39％	40～59％	60～79％	80％以上	無回答・不明
1 導尿	2	50.0	9.1	7.5	3.8	2.8	26.9
2 低圧胸腔内持続吸引中の患者のケア	2	50.0	10.0	7.8	3.1	0.6	28.4
3 人工呼吸器装着中の患者のケア	2	53.4	8.4	5.0	1.9	1.3	30.0
4 人工呼吸器の操作	3	60.3	4.1	1.9	0.6	0.9	32.2
5 低圧胸腔内持続吸引器の操作	3	58.7	5.6	2.8	0.3	0.3	32.2
6 膀胱内留置カテーテル法（カテーテル挿入）	2	53.8	7.8	6.6	1.9	2.2	27.8
7 皮内・皮下・筋肉内・静脈内注射の方法	2	55.3	6.3	5.6	3.1	3.8	25.9
8 輸液ポンプの操作	2	50.9	8.4	7.8	3.4	2.2	27.2
9 輸血の管理	3	60.0	6.3	4.1	1.9	0.3	27.5
10 救急法	3	53.8	4.4	4.4	1.3	3.1	33.1
11 気道確保	3	56.6	4.1	4.7	1.9	2.8	30.0
12 気管挿管	3	63.4	3.1	0.6	0.3	0.9	31.6
13 人工呼吸	3	60.0	3.8	2.8	1.3	1.9	30.3
14 閉鎖式心マッサージ	3	60.9	2.8	2.5	1.3	1.9	30.6
15 除細動	3	63.8	2.5	0.9	0.3	1.6	30.9
16 止血	3	57.8	4.4	2.2	0.9	2.5	32.2

注：厚生労働省の推奨水準については表3-8の注を参照。
出典：日本看護協会政策企画部編（2007），第39表（16ページ）を一部改変。

　新卒看護職員への教育・研修の充実や職場定着・マッチング促進のために行っている対策等の状況について病院に尋ねた**表3-11**からは，8割以上の病院が「技術実践教育を重視した教育・研修プログラムの実施」を行っていると回答する一方で，「新卒者以外の看護職員を対象とした，新卒者受け入れに備える教育・研修の実施」は6割ほどの病院でしか行われていないことがわかる。

表3-10　新卒看護職員の職場定着を困難にしている要因（複数回答）

	病院調査 (N=1,219)		学校調査 (N=436)	
	順位	割合 (%)	順位	割合 (%)
基礎教育終了時点の能力と看護現場で求める能力とのギャップ	1	76.2	1	80.3
現代の若者の精神的な未熟さや弱さ	2	72.6	2	76.4
看護職員に従来より高い能力が求められるようになってきている	3	53.3	3	47.0
現場の看護職員が新卒看護職員に仕事のなかで教える時間がない	4	39.0	5	37.8
交代制など不規則な勤務形態による労働負担が大きい	5	37.2	8	28.9
現代の社会・経済的な状況が経済的自立の必要性を弱めている	6	33.4	11	20.0
新卒看護職員が看護の仕事の魅力を感じにくい状況がある	7	30.4	6	34.9
自分が医療事故を起こすのではないか，という不安で萎縮している	8	28.5	8	28.0
個々の看護職員を「認める」「ほめる」ことが少ない職場風土	9	20.9	4	45.0
新卒看護職員を計画的に育成する体制が整っていない	10	20.8	7	30.0
看護業務が整理されていないため新人が混乱する	11	17.0	10	23.4
その他	12	10.3	12	15.1
無回答	—	7.5	—	1.1

出典：日本看護協会編（2006），27ページを一部改変。

教育・研修プログラムが存在していたとしても，新卒看護師への十分な指導が行われていない可能性を示唆していると言えるだろう。また，看護職員のメンタルヘルスの支援策などに関しても十分な体制が採られていない様子がうかがえる。

　新卒看護師自身も自分の看護技術に不安を覚えている。看護職になり仕事を続ける上で悩みとなったことを尋ねたのが**表3-12**である。「配属部署の専門的な知識・技術が不足している」「医療事故を起こさないか不安である」「基本的な看護技術が身についていない」など，看護技術の不足や自身の看護職への適格性に関して多くの看護師が苦悩を抱えていることが読み取れる。

　こうした新卒看護師の技能習得過程を取り巻く現状を鑑み，厚生労働省では「看護の質の向上と確保に関する検討会」や「新人看護職員研修に関する検討会」が2008年以降開催されてきた。これらの検討会の結果，2010年には新人研修の努力義務化が決定され，新人看護師への卒後研修ガイドライン等が作成されている。ただし，依然として研修は完全に義務化されているわけではなく，

表3-11 新卒看護職員への教育・研修の充実ならびに職場定着・マッチング促進のために行っている対策等（N=1,219）

（単位：%）

	行っている	具体的に行う予定がある	行う予定はない	無回答
①技術実践教育を重視した教育・研修プログラムの実施	80.8	9.9	4.4	4.8
②新卒者への精神的支援に重点を置いた研修の導入	51.9	16.3	23.4	8.4
③新卒者を夜勤に組み込む時期を従来より遅くする	47.0	10.2	37.2	5.7
④新卒者以外の看護職員を対象とした，新卒者受け入れに備える教育・研修の実施	61.9	12.9	19.5	5.7
⑤看護職員のメンタルヘルス対策として，相談を受ける体制の整備（リエゾン・ナース，カウンセラー，精神科医，その他の担当者の配置を含む）	38.6	15.3	39.5	6.5
⑥就職活動中の学生を対象に，病院の看護業務体験の実施（臨床看護実習や単なる職場見学とは異なる）	21.0	7.1	66.3	5.6
⑦就職予定者（内定者を含む）の父母に対する職場説明会の開催	5.4	2.4	87.1	5.1

出典：日本看護協会編（2006），29ページを一部改変。

表3-12 看護職になり仕事を続ける上で悩みとなったこと（N=741，複数回答）

	悩みとなったこと	
	順　位	割合（%）
配属部署の専門的な知識・技術が不足している	1	76.9
医療事故を起こさないか不安である	2	69.4
基本的な看護技術が身についていない	3	67.1
ヒヤリ・ハット（インシデント）レポートを書いた	4	58.8
自分の看護が患者のニーズに応えているか自信がない	5	57.0
仕事の優先順位がつけられない	6	55.3
自分は看護職に向いていないのではないかと思う	7	52.9

注：27の質問項目のうち回答者が50%を超えた7項目のみ示している。
出典：日本看護協会編（2006），30ページを一部改変。

今後研修を円滑に運用するためには日本看護協会や厚生労働省，文部科学省等の関係機関・団体によるさらなる連携が必要となることは必至であろう。

②認定資格制度

看護師の卒後研修を支える仕組みとして，日本看護協会は認定資格制度を用意している。認定資格制度には認定看護師，専門看護師，認定看護管理者の3つの資格が存在している。これらの資格を得るには認定資格制度が定める所定の基準を満たし，資格審査を経ることが必要となる。以下では，管理的業務を行う者を対象とする認定看護管理者資格以外の2つの資格の認定制度について概観しておこう。

認定看護師免許を取得するには，まず看護師免許を有することを条件に，実務経験5年以上（うち3年以上は認定看護分野の実務研修）が必要であり，さらに認定看護師教育機関で所定の課程（6ヶ月・615時間以上）を修了する必要がある。その後，筆記試験による認定審査を経て免許が交付される。免許は5年ごとに更新する必要がある[16]。

認定看護師資格取得者数は2014年10月1日現在1万4282人である（表3-13）。厚生労働省『平成26年度衛生行政報告例』によれば，2014年末時点において就業中の看護師数（実人員）は108万6779人なので，認定看護師資格の取得率はおよそ1.3％と非常に低い。

また専門看護師の認定を受けるには，看護師免許を有することを条件に，看護系大学院修士課程修了者で日本看護系大学協議会が定める専門看護師教育課程基準の所定の単位（総計26単位または38単位）を取得していること，さらに実務経験が通算5年以上あり，このうち3年以上は専門看護分野の実務研修であること，という2つの条件を満たす必要がある。その後，書類審査と筆記試験による認定審査を経て免許が交付される。免許は5年ごとに更新を行う必要がある[17]。しかし，実際に専門看護師資格を取得している人は2014年1月1日現在，わずか1266人にすぎない（表3-14）。

このように，卒後後期研修制度が整備されているにもかかわらず，その資格を取得しようという動きは看護師内部で非常に弱い。その一因として，これら

表 3-13　分野別認定看護師数（2014年10月 1 日現在）

分野名	分野特定年	認定開始年	登録者数	分野名	分野特定年	認定開始年	登録者数
救急看護	1995	1997	927	透析看護	2003	2005	186
皮膚・排泄ケア	1995	1997	2,057	手術看護	2003	2005	316
集中ケア	1997	1999	946	乳がん看護	2003	2006	247
緩和ケア	1998	1999	1,655	摂食・嚥下障害看護	2004	2006	522
がん化学療法看護	1998	2001	1,289	小児救急看護	2004	2006	208
がん性疼痛看護	1998	1999	749	認知症看護	2004	2006	480
訪問看護	1998	2006	447	脳卒中リハビリテーション看護	2008	2010	494
感染管理	1998	2001	2,070	がん放射線療法看護	2008	2010	177
糖尿病看護	2000	2002	674	慢性呼吸器疾患看護	2010	2012	171
不妊症看護	2000	2003	139	慢性心不全看護	2010	2012	184
新生児集中ケア	2001	2005	344	総　数			14,282

出典：日本看護協会「認定看護師（Certified Nurse）への道」を一部改変。

表 3-14　分野別専門看護師数（2014年 1 月 1 日現在）

分野名	分野特定年	認定開始年	登録者数	分野名	分野特定年	認定開始年	登録者数
がん看護	1995	1996	514	慢性疾患看護	2003	2004	103
精神看護	1995	1996	177	急性・重症患者看護	2004	2005	147
地域看護	1996	1997	25	感染症看護	2006	2006	30
老人看護	2001	2002	66	家族支援	2008	2008	27
小児看護	2001	2002	119	在宅看護	2012	2012	11
母性看護	2002	2003	47	総　数			1,266

出典：日本看護協会「専門看護師（Certified Nurse Specialist）への道」を一部改変。

の資格を取得したからと言って必ずしも賃金面での処遇が向上しないことが挙げられるだろう。日本看護協会が2013年に全国の8633病院の看護管理代表者を対象に行った看護職の賃金に関するアンケート調査（回収数2651件，回収率30.7％）の結果を見てみると，認定・専門看護師の基本給に関して「賃金表で

表3-15　認定・専門看護師の賃金処遇

	基本給の評価（％）						
	非管理職のスタッフと同じ賃金表で等級を上げる評価をしている	非管理職のスタッフと同じ賃金表で号俸を上げる評価をしている	賃金表では特別な評価をしていない	スタッフより上位の職位（主任や看護師長等）の賃金表で評価をしている	その他	無回答	合　計
認定看護師	5.4	4.3	76.8	7.8	5.7	0.0	100 (1,108)
専門看護師	3.9	4.4	79.1	5.5	7.2	0.0	100 (640)

	認定・専門看護師手当の有無（％）			
	あ　る	な　い	無回答	合　計
認定看護師	30.1	69.9	0.0	100 (1,108)
専門看護師	23.4	76.6	0.0	100 (640)

注：合計の括弧内は回答した病院数。集計は認定・専門看護師の基本給の評価方法，および手当に関する設問に回答した病院について行われている。
出典：日本看護協会編（2014），表Ⅹ-1-1（100ページ），表Ⅹ-1-2（101ページ），表Ⅹ-2-1（103ページ），表Ⅹ-2-2（104ページ）より筆者作成。

は特別な評価をしていない」と回答する病院が認定看護師については76.8％，専門看護師では79.1％にも上っていることがわかる（表3-15）。また認定・専門看護師として業務に従事することに対して手当が付くかどうかに関して，「ない」と回答する病院は認定看護師では69.9％，専門看護師では76.6％という結果である。認定・専門看護師資格の取得には，看護技能を向上させたいという個人の意欲が不可欠であることは言うまでもないが，金銭的な面での資格制度への参加の動機付けが十分でないことは明らかであろう。

3　企業内ホワイトカラー型プロフェッショナル

次に，企業内ホワイトカラー型プロフェッショナルのスキル形成過程について見ていこう。医療プロフェッショナルとは異なり，企業内ホワイトカラー型プロフェッショナルにおいて入職資格が義務付けられることはほとんどない。

しかし，個人のスキルレベルを証明するための資格は存在している。これらの資格を企業・労働者はどのように評価しているのか，そして企業内ホワイトカラー型プロフェッショナルの能力開発はどのような場面で行われるのか。本節ではこれらの点を確認する。加えて，これらの職業で用いられる知識のうち学校教育で獲得されたものについて，企業あるいはプロフェッショナル自身はどの程度役に立つと認識しているのかも検討したい。

（1） 企業内研究者

企業内研究者の場合，職業スキルを企業外部において評価する仕組みとして学会・学界が存在すると言え，そこでの評価は専門を同じくする職能集団からの評価と見なすことができる（守島 2002）。ここでは，学会・学界での評価指標として学位や学術的業績の機能に着目し，それらが企業内研究者のスキル形成においてどのような役割を果たしているかを検討することとしよう。なお，以下では文脈上，企業内研究者を「研究開発者」と呼ぶことがあるが，ここでは両者は同じ職種を指すものとして捉えることにしたい。

それでは，まず採用段階における学位の取得状況から見ていこう。民間企業の研究者の採用状況を調べた科学技術・学術政策研究所編（2013）[18]によれば，調査において１人以上の研究開発者を採用したと回答した企業974社のうち，１社あたり平均採用者数は5.6人，うち学士号取得者は1.2人，修士号取得者は3.7人，博士課程修了者[19]は0.3人であった。ここから，採用された企業内研究者総数（5.6×974＝5454.4人）に占める博士課程修了者（0.3×974＝292.2人）[20]の割合を概算してみるとおよそ5.4％である。また，やはり同じ資料から博士課程修了者を採用した企業の割合を見てみると，全体の１割程度だとわかる（表3-16）。

このように，民間企業は博士課程修了者を採用段階で敬遠する傾向があると言えるが，その理由を尋ねた表3-17を見ると，「企業内外（大学院含む）での教育・訓練によって社内の研究者の能力を高める方が，博士課程修了の研究者を採用するよりも効果的だから」や「特定分野の専門的知識を持つが，企業で

表 3 -16　研究開発者を採用した民間企業の割合

	N (a)	採用した企業数 (b)	採用した企業の割合 (b/a)（％）
研究開発者全体（新卒・中途を含む）	974	448	46.0
うち，学士号取得者	974	237	24.3
うち，修士号取得者	974	351	36.0
うち，博士課程修了者	974	101	10.4
（うち，採用時点でポストドクター）	974	11	1.1
うち，女性研究開発者	974	219	22.5

注：採用した研究開発者総数，およびその内訳5項目すべてに回答した企業のみを集計対象とした。
出典：科学技術・学術政策研究所編（2013），表4 - 9（50ページ）を一部改変。

表 3 -17　博士課程修了者を研究開発者として採用しない詳細理由（3つ以内の複数回答）

採用しない詳細理由	N	理由として 選択された 割合（％）	1番目に重 視された割 合（％）	2番目に重 視された割 合（％）	3番目に重 視された割 合（％）
研究開発に有益な特定分野に関する専門的な知識が不足しているから	650	11.7	3.2	4.8	3.7
特定分野の専門的知識を持つが，企業ですぐには活用できないから	650	57.2	24.5	22.0	10.8
専門分野以外では研究を推進できないから	650	23.2	4.3	10.0	8.9
上記以外の点で研究開発に有益ではないから	650	12.6	1.7	3.5	7.4
研究開発以外の点で有益でないから	650	21.2	3.4	7.7	10.2
博士課程修了者の能力について知らないから	650	9.1	0.8	2.3	6.0
企業の研究開発の規模が小さい，もしくは縮小するから	650	41.1	16.6	13.8	10.6
企業の業績が不振だから	650	17.2	6.2	4.9	6.2
企業内外（大学院含む）での教育・訓練によって社内の研究者の能力を高める方が，博士課程修了者を採用するよりも効果的だから	650	58.0	33.4	14.6	10.0
その他	650	8.8	6.0	1.4	1.4

注：博士課程修了者の採用実績が一度もない企業のうち，非採用理由に回答した企業のみを集計対象としている。
出典：科学技術・学術政策研究所編（2013），表4 -25（60ページ）を一部改変。

表 3 -18　外部での研究成果の発表の満足度

(単位：％)

	1.不満	2.やや不満	3.どちらとも言えない	4.やや満足	5.満足	合　計
民間研究機関	7.3	12.6	30.3	31.2	2.97	100 (909)
国立研究機関	1.0	6.4	17.3	45.6	4.24	100 (594)
合　計	4.8	10.2	25.2	36.9	3.47	100 (1,503)

出典：梅澤（2002），図表 8 - 6 （152ページ）を一部改変。

　すぐには活用できないから」が最も多く挙げられている。採用前に獲得される専門的知識を重視していないことや，社内の方針に従って研究者を育成する方が効率的だと考えている企業の姿勢を読み取ることができるだろう。

　次に採用後の状況について見ていこう。社内育成を重視する企業は，研究開発者が自由に企業外で学術活動を行うことについてどのように考えているのだろうか。梅澤（2002）によると，企業外部での研究成果の発表の満足度を民間研究機関と国立研究機関の間で比較した場合，民間研究機関の研究者は相対的に見て外部での研究成果の公表が十分に行えていないと感じる傾向がある（**表3 -18**）。しかし，これは企業が学術活動を奨励していないことを必ずしも意味しないと思われる。

　まず，治部・角田（2009）の調査[21]からセクター別に研究開発者の博士号の取得状況を見てみよう。**図 3 -13**が示す通り，民間企業では課程博士が21.4％，論文博士が14.1％となっている。つまり，民間企業では研究開発者のおよそ 3 人に 1 人が博士号を取得しており，その 4 割近くが論文博士ということになる。就職後に博士号を取得する者が一定数いるのは，就職先の研究所で上げた研究成果を基に博士号を取得しているからだと思われる（村上 2002a）。

　また，永野（2002）は国立研究所（国研）と民間研究所（民間）における研究開発者の年収と過去 5 年間に上げた学術的業績（学会発表と論文発表）の間に相関があるかどうか，年収関数を推定し検証している。その結果，国研・民間ともに年収と学術的業績の間には有意に正の相関が見られ，かつ民間ほど学術的業績が年収上昇に与える影響力が大きいという結果を得ている。つまり，研究

図3-13　セクター別に見た研究者の学位取得状況

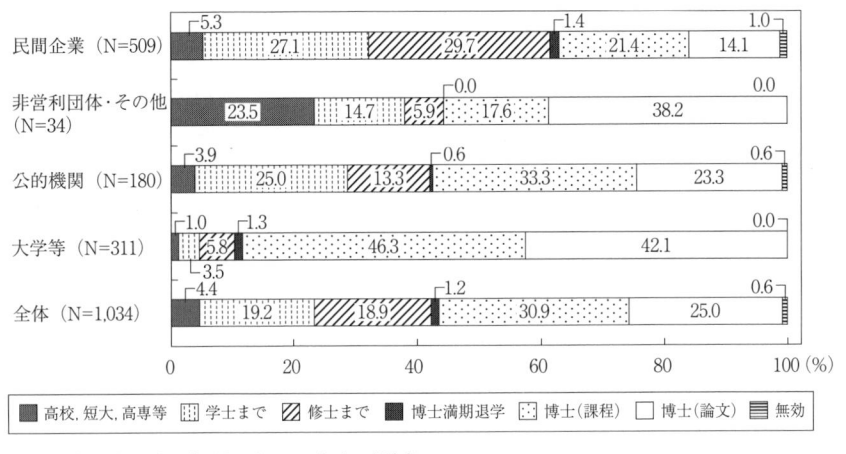

出典：治部・角田（2009），図16（11ページ）を一部改変。

開発者は学術的業績の獲得によって学会・学界での評価を得るだけでなく，年収の上昇という形で社内でも評価されているのである。論文博士の取得状況と合わせて考えてみても，研究開発者が学術的業績を上げることを企業は否定的に捉えてはいないと推察される。

　さらに，以上のような業績評価のシステムには，民間企業の研究開発者の転職を抑制する機能があると思われる。転職と学術的業績の相関を検討する守島（2002）や村上（2002b）によると，民間企業では転職と学術的業績との間には有意な関係は見られないという結果が示されている。これらは，学術的業績を多く上げる者が必ずしも転職を行うわけではないことを示唆している。永野（2002）が示すように，民間企業では（学術的業績も含む）研究成果に見合った十分な対価が支払われることで，他社への転職が抑制されていると推察される。

　このように社内業務の遂行を通じて学術的業績を上げつつ，それほど転職しないという日本の企業内研究者像が描かれるところではあるが，その能力開発もやはり企業内業務の遂行が中心的役割を担っていると考えられる。石田（2002）が製薬，エレトロニクス，化学，鉄鋼の4業種に属する10の民間研究

表3-19　能力開発の有効な方法　（単位：%）

上司の指導・OJT	25.6	専門セミナー	3.9
責任の重い仕事の経験	19.7	社外共同研究	3.6
自己啓発	8.9	国内留学	3.6
学会出席	8.6	異分野共同プロジェクト	3.5
新プロジェクト推進	7.1	社内勉強会	2.4
社外交流勉強会	4.3	事業部門へ異動	0.6
海外留学	4.0	関係会社派遣	0.3
幅広いローテーション	3.9	計	100.0

注：1位から3位まで挙げさせ，1位に3点，2位に2点，3位に1点をつけて配点した比率。
出典：石田（2002），図表1-8（13ページ）を一部改変。

所の研究者に対して行った調査[22]によれば，上司の指導・OJTや責任の重い仕事の経験が，他の選択肢と比較して圧倒的に有効な能力開発の手段として認識されていることが読み取れる（表3-19）。

　以上のように，企業内研究者のスキル形成の素地は大学や大学院で養われているとはいえ，企業は大学院の博士課程で専門知識・スキルを得るよりも，社内で仕事を経験させる方が自社の生産性向上につながると考えていることがうかがわれる。他方，企業内研究者のほうも社内の仕事経験・OJTこそが自分の能力開発に役立っていると感じているようであり，企業内での業務を通して得た成果を基に博士号を取得したりするのである。日本の企業内研究者のスキル形成は，現状においては企業に大きく依存したものとなっていると総括できるだろう。

（2）　情報処理技術者

　次に，情報処理技術者のスキル形成を見てみよう。日本の情報処理技術者の場合，学位よりも情報処理技術者資格の方がスキル証明の資格として一般に普及しているように思われる。まず，この資格が客観的にスキルを評価する仕組みとしてどれほどの役割を果たしているのか明らかにしておく必要があるだろう。

　情報処理技術者試験は独立行政法人情報処理推進機構によって運営される国

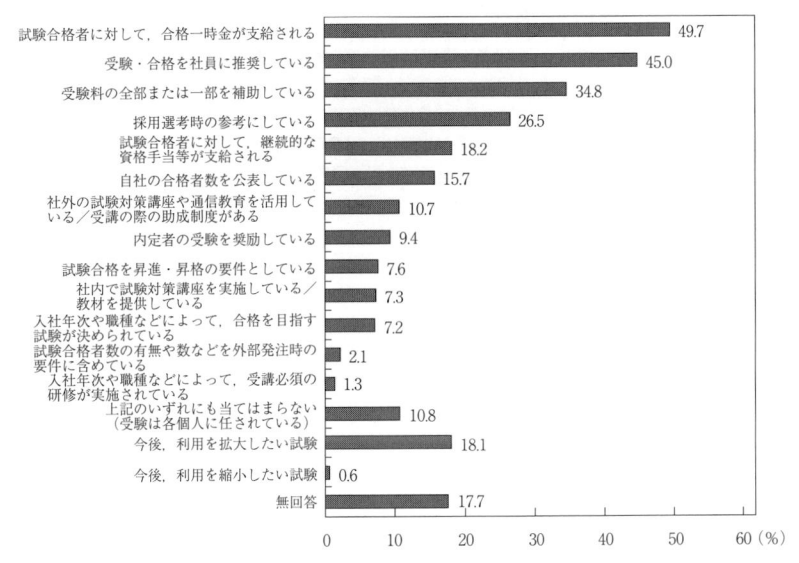

図3-14　IT企業での情報処理技術者試験活用状況

注：回答数は564社で，12試験区分ごとに複数回答を可として回答を得ている。これを延べ集計して項目の比率
　　を算出している。延べ回答数は6768（564社×12試験）である。
出典：情報処理推進機構編（2013b），図4-20（326ページ）を一部改変。

家試験であり，2009年度以降は12の試験区分からなっている。かつては合格者
に占める学生の割合が4割以上だと指摘されていたが（増田 1998），2013年度
では25％程度に低下しており社会人取得者の割合が増加していることがわかる
（情報処理推進機構編 2013a）。

　以下では，情報処理推進機構が行ったアンケート調査の結果（情報処理推進
機構編 2008, 2013b）から試験の活用状況を見ていこう。

　まず，情報処理推進機構編[23]（2013b）からIT企業の試験活用状況や試験を活
用することによって期待する効果を見てみると，「採用選考時の参考にしてい
る」と回答する企業の割合は26.5％にとどまっていることがわかる（図3-14）。
また，同様の設問に対するユーザー企業の回答を見ると，図では示さないが
「採用選考時の参考にしている」と答えた割合は11.8％とさらに低い[24]。他方，
教育機関による試験の活用状況を尋ねると，やはり図では示さないがおよそ4

図3-15 試験を活用することでIT企業が期待する効果

複数回答可（N=477）

項目	割合
自社の技術力のアピール（競争力の強化）	49.1
体系的・網羅的な知識の取得	43.0
顧客からの信頼獲得	40.7
人材の適切な評価や質の高い人材の確保	31.9
システム構築の生産性向上・品質向上	26.8
受注機会の向上	20.8
情報セキュリティに対する意識の向上	14.7
顧客業務の理解度の向上	8.8
顧客とのコミュニケーション力向上	8.0
社内研修の効率化	7.1
その他	1.3
無回答	18.2

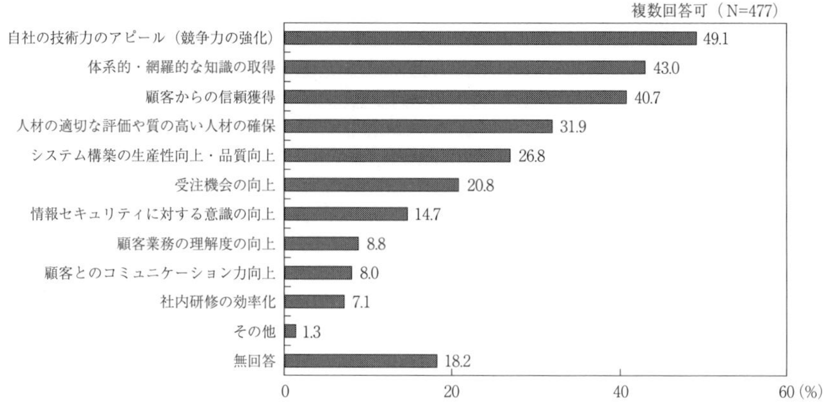

出典：情報処理推進機構編（2013b），図4-22（327ページ）を一部改変。

割の教育機関が「学科の学生の就職活動の際に特に評価される傾向がある試験」だと認識している。このような教育機関による認識は，新卒採用の段階において情報処理技術者資格がスキルを証明する資格として一定の機能を果たしている可能性を示唆するが，その機能はあくまで限定的なものとして見るべきだろう。

　次に試験を活用することでIT企業が期待する効果を尋ねた図3-15を見てみると，企業としては社員の能力の客観的把握に役立つ指標として試験を活用し，それにより自社の技術力を顧客等へアピールし競争力の強化を図りたいと考えている企業が約半数を占めていることがわかる。他方，「顧客業務の理解度の向上」や「社内研修の効率化」を試験の活用理由に挙げる企業は1割にも満たず，「システム構築の生産性・品質向上」に寄与すると考えている企業も4分の1ほどしかない。企業としては自社技術の対外的アピールの指標として試験を活用しているが，実務において試験で得られた知識が直接的に活用できるとは考えていない様子がうかがえる。

　逆に，受験者側である技術者に対してなぜ情報処理技術者試験を利用するのかを尋ねた図3-16を見てみると，「国家試験だから」に次いで「合格一時金／

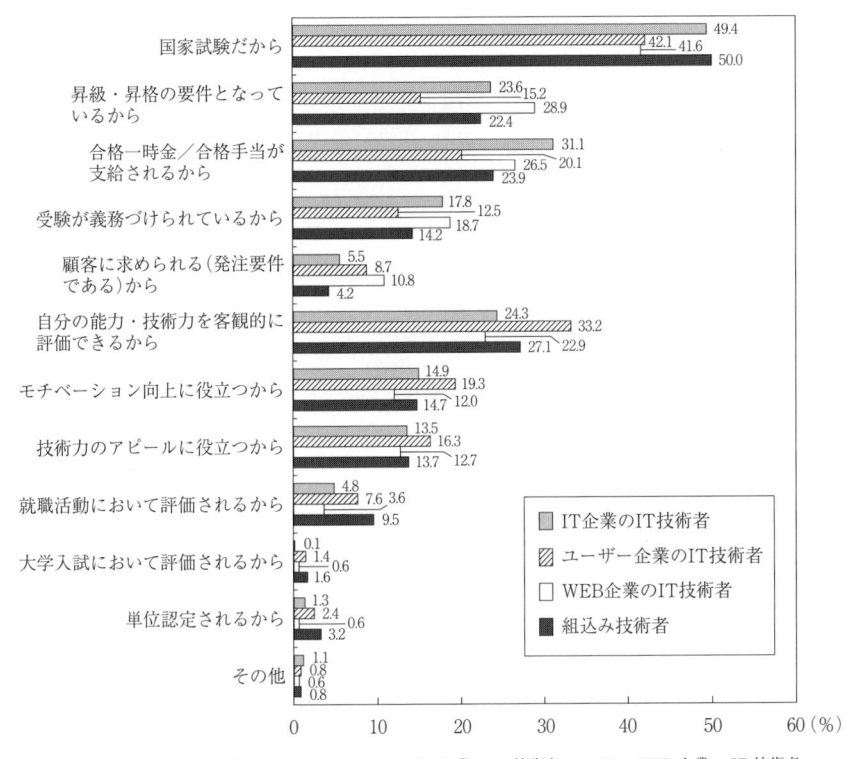

図3-16　技術者の受験理由

注：複数回答可（IT企業のIT技術者：N=704，ユーザー企業のIT技術者：N=368，WEB企業のIT技術者：
　　N=166，組込み技術者：N=380）。
出典：情報処理推進機構編（2013b），図4-29（331ページ）を一部改変。

合格手当が支給されるから」や「自分の能力・技術力を客観的に評価できるから」といった理由が受験の動機として挙げられている。特に「自分の能力・技術力を客観的に評価できるから」という理由に関してここで注目したいのは，「誰が」客観的に評価できるかである。もし「会社が」あるいは会社を超えた「労働市場が」客観的に評価する仕組みができあがっているのであれば，もっと「技術力のアピールに役立つから」という理由の選択率が高くてもよいのではないだろうか。また，「就職活動において評価されるから」を受験理由として挙げる者は1割にも満たないが，すでに企業で働いている技術者にアンケー

図3-17 専門知識の習得機会（N = 2,168，複数回答）

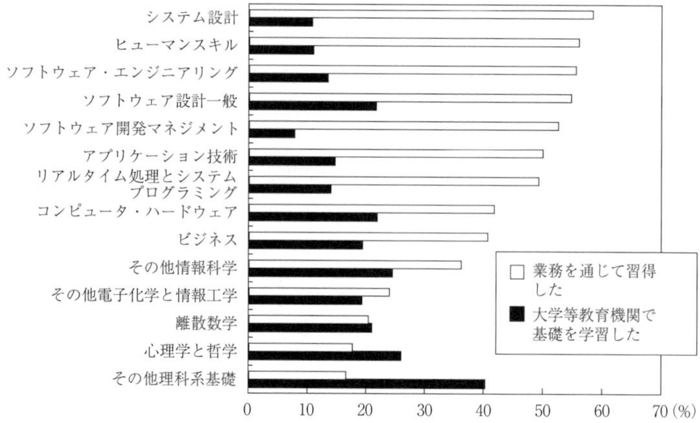

出典：情報処理推進機構編（2008），図64（55ページ）と図66（56ページ）より筆者作成。

トを行っていることを踏まえれば，この選択肢は「転職活動において評価されるから」とも読み替えることができる。とすれば，この選択率の低さが意味するところは，資格そのものが転職に役立たないと感じているか，あるいは転職自体をそもそも意図していないかのいずれかとなろう。企業を超えたスキル証明資格としてではなく，社内において金銭的効用を高めるものとして，あるいは「自分が」自分の能力・技術力を客観的に評価するためのものとして資格が活用されていることが読み取れる。

　以上のように，企業にとっても技術者にとっても情報処理技術者資格は企業横断的にスキルレベルを十分に証明する資格としては認知されていないことが明らかになった。これは情報処理技術者が実際の業務において必要とする専門的知識が資格の勉強だけでは十分に獲得されないことを物語っている。では情報処理技術者たちは専門的知識を一体どのように身につけているのか。結論を先取りすると，それはまさに実際の業務の遂行を通してだと言える。情報処理推進機構編（2008）によるアンケート調査の結果を見ると，技術者は心理学，哲学その他理科系基礎といった座学的知識に関しては教育機関で習得されたと感じている一方で，設計やマネジメント，ビジネスやヒューマンスキルといっ

表 3 -20　知識・技能の習得方法　　　（複数回答）（％）

	システム・エンジニア	プログラマー	薬剤師	看護師
計	100.0	100.0	100.0	100.0
先輩の仕事を見習って	62.2	66.7	50.0	50.8
仕事中，先輩や上司の教育指導で	73.0	76.4	54.2	65.0
社内で行われる集合研修で	41.9	22.2	4.2	20.8
関連会社の行う研修で	6.8	—	—	5.0
高校・大学で	14.9	15.3	83.3	16.7
公共職業能力開発校等の施設で	1.4	—	—	0.8
ビジネススクール等の各種学校・専修学校で	12.2	16.7		54.2
社外の各種セミナー講習会で	14.9	2.8	16.7	11.7
通信教育で	5.4	2.8	—	—
その他	17.6	20.8	12.5	6.7

注：調査労働者の実数は7704人，うちシステム・エンジニアは1.9％（約146人），プログラマーは0.9％（約69人），薬剤師は0.3％（約23人），看護師は1.6％（約123人）である。
出典：労働大臣官房政策調査部編（1999），第12表（129ページ）より筆者作成。

たより実用的な専門知識については，業務を通じて獲得したと考えていることが読み取れる（図 3 -17）。この結果はある意味当然のようにも思えるが，離散数学では教育機関と業務が均衡しているし，その他電子化学と情報工学，その他情報科学などは座学だと推測されるにもかかわらず，業務を通じて習得したと回答する人の割合が高いことなどは興味深い。この理由としては，文系出身の大卒者が情報処理技術者に多いことが影響しているものと考えられる。

　また，少し古い資料ではあるが，**表 3 -20**は医療プロフェッショナル（薬剤師，看護師）とシステム・エンジニア，プログラマーの知識・技能の習得方法について比較できる貴重な調査の結果である（労働大臣官房政策調査部編 1999）。医師や企業内研究者が調査対象外なのは残念であるが，この表を見ると「先輩の仕事を見習って」や「仕事中，先輩や上司の教育指導で」といった職場の上司・先輩からのOJT，もしくは「社内で行われる集合研修」を通して知識技能を習得するのは医療プロフェッショナルとシステム・エンジニア，プログラ

マーの間でそれほど大差ないことがわかる。しかし，薬剤師や看護師では「高校・大学」や「ビジネススクール等の各種学校・専修学校」といった教育機関において知識・技能が習得されたと回答する割合が職場で習得されたと回答する割合と同じかそれ以上であるのに対して，システム・エンジニア，プログラマーの知識・技能習得の方法はほとんど社内に限られている。図3-17についても当てはまるが，座学によって習得可能な専門的知識も含めて，職場における業務の遂行がいかにシステム・エンジニア，プログラマーをプロフェッショナルたらしめているかをこの表は物語っていると言えよう。

4　労働市場制度化の濃淡と方向性

　本章では分析対象である6つの職業についてスキル形成過程の違いを比較した。まず，医師の労働市場の特徴として，各専門領域学会や日本医師会，厚生労働省や各種プログラムを運営する専門機構，そして大学病院の医局といった多岐にわたる団体・組織の関与が確認できた。これらは互いに連携し合いながら入職資格としての国家資格，卒後初期臨床研修，そして卒後後期臨床研修・専門医資格制度を体系化し，長いジョブラダーを労働市場に生み出していると考えられた。研修制度や資格制度は労働市場に定められるフォーマルな管理的ルールであるが，専門医資格取得に関わる症例数の獲得を有利に進める上で医局への入局が重要だと医師の間で認識されていることが示唆するように，それらの制度はインフォーマルな管理的ルールと表裏一体の関係を生み出していると捉えることができた。

　これに対して，薬剤師や看護師にも医師と似たスキル形成プログラムは存在しているが，それらにコミットする者の割合は医師に比べれば圧倒的に少ないことが明らかとなった。特に，看護師では上級資格を取ることが処遇の改善につながっていない現状が確認された。また，様々な職能団体が存在しているにもかかわらず，それらの間に十分な連携が生まれておらず，プログラムの運営に関わる各団体が，各人のプログラムへのコミットメントを十分にコントロー

ルできていないことが明らかになった。このことから，医療プロフェッショナルの中でも，薬剤師や看護師に比べて医師のスキル形成過程には，より多くの制度化されたステージがあると結論付けられるだろう。

　一方，企業内ホワイトカラー型プロフェッショナルのスキル形成は総じて企業に大きく依存していると言え，企業内 OJT が専門的なスキルの獲得において重要な役目を担っていることが確認された。情報処理技術者資格は企業の新卒採用段階で参考にされていると思われたが，企業が業務の効率化や社内研修の効率化を目的に試験を活用している様子はあまり見られなかった。さらに，転職市場において情報処理技術者資格が役に立つと考える技術者も少ないと考えられた。

　また，企業内研究者では，博士課程修了者が新卒採用の段階において敬遠される傾向が見られた。その理由として企業は博士課程修了者が採用前に身につけている専門知識が自社では活用しにくいことなどを挙げていた。他方で，企業は研究開発者による外部での学術的な活動を必ずしも敬遠しているわけではなく，企業内で得た研究成果を基に学会等で学術的業績を上げたり，博士号を取得したりする研究開発者がいることが明らかになった。さらに，こうした企業外部での学術的業績は学会等において評価されるだけでなく，企業内でも賃金処遇の向上という形で評価されるような環境があることが推察された。民間企業におけるこのような環境は，優秀な研究開発者が他企業へ転職することを抑制する効果を持っていると考えられた。

　以上のように，職種ごとのジョブラダーがどのような主体によって制度化され，どのような特徴を持っているのかがおおよそ明らかになったように思う。ジョブラダーに関わる管理的ルールは，フォーマルなもの，インフォーマルなものを問わず，総じて医療プロフェッショナルでは職能団体によって，企業内ホワイトカラー型プロフェッショナルでは企業によって定められていると結論付けられる。ただし，それがプロフェッショナルの実際の行動に与える影響力という点においては，職種ごとに著しい違いがあることは見逃してはならないポイントであろう。はたして，このような差異はプロフェッショナルが獲得す

るスキルの特質，とりわけその汎用性という面においていかなる特徴を生み出すことになるのだろうか。続く第4章では転職への志向性という観点とあわせてこの点を探ってみたい。

注

(1) 以上の記述は植村（2006），森ら（2011），葦沢（2012），文部科学省高等教育局医学教育課（2012）に基づいている。

(2) 厚生労働省「医師法第16条の2第1項に規定する臨床研修に関する省令の施行について」（http://www.mhlw.go.jp/topics/bukyoku/isei/rinsyo/keii/030818/030818a.html　2017年5月1日アクセス）。

(3) マッチング方法の詳細については医師臨床研修マッチング協議会ホームページ（https://www.jrmp.jp/#）を参照。

(4) 各年度調査の結果は厚生労働省「医師臨床研修制度のホームページ」（http://www.mhlw.go.jp/stf/seisakunitsuite/bunya/kenkou_iryou/iryou/rinsyo/index.html　2017年5月1日アクセス）からダウンロードできる。調査は2005年度以降行われているが，調査項目や調査結果の公表内容は年度によって異なっている。また2007年度と2008年度については，調査結果は公表されていない。なお，本文中で主として参照する各調査の調査時期，対象者数，有効回答数，回答率は以下の表の通りである。

調査年度	調査対象者の研修修了時期	調査対象者数	有効回答数	有効回答率
2006	2006.3	7,497人	4,167	55.6%
2011	2011.3	7,517人	5,870	78.1%
2012	2012.3	7,506人	5,057	67.4%

(5) 新医師臨床研修制度は2010年度に見直しが図られ，希望すれば将来専門としたい診療科の研修期間を増やすことができるような仕組みへと徐々に移行しつつある。しかし，2012年度や2013年度のアンケート調査は，依然として研修プログラムに対する満足度は臨床研修病院ほど高いという結果を示している。

(6) 以上の記述は社団法人日本専門医制評価・認定機構ホームページ（http://www.japan-senmon-i.jp/hyouka-nintei/index.html　2017年3月7日アクセス）に依拠する。なお2014年5月7日以降，専門医制度の整備は一般社団法人日本専門医機構へと引き継がれている。

(7) 総合内科専門医資格の更新制度がその例として挙げられる（日本内科学会ホームページ，https://www.naika.or.jp/index.html　2017年3月7日アクセス）。

(8) 外科専門医資格の更新制度がその例として挙げられる（日本外科学会ホームページ，http://www.jssoc.or.jp/index.html　2017年3月7日アクセス）。

(9)　もちろん医師個人の能力がこの選択肢の幅に影響することは言うまでもない。

(10)　1980年代以降普及した専門医資格取得のための医師の臨床経験の獲得，市中病院への医師の安定供給，市中病院の系列化，という３つのファクターが安定的に医局制度を維持する働きを持つことで，1990年代の医局は強力な組織力を発揮したと考えられる（猪飼 2010）。

(11)　公益社団法人日本薬剤師会ホームページ（http://www.nichiyaku.or.jp/index.php 2017年５月１日アクセス）。

(12)　日本薬剤師研修センターホームページ（http://www.jpec.or.jp/download/ninteiwariai.pdf　2014年12月８日アクセス）。

(13)　日本看護協会へは准看護師以上の資格があれば入会できる。2013年度時点の会員数は68万1824人である（日本看護協会ホームページ，http://www.nurse.or.jp/ 2014年12月４日アクセス）。厚生労働省『平成24年度衛生行政報告例』によると，2012年末時点において就業中の正看護師と准看護師の実人員の合計は137万3521人なので，組織率は全体の約５割程度だと推察される。ただし，協会へは非就業者でも入会でき，正・准看護師資格保有者には非就業者も相当数いると推測される。

(14)　調査は2006年３月時点に日本看護協会が把握する全国の看護基礎教育３年課程の学校692校（大学を含む）を対象として行われ，有効回答数は366校（回収率は約52.9％）であった。回答者は看護教育担当責任者である。学校種別の有効回答数は，大学58校，短期大学17校，看護師養成所291校（保健看護統合カリキュラム校５校を含む）であった。

(15)　この調査は新卒看護職員の早期離職等に関する実態を調べる目的で2004年11月から12月にかけて行われた。調査対象は200床以上の病院2879施設（有効回収1219施設，回収率42.3％），看護師学校養成所（３年課程）671校（有効回収数436，回収率65.0％），全国16病院の新規学卒看護師1002人（有効回収741人，回収率74.0％）の三者である。なお，調査概要については厚生労働省ホームページ「新人看護職員の早期離職等の実態」（http://www.mhlw.go.jp/shingi/2005/07/s0729-14a.html#8 2017年１月30日アクセス）も参照のこと。

(16)　日本看護協会「認定看護師（Certified Nurse）への道」（http://nintei.nurse.or.jp/ nursing/wp-content/uploads/2014/11/CN_miti-201411.pdf　2014年12月４日アクセス）。

(17)　日本看護協会「専門看護師（Certified Nurse Specialist）への道」（http://nintei. nurse.or.jp/nursing/wp-content/uploads/2014/01/CNS_miti-20140115.pdf　2014年12月１日アクセス）。

(18)　資本金１億円以上の企業を対象にした調査であり，2012年11～12月にかけて郵送法およびweb法による質問票調査として実施された。対象は3239社であり，うち1434社から調査票が回収された（回収率44.3％）。研究者の採用に関しては2012年３月末時点の状況を尋ねている。なお各表下に注で記したように，結果の集計については関連質問項目の全てに回答した企業のみ対象とされている。

(19)　調査票では「博士号取得者または博士課程満期退学者」と定義されている。

⑳　科学技術・学術政策研究所編（2013），表 4 -10（51ページ）より。

㉑　この調査は，2005年度中に JSTPlus ファイル（科学技術振興機構（JST）が提供する JOIS（JST Online Information Systems）に含まれている，科学技術全分野（医学を含む）に関する文献情報データベース・ファイル）に登録された論文（約83万件）から無作為に抽出した論文の第 1 著者，もしくは第 2 著者を現在研究活動を行っている研究者と見なし，さらにその中から民間企業50％，大学等30％，公的研究機関等15％，その他機関 5 ％の割合となるよう層化無作為抽出して2000名を選出し，アンケート票を郵送配布して行われた。有効回答数は1036名，回収率は51.8％であった。セクターごとの回収率は，大学等51.7％，公的研究機関59.4％，民間企業51.2％，非営利団体・その他36.0％である。

㉒　調査対象者は1110人，有効回答者数は965人（有効回収率は86.9％）である。

㉓　以下に見るのは IT 系企業とユーザー系企業向けに行われた「IT 人材動向調査」と教育機関向けに行われた「情報系学生・教育動向調査」である。前者のうち，IT系企業に関しては IT 関連の業界団体の会員企業と東京商工リサーチ社データベース登録企業等（合計3000社）に郵送アンケートが行われ（調査期間2012年 8 月24日～ 9 月10日），564社から回答を得ている（回収率18.8％）。また，ユーザー系企業に関しては東証 1 部，東証 2 部，マザーズ，ジャスダックなどの上場企業のうち，IT 企業を除く企業（合計3000社）に郵送アンケートが行われ（調査期間2012年 8月24日～ 9 月10日），343社から回答を得ている（回収率11.4％）。一方，後者については大学・大学院，高等専門学校，専門学校の情報系学科（合計486 学科・専攻等）に郵送アンケートが行われ（調査期間2012年 8 月24日～ 9 月24日），239の学科・専攻等から回答を得ている（回収率49.2％）。

㉔　情報処理推進機構編（2013b），図 4 -23（328ページ）。ユーザー企業の回答数は343社である。12試験区分ごとに複数回答を可として回答を得ており，これを延べ集計して項目の比率を算出している。延べ回答数は4116（343社×12試験）である。なお，日本労働研究機構編（2000）の調査によればユーザー系企業に勤務する情報処理技術者は全体のおよそ10％である。

㉕　情報処理推進機構編（2013b），図 4 -24（329ページ）。基本情報技術者試験および応用情報技術者試験に関する回答結果である。なお，教育機関のサンプルサイズは239でありこの設問は複数回答可である。

㉖　この調査はエンタプライズ系ソフトウェア（企業の業務システムや情報システム，銀行，証券，病院，鉄道など大規模かつ社会基盤を支える情報システムなどに含まれるソフトウェア）の開発に取り組む技術者を対象としており，図 3 -17は情報処理推進機構ソフトウェアエンジニアリングセンターのダイレクトメール受信許可者180人，および Web アンケート登録モニタ1988人の合計2168人から得た回答に基づいている。

第4章
スキルの汎用性と転職志向

1　スキルの汎用性と労働市場

　職業別労働市場において使用されるスキルには企業を超えた汎用性があり，逆に内部労働市場で用いられるスキルの汎用性は企業内部にとどまると言われる。伝統的なプロフェッショナルは職業別労働市場を形成しており，汎用的なスキルを操ると考えられてきた（Freidson 2001）。こうした考えに従えば，第3章で見たように企業内中心にジョブラダーが組まれ，その中でOJTにより獲得される企業内研究者や情報処理技術者のスキルは汎用的でないことになるだろう。しかし，このような議論を交わすためには実証分析による裏付けが不可欠である。にもかかわらず，これまでプロフェッショナルが使うスキルの汎用性に関する実証研究はほとんど行われてこなかった。

　プロフェッショナルの労働市場は流動性の高低によって分類されることがこれまで多かった（例えば今野 2005）。しかし，プロフェッショナルが自身の専門能力の汎用性についてどのように意識しているのかという観点から労働市場を見てみると，たとえ現在流動性が低くともスキルに汎用性があると考える人が多ければ，潜在的な流動性は高いと考えることもできる。仮にそのような労働市場があるとするなら，労働市場のマッチングを改善することで人的資源のより最適な配置が可能になるかもしれない。それは労働市場における流動性の高まりと，職業別労働市場の形成を促すことに他ならない。

　以上のような問題意識の下，本章ではスキルの汎用性に関する意識が職種によってどのように異なるのか，またスキルの汎用性が高いと意識する人は転職

を志すのかどうかを検討したい。

2　スキルの汎用性と転職に関わる先行研究

（1）　プロフェッショナルと労働市場

　医療プロフェッショナルや弁護士のように，専門的スキルを持って自律的に働く職業は最も伝統的なプロフェッショナルとして考えられてきた（Carr-Saunders and Wilson 1964 ; Wilensky 1964）。こうした伝統的プロフェッショナルは，しばしば市場における彼らの技能の稀少性を高めるために国家資格の義務付けによる入職制限を行い（Murphy 1988），独立自営によって活動することが一般的であると考えられてきた（太田 1993）。しかし，すでに第2章で見たように，現代では職業の専門分化・分業化が進んだことで，プロフェッショナルの中心は組織に雇用される組織内プロフェッショナルへと移行している（太田 1993）。組織内プロフェッショナルという言葉自体は，自営か被雇用かという就業形態の違いに基づく概念であるため，医療プロフェッショナルや弁護士といった伝統的なプロフェッショナルであっても，病院やローファーム等の専門職組織で雇用されていれば組織内プロフェッショナルとして捉えることができる。しかし，組織内プロフェッショナルの中でもとりわけ台頭が著しいのは，すでに第1章から繰り返し述べてきたように，非専門職組織に雇用される企業内ホワイトカラー型プロフェッショナルである（Drucker 1954 ; 宮下 2001）。企業内ホワイトカラー型プロフェッショナルの具体例としては，組織依存度が高く，横断的労働市場を形成しにくい企業内研究者や情報処理技術者といった職種が挙げられる（今野 2005）。彼らが伝統的なプロフェッショナルと大きく異なる点の1つとして，国家資格が入職資格として義務付けられることがほとんど無いことを挙げられる。

　国家資格の有無に基づく伝統的プロフェッショナルと企業内ホワイトカラー型プロフェッショナルの違いを労働市場論の観点から見てみよう。国家資格のような企業外部機関によって付与される公的資格や同業者による承認は，企業

外部機関によるスキルの客観的評価システムとして機能するため企業横断的なジョブラダーの形成を可能にし，職業別労働市場を形成する効果を持つと言われる（Marsden 1990；労働政策研究・研修機構編 2011）。このことは，国家資格が義務付けられる伝統的プロフェッショナルに対して，入職にあたって資格の義務付けがない企業内ホワイトカラー型プロフェッショナルでは職業別労働市場が形成されにくい可能性を示唆する。しかし，入職にあたって資格取得が義務付けられていなくとも，スキルの高さを証明する様々な国家・民間資格の取得や，学会での業績など企業外部での活動実績がスキルの客観的評価システムとして機能することで，職業別労働市場の形成が促される可能性も考えられる。また，国家資格が義務付けられていない企業内ホワイトカラー型プロフェッショナルであっても，汎用性の高いスキルを使う職種であれば，転職がスムーズに行われる条件さえ整えば，職業別労働市場が形成される可能性は十分にあると考えられる。

（2）　スキルの汎用性

人的資本論はスキルを，訓練を施す企業でのみ生産性を向上させる企業特殊的スキル（firm-specific skill）と，他企業でも同様に生産性を向上させる一般スキル（general skill）に分けて考える。いずれも企業内 OJT によって獲得される可能性があるが，一般的に企業はマン・パワーをより効率的に利用するために従業員に対して教育訓練を施すことから，こうした教育訓練は何らかの形で企業特殊訓練としての性質を帯びる（Becker 1975）。しかし，近年では，企業特殊的スキルであっても実際には同じ業界内あるいは同じ職種内であれば企業を超えて役立つスキルとなる可能性があり，スキルは企業特殊的スキル，職種特殊的スキル，一般スキルに分けて考えるべきであるという批判がある（久本1999）[1]。実際，例えば，転職前後の賃金変動率から職種間の転職コストの違いを比較する先行研究によると，専門的・技術的職業では同一職種内での転職コストが小さいことから，職種特殊的スキルが他の職種と比較して相対的に大きいという指摘がある（樋口 2001；勇上 2001；大橋・中村 2002など）。つまり，従

来の人的資本論が予想するほどスキルは企業特殊性を帯びず，プロフェッショナルでは，特に企業内 OJT によって獲得されたスキルであっても，企業を超えて活用できると感じる人が多い可能性がある[2]。

　しかし，これらの先行研究はスキルの職種特殊性の大きさが転職を促進（あるいは抑制）する効果があるのかどうかについて明確な説明を与えてはくれない。それはおそらく，転職に伴う事後的な賃金の変動からスキルの職種特殊性の「実態」を間接的に測定しようとしているからであろう。スキルの汎用性と転職の関係をより本質的に規定するのは，「実態」としてのスキルの汎用性ではなく，むしろ自分のスキルは他社でも通用するという自信，言い換えれば主観的な「感覚」としてのスキルの汎用性ではないだろうか。この「感覚」としてのスキルの汎用性こそが，個人が転職を決心する上で，重要な動機の1つとなっている可能性が考えられる（仮説1）。

（3）　スキル形成の担い手

　第3章ではジョブラダーの形成主体について確認した。入職資格が義務付けられる医療プロフェッショナルのうち，医師では医局や職能団体の主導によってジョブラダーが用意され，医師の多くがそこに価値を見出していた。これに対して薬剤師や看護師では，職能団体によってより高いスキルを獲得するためのジョブラダーが用意されているにもかかわらず，プロフェッショナルへの十分な価値付けが行われておらず，スキル形成は自己研鑽型が主流のようであった。一方，入職資格が義務付けられていない企業内ホワイトカラー型プロフェッショナルでは，もっぱら企業内 OJT によってスキルが形成されていた。つまり，ジョブラダーは総じて企業主導で用意されていると言うことができる。

　また，能力形成に有効な手立てを尋ねるアンケート調査によると，職場の上司や先輩を見習ったり，彼らから指導を受けることが有効であるという回答が多い点で企業内ホワイトカラー型プロフェッショナルと医療プロフェッショナルの間に大きな差は見られない。しかし，医療プロフェッショナルでは入職前の学校教育が専門能力の開発に果たす役割が，職場における指導・見習いより

大きいと回答する傾向があるのに対し，企業内研究者，情報処理技術者の場合，その専門的スキルの獲得・能力開発はもっぱら企業内 OJT によって行われると感じている（労働大臣官房政策調査部編 1999；石田 2002；情報処理推進機構編 2008）。すでに述べたように，入職後の OJT では企業特殊的スキル，職種特殊的スキル，一般スキルのいずれもが獲得される可能性がある。しかし，医療プロフェッショナルは企業内ホワイトカラー型プロフェッショナルよりも，入職時点において一般スキル，あるいは職種特殊的スキルを多く持っており，さらにそれらは入職後も彼らのスキルの中で大きな位置を占めている可能性が考えられる。そこで，以下では医療プロフェッショナルは企業内ホワイトカラー型プロフェッショナルに比べてスキルに汎用性を感じる傾向が強いと仮定し（仮説2），入職後の OJT がスキル汎用性意識にどのような影響を与えるのか検討することにする。

3　『ワーキングパーソン調査2010』を使った計量分析

（1）　データの概要

　分析に使用するのは，リクルートワークス研究所が首都から50km 圏内（東京都，神奈川県，千葉県，埼玉県）に住む男女9931人を対象に行った『ワーキングパーソン調査2010』の個票データである。[3] 調査は2010年 8 月最終週（ 8 月25日から31日の間）に 1 日でも就業していた18～59歳の男女（学生除く）を対象にして，2010年 9 月16日～ 9 月27日に行われた。インターネットによるモニター調査で，サンプルの抽出はエリアサンプリングによる。本調査はスキルの汎用性に関する設問を含んだ数少ないデータの 1 つであり，職種分類の細かさやサンプルサイズを考慮すれば，現時点で本章の目的に最も適したデータであると考えられる。[4]

　調査には「あなたの仕事について，あてはまるものをお選びください」とした上で，「A：特定の専門分野・領域を活かした，スペシャリスト・プロフェッショナル」か「B：特定の専門分野・領域はない，ジェネラリスト」かを，A

に近い，やや A に近い，どちらともいえない，やや B に近い，B に近い，の
5 段階で選択する設問がある。本章では A に近い，やや A に近い，と回答し
た企業内研究者，情報処理技術者（システム・エンジニア，プログラマー，その他
情報処理技術者），医師，薬剤師，看護師からなる941人のデータを利用する。[5]

（2） 変数と分析モデル

　調査では，仕事について尋ねた先の質問について，「A に近い」および「や
や A に近い」と回答した人に対して，「あなたの特定の専門分野・領域におけ
る仕事能力は，社内でしか通用しませんか，それとも社外でも通用しますか」
と尋ねている。回答は「社外でも通用する」と「社内でしか通用しない」の二
者択一である。この設問は「社外でも通用する」＝スキルに占める職種特殊的
スキル・一般スキルの割合が相対的に高いと感じている，「社内でしか通用し
ない」＝スキルに占める企業特殊的スキルの割合が相対的に高いと感じている，
と解釈することが可能なので，以下ではこの解釈にしたがって分析を進めるこ
とにする。分析ではこの設問の回答を「社外でも通用する」＝ 1，「社内でし
か通用しない」＝ 0 と置いたダミー変数を従属変数として使用する二項ロジッ
ト分析によって行う。説明変数はその他情報処理技術者をベースとする職種ダ
ミーである。個人属性をコントロールする変数として，対数値化した前年度の
収入，年齢，勤続年数，企業規模ダミー（ベースは1000人以上），女性ダミー
（ベースは男性），学歴ダミー（ベースは大学・大学院卒）を加える。
　分析は大きく 5 つの視点から行う。第 1 に，サンプル全体の傾向を検討する。
第 2 に，仕事に関する専門的知識を持っていると回答する人にサンプルを限定
することで，全サンプルを対象とする分析結果と比べてスキルの汎用性意識に
違いがあるのかどうかを検討する。第 3 に，基本段階，ひとり立ち段階，ベテ
ラン段階という 3 つの仕事段階の違いがスキルの汎用性意識にどのような影響
を与えているのか検討する。第 4 に，退職経験者と退職未経験者ではスキルの
汎用性意識に違いがあるのかどうか検討する。第 5 に，スキルの社外通用ダ
ミーと職種ダミーの交差項を含むモデルを推定し，自分のスキルに汎用性を感

じる人は転職意向があるのか，またその傾向は職種間でどのように異なるのか検討する。[6]さらに，スキルが企業内 OJT によって獲得されるとすれば，勤続年数や雇用形態の違いがスキルの汎用性意識に影響を与えていると予想できる。そこで，それぞれの項目について，勤続年数項の有無と雇用形態の違いによるサンプルの限定を行ったモデルを設定し，勤続年数と雇用形態の違いがスキルの汎用性意識にどのような影響を与えているのか検討する。

　以上の諸変数と職種のクロス集計の結果を**表 4 - 1**に示す。まずスキルの汎用性について，医療プロフェッショナルは企業内ホワイトカラー型プロフェッショナルに比べて汎用性を感じる人の割合が高く，おおむね 9 割前後の人が「社外でも通用する」と回答している。一方，企業内ホワイトカラー型プロフェッショナルで最も汎用性を感じているのは企業内研究者で， 8 割強が「社外でも通用する」と回答している。これに対し，システム・エンジニアとプログラマーでは65％前後の人が社外での汎用性を感じているが，その他情報処理技術者に比べても社外での汎用性を感じる人は少ない。仕事に関する専門的知識を持っているかどうかについては，医療プロフェッショナルの方が企業内ホワイトカラー型プロフェッショナルに比べて「持っている」と回答する人の割合が高い。仕事の段階については医療プロフェッショナルおよびその他情報処理技術者でベテラン段階にいると回答する人の割合が高い。一方，基本段階にいると回答する人の割合が最も高かったのはプログラマーで， 3 割以上の人が基本段階にいると回答している。退職経験の有無について，医療プロフェッショナルでは 8 割前後の人が退職を経験しているのに対し，企業内研究者では約 3 割，情報処理技術者では 4 〜 5 割の人が退職経験ありと回答するにとどまる。転職意向の有無については，いずれの職種でも50％前後の人が転職意向を示しているのに対し，プログラマーと看護師では65％前後と，転職意向が強いことがわかる。正社員比率を見てみると，薬剤師と看護師を除く職種では 9 割前後が正社員であるのに対し，薬剤師と看護師ではそれぞれ約67％，約71％と低い。

表 4-1 職種と基本属性のクロス集計

	全 体	企業内研究者	システム・エンジニア	プログラマー	その他情報処理技術者	医 師	薬剤師	看護師
社外でも通用する	78.00	81.22	63.27	66.29	75.17	94.87	91.67	88.04
社内でしか通用しない	22.00	18.78	36.73	33.71	24.83	5.13	8.33	11.96
仕事に関する専門的知識持っている	70.99	69.06	65.31	55.06	70.77	87.18	80.00	81.52
仕事に関する専門的知識持っていない	29.01	30.94	34.69	44.94	29.23	12.82	20.00	18.48
仕事段階_基本段階	14.77	19.34	22.45	32.58	11.37	7.69	8.33	7.61
仕事段階_ひとり立ち段階	33.48	38.12	34.69	33.71	32.02	12.82	33.33	39.13
仕事段階_ベテラン段階	51.75	42.54	42.86	33.71	56.61	79.49	58.33	53.26
退職したことがある	50.37	30.39	40.82	42.70	48.72	79.49	83.33	76.09
退職したことはない	49.63	69.61	59.18	57.30	51.28	20.51	16.67	23.91
転職意向あり	58.98	51.93	46.94	68.54	61.48	53.85	53.33	64.13
転職意向なし	41.02	48.07	53.06	31.46	38.52	46.15	46.67	35.87
正社員	89.37	92.82	97.96	91.01	93.74	89.74	66.67	70.65
正社員以外	10.63	7.18	2.04	8.99	6.26	10.26	33.33	29.35
収入 log	35.23	20.87	35.47	48.22	35.96	66.55	31.56	36.48
年 齢	36.65	35.98	34.67	31.37	36.57	42.85	42.22	38.26
勤続年数	8.31	9.31	9.13	5.33	9.15	8.46	6.75	5.81
企業規模　10人未満	6.16	0.55	0.00	11.24	3.94	25.64	20.00	8.70
10〜99人	22.95	9.39	22.45	47.19	22.51	15.38	40.00	20.65
100〜999人	32.09	33.70	36.73	20.22	30.16	28.21	28.33	51.09
1000人以上	37.30	53.60	40.82	21.35	42.46	23.08	11.67	17.39
公務・官公庁	1.49	2.76	0.00	0.00	0.93	7.69	0.00	2.17
性 別　　男 性	72.05	81.22	85.71	77.53	84.69	82.05	23.33	9.78
女 性	27.95	18.78	14.29	22.47	15.31	17.95	76.67	90.22
学 歴　　大学・大学院卒	72.26	88.95	73.47	66.29	71.46	100.00	100.00	19.57
大学・大学院卒以外	27.74	11.05	26.53	33.71	28.54	0.00	0.00	80.43
サンプルサイズ	941	181	49	89	431	39	60	92

注：単位は収入 log. 年齢，勤続年数を除いて％。

（3）　分析結果

　分析の結果は表4-2〜4-5の通りである。まず**表4-2**のうち，回答者全体を対象とした分析の結果から見ていこう。モデル（1）と（2）を見てみると，システム・エンジニアとプログラマー以外の職種では，その他情報処理技

表4-2　スキルの汎用性一般に関する推定結果

従属変数	「社外でも通用する」= 1，「社内でしか通用しない」= 0							
分析の対象者	全　体				現在の仕事に関する専門的な知識について「十分持っている」「持っている」と回答したもの			
モデル	(1)	(2)	(3)	(4)	(5)	(6)	(7)	(8)
雇用形態	全　て		正社員のみ		全　て		正社員のみ	
説明変数	Exp (B)	Exp (B)	Exp (B)	Exp (B)	Exp (B)	Exp (B)	Exp (B)	Exp (B)
職種ダミー（その他情報処理技術者）								
企業内研究者	1.553*	1.511*	1.662**	1.614**	1.914**	1.859**	2.074**	2.023**
	(0.227)	(0.228)	(0.236)	(0.237)	(0.309)	(0.311)	(0.323)	(0.324)
システム・エンジニア	0.592	0.612	0.584*	0.595	0.475*	0.502*	0.457*	0.476*
	(0.323)	(0.324)	(0.326)	(0.327)	(0.406)	(0.408)	(0.411)	(0.414)
プログラマー	0.730	0.756	0.635	0.684	0.484*	0.484*	0.397**	0.432**
	(0.269)	(0.272)	(0.282)	(0.284)	(0.372)	(0.380)	(0.404)	(0.408)
医　師	5.200**	4.321*	8.943**	6.799*	7.982**	6.157*	7.509*	5.494
	(0.747)	(0.755)	(1.031)	(1.038)	(1.051)	(1.062)	(1.051)	(1.064)
薬剤師	3.920***	3.301**	4.258**	3.563**	3.218**	2.732*	3.068*	2.570
	(0.511)	(0.515)	(0.635)	(0.640)	(0.594)	(0.600)	(0.672)	(0.679)
看護師	3.186***	2.645**	3.253***	2.664**	4.137***	3.517**	4.419**	3.647**
	(0.390)	(0.397)	(0.446)	(0.454)	(0.527)	(0.534)	(0.615)	(0.621)
収入 log	1.000	1.000	1.000	1.000	0.998**	0.998**	0.999	0.999
	(0.001)	(0.001)	(0.001)	(0.001)	(0.001)	(0.001)	(0.001)	(0.001)
年　齢	1.033***	1.076***	1.032***	1.083***	1.027**	1.078***	1.027**	1.081***
	(0.010)	(0.016)	(0.011)	(0.019)	(0.013)	(0.020)	(0.013)	(0.023)
勤続年数		0.939***		0.936***		0.932***		0.933***
		(0.017)		(0.019)		(0.020)		(0.023)
企業規模ダミー（1000人以上）								
10人未満	1.290	0.907	1.947	1.322	2.298	1.497	2.690	1.684
	(0.415)	(0.431)	(0.529)	(0.549)	(0.586)	(0.608)	(0.674)	(0.698)
10〜99人	1.382	1.019	1.596*	1.154	1.791*	1.218	2.069**	1.420
	(0.229)	(0.245)	(0.244)	(0.262)	(0.300)	(0.323)	(0.322)	(0.346)
100〜999人	1.174	1.023	1.139	1.004	1.352	1.108	1.319	1.133
	(0.196)	(0.200)	(0.202)	(0.206)	(0.259)	(0.266)	(0.270)	(0.275)
公務・官公庁	1.356	1.364	1.147	1.156	0.897	0.891	0.755	0.780
	(0.802)	(0.793)	(0.816)	(0.807)	(0.823)	(0.813)	(0.838)	(0.828)
性別ダミー（男性）	0.609**	0.588**	0.649*	0.664*	0.562**	0.523**	0.613	0.622
	(0.208)	(0.210)	(0.226)	(0.228)	(0.292)	(0.296)	(0.323)	(0.325)
学歴ダミー（大学・大学院卒）	1.041	1.109	1.041	1.160	1.103	1.188	1.134	1.276
	(0.202)	(0.205)	(0.215)	(0.219)	(0.255)	(0.260)	(0.272)	(0.279)
定　数	0.912	0.426*	0.883	0.333**	1.234	0.508	1.154	0.409
	(0.389)	(0.462)	(0.415)	(0.528)	(0.500)	(0.596)	(0.526)	(0.667)
サンプルサイズ	941		841		668		596	
対数尤度	930.709	915.437	843.178	830.060	570.983	557.965	520.767	510.750
χ^2	60.882***	76.153***	60.415***	73.533***	48.865***	61.883***	46.316***	56.333***
Pseudo R^2	0.096	0.119	0.105	0.127	0.117	0.146	0.122	0.147

注：*** 1％水準で有意。** 5％水準で有意。*10％水準で有意。推定方法は二項ロジット分析による。上段はオッズ比，下段の括弧内は標準誤差。ダミー変数の括弧内はベースを示す。

術者に対して「社外でも通用する」と回答する確率が有意に高いことがわかる。企業内ホワイトカラー型プロフェッショナルの中では企業内研究者のみが「社外でも通用する」と回答する確率が高い。これに対し、システム・エンジニア、プログラマーでは「社外でも通用する」を選択する確率が抑制される傾向が見て取れるが、モデル（3）におけるシステム・エンジニアを除いて結果はすべて有意でない。

　雇用形態の違いによる影響をモデル（1）と（3）および（2）と（4）を比較しながら確認してみると、企業内研究者、医師、薬剤師、看護師ではいずれの結果も有意であり、正社員にサンプルを限定したモデル（3）（4）ほど「社外でも通用する」を選択する確率が高いことがわかる。

　勤続年数のコントロールの有無をモデル（1）と（2）およびモデル（3）と（4）の間で比べてみると、企業内研究者、医師、薬剤師、看護師では勤続年数をコントロールしないモデル（1）（3）ほど「社外でも通用する」を選択する確率が高い。これらの職種では勤続年数が伸びるほどスキルに汎用性を感じる傾向があると推察される。またモデル（3）においては、10%水準ではあるがシステム・エンジニアが有意となっている。しかし、モデル（4）において勤続年数をコントロールすると有意水準は下がってしまう。システム・エンジニアの場合、勤続年数が伸びるほどスキルに企業特殊性を感じる傾向があるのかもしれない。

　次に、現在の仕事に関する専門的な知識を「持っている」と回答するものにサンプルを限定したモデル（5）〜（8）を検討しよう。まず、勤続年数のコントロールの有無がどのような影響を与えているのかを見る。モデル（5）と（6）を比べてみると、いずれの職種でも結果は有意である。勤続年数をコントロールしないモデル（5）ほど企業内研究者、医師、薬剤師、看護師では「社外でも通用する」を選択する確率が高く、システム・エンジニアとプログラマーでは「社外でも通用する」を選択する確率が低い。一方、モデル（7）と（8）を比べてみると、勤続年数をコントロールしないモデル（7）ほど企業内研究者、看護師では「社外でも通用する」を選択する確率が高く、システ

ム・エンジニアとプログラマーでは「社外でも通用する」を選択する確率が低い。医師と薬剤師はモデル（7）では有意であったが，（8）では有意でなくなっている。勤続年数が伸びることによって企業内研究者，医師，薬剤師，看護師ではスキルに汎用性があると感じられ，システム・エンジニアとプログラマーではスキルが企業特殊的になると感じる傾向が読み取れる。この傾向はモデル（1）〜（4）においても確認できるが，モデル（5）〜（8）では全体的により強調された形で現れていると言えるだろう。

　次に，雇用形態の違いが与える影響を確認するためにモデル（5）と（7），（6）と（8）を比較してみる。企業内研究者と看護師では正社員のみのモデル（7）（8）ほど，システム・エンジニアとプログラマーでは正社員以外も含むモデル（5）（6）ほど，「社外でも通用する」を選択する確率が高い。一方，医師と薬剤師の場合，モデル（5）と（7）を比べると正社員のみのモデル（7）ほど「社外でも通用する」を選択する確率がやや抑制されている。さらに，モデル（6）と（8）を比べると，モデル（6）ではいずれも有意な結果であったのがモデル（8）では有意でなくなっている。医師と薬剤師の場合，専門能力が高いと感じる人で，かつ，正社員である人ほどスキルに企業特殊性を感じる傾向があるのかもしれない。

　では，仕事の段階がスキルの汎用性にどのような影響を与えているのか，次に**表4-3**を確認してみよう。プログラマーではいずれの段階においても有意な結果は得られなかった。これに対し，企業内研究者では正社員にサンプルを限定した場合に基本段階とベテラン段階で有意な結果を得た（モデル（3）（4）（11）（12））。いずれも「社外でも通用する」を選択する確率を促進する結果であるが，基本段階ほどその相対的な効果は大きい。企業内研究者では大学や大学院での研究経験が入社後に活かされることが予想できるが，職種に新鮮味があるほどスキルは汎用性が高いと感じるのかもしれない。システム・エンジニアと医師ではベテラン段階において有意な結果を得ており，システム・エンジニアでは「社外でも通用する」を選択する確率を抑制する効果が，医師では逆に促進する効果があるとわかる。これに対し，薬剤師ではひとり立ち段

表4-3　仕事段階に関する推定結果

従属変数	「社外でも通用する」＝1.「社内でしか通用しない」＝0											
分析の対象段階	基本段階：「仕事の基本ややり方を習得しつつある段階」を選択するもの				ひとり立ち段階：「ひとり立ちしている段階」を選択するもの				ベテラン段階：「常に、期待以上の成果を上げ続けている段階」「自分ならではの知識や技術、やり方が高く評価されている段階」「その道をきわめ、第一人者として社会的に広く認められている段階」を選択するもの			
モデル	(1)	(2)	(3)	(4)	(5)	(6)	(7)	(8)	(9)	(10)	(11)	(12)
	全て		正社員のみ		全て		正社員のみ		全て		正社員のみ	
雇用形態勤続年数のコントロール	なし	あり	なし	あり	なし	あり	なし	あり	なし	あり	なし	あり
説明変数	Exp (B)	Exp (B)	Exp (B)	Exp (B)	Exp (B)	Exp (B)	Exp (B)	Exp (B)	Exp (B)	Exp (B)	Exp (B)	Exp (B)
企業内研究者	2.174	2.261	2.524*	2.562*	1.721	1.697	1.643	1.629	1.724	1.720	2.124*	2.125*
	(0.500)	(0.504)	(0.515)	(0.516)	(0.364)	(0.365)	(0.379)	(0.379)	(0.394)	(0.398)	(0.429)	(0.433)
システム・エンジニア	1.349	1.350	1.211	1.242	0.707	0.768	0.705	0.728	0.387*	0.389*	0.414*	0.400*
	(0.699)	(0.703)	(0.733)	(0.737)	(0.548)	(0.552)	(0.553)	(0.555)	(0.501)	(0.509)	(0.503)	(0.516)
プログラマー	1.228	1.273	1.119	1.148	1.057	1.146	0.994	1.029	0.545	0.509	0.427	0.481
	(0.528)	(0.534)	(0.544)	(0.547)	(0.492)	(0.498)	(0.522)	(0.524)	(0.468)	(0.488)	(0.517)	(0.536)
医師	1.704	1.440	1.538E+09	1.322E+08	1.740E+09	1.779E+09	6.684E+16	6.954E+16	7.022*	4.588	6.454*	3.308
	(1.323)	(1.331)	(28146.183)	(28181.764)	(17344.373)	(17195.850)	(21950.414)	(21913.470)	(1.076)	(1.094)	(1.079)	(1.111)
薬剤師	1.004E+09	9.086E+08	1.085E+09	1.079E+09	14.848**	14.266*	4.112E+16	3.828E+16	2.126	1.495	1.347	0.721
	(17696.959)	(17589.926)	(19962.049)	(20057.305)	(1.132)	(1.137)	(12633.996)	(12629.961)	(0.646)	(0.668)	(0.728)	(0.767)
看護師	1.346	0.864	1.552	1.141	9.079***	7.719**	11.559**	10.841**	3.037*	2.493	2.855	1.994
	(0.925)	(0.985)	(0.987)	(1.033)	(0.838)	(0.842)	(1.091)	(1.095)	(0.584)	(0.607)	(0.686)	(0.721)
サンプルサイズ	139		130		315		277		487		434	
対数尤度	172.369	169.701	158.791	157.741	310.300	308.358	275.533	275.079	407.356	390.437	365.196	345.790
χ²	13.353	16.022	16.192	17.242	28.353**	30.295**	30.959***	31.412***	30.953***	47.873***	28.030**	47.436***
Pseudo R²	0.124	0.148	0.158	0.168	0.131	0.139	0.158	0.160	0.104	0.158	0.105	0.174

注：***１％水準で有意。**５％水準で有意。*10％水準で有意。表では示されていない。他情報処理技術者。表では示されていないが、推定式には前年度収入の対数値、年齢、勤続年数、企業規模ダミー（モデルによっては含まない）、職種ダミー、性別ダミー、学歴ダミーも含まれる。推定方法は二項ロジット分析による。上段はオッズ比。下段の括弧内は標準誤差。

階においてすべての雇用形態を含むモデル（5）（6）で有意な結果が得られ，「社外でも通用する」を選択する確率を促進している。また，看護師ではひとり立ち段階のすべてのモデルとベテラン段階のモデル（9）において有意な結果を得たが，ひとり立ち段階ほど「社外でも通用する」を選択する確率が相対的に高い。医師では，自分のスキルに最も熟練を感じる人ほど相対的に最もスキルの汎用性を感じる傾向があるのに対し，薬剤師や看護師ではひとり立ちの時点において相対的に最も汎用性を感じるが，その後熟練が進むと汎用性への意識が弱まる傾向が見られる。医療プロフェッショナルの間で仕事の段階に応じてスキルの汎用性に対する意識が異なるという結果は，プロフェッショナルのスキル形成の多様性を示唆していると思われ，興味深い。

　また表4-4では，退職経験の有無がスキルの汎用性にどのような影響を与えているのか検討した。退職経験なしと回答した人にサンプルを限定したモデル（1）～（4）では，企業内研究者，システム・エンジニア，看護師で有意な結果を得た。企業内研究者と看護師では「社外でも通用する」を選択する確率を促進する効果が，システム・エンジニアでは「社外でも通用する」を選択する確率を抑制する効果がそれぞれ見られた。しかし，モデル（5）～（8）においてこれらの結果は有意でなくなっている。退職を経験することにより，企業内研究者と看護師は相対的にスキルの汎用性を感じにくくなり，逆にシステム・エンジニアでは感じるようになるのかもしれない。

　さて，転職意向の有無を従属変数に，「社外でも通用する」と回答した者をダミー変数とし，これと職種ダミーの交差項を説明変数として二項ロジット分析を行ったのが表4-5である。スキルの社外通用ダミーと職種ダミーの交差項のうち，有意な結果を得たのは企業内研究者のみであった。企業内研究者では雇用形態や勤続年数のコントロールに関係なく，いずれのモデルにおいても転職意向ありを選択する確率を抑制する効果が見られる。しかし，全体として見ればスキルに汎用性を感じているからと言って転職を望んでいるわけではなく，またその傾向は職種間で大きく違わないと言えるだろう。

表 4 - 4　退職経験に関する推定結果

従属変数	「社外でも通用する」＝ 1，「社内でしか通用しない」＝ 0							
分析の対象者	退職経験なし				退職経験あり			
モデル	(1)	(2)	(3)	(4)	(5)	(6)	(7)	(8)
雇用形態	全　て		正社員のみ		全　て		正社員のみ	
勤続年数のコントロール	な　し	あ　り	な　し	あ　り	な　し	あ　り	な　し	あ　り
説明変数	Exp (B)	Exp (B)	Exp (B)	Exp (B)	Exp (B)	Exp (B)	Exp (B)	Exp (B)
企業内研究者	2.563***	2.494***	2.538***	2.537***	0.562	0.562	0.571	0.569
	(0.281)	(0.293)	(0.282)	(0.296)	(0.396)	(0.397)	(0.441)	(0.443)
システム・エンジニア	0.483**	0.484*	0.488*	0.488*	1.141	1.215	0.981	1.043
	(0.402)	(0.402)	(0.402)	(0.402)	(0.672)	(0.671)	(0.675)	(0.675)
プログラマー	0.686	0.685	0.692	0.692	1.017	1.018	0.855	0.880
	(0.350)	(0.350)	(0.350)	(0.350)	(0.481)	(0.483)	(0.534)	(0.537)
医　師	6.309E+08	5.800E+08	6.491E+08	6.481E+08	2.281	2.299	2.416	2.234
	(14020.400)	(13975.633)	(14024.438)	(14025.944)	(0.788)	(0.792)	(1.099)	(1.100)
薬剤師	5.768	5.584	5.247	5.247	2.442	2.432	2.213	2.103
	(1.081)	(1.085)	(1.087)	(1.087)	(0.629)	(0.629)	(0.836)	(0.834)
看護師	4.707**	4.597**	4.489**	4.487**	2.119	2.035	1.596	1.504
	(0.686)	(0.689)	(0.688)	(0.689)	(0.527)	(0.531)	(0.671)	(0.676)
サンプルサイズ	467		461		474		380	
対数尤度	525.466	525.353	522.712	522.712	372.861	370.518	290.689	288.793
χ^2	41.478***	41.590***	39.996***	39.996***	20.508	22.851*	19.974	21.869
Pseudo R^2	0.121	0.121	0.118	0.118	0.075	0.083	0.092	0.100

注：***1％水準で有意。**5％水準で有意。*10％水準で有意。推定方法は二項ロジット分析による。上段はオッズ比，下段の括弧内は標準誤差。職種ダミーのベースはその他情報処理技術者。表では示されていないが，推定式には前年度収入の対数値，年齢，勤続年数（モデルによっては含まれない），企業規模ダミー，性別ダミー，学歴ダミーも含まれる。

表4-5　スキルの汎用性と転職意向に関する推定結果

従属変数	「現在転職したいと考えており，転職活動をしている」「現在転職したいと考えているが，転職活動はしていない」「いずれ転職したいと思っている」＝ 1，「転職するつもりはない」＝ 0			
モデル	（1）	（2）	（3）	（4）
雇用形態	全　体		正社員のみ	
勤続年数のコントロール	な　し	あ　り	な　し	あ　り
説明変数	Exp（B）	Exp（B）	Exp（B）	Exp（B）
社外通用ダミー×企業内研究者	0.346**	0.385*	0.381*	0.425*
	(0.492)	(0.499)	(0.503)	(0.510)
社外通用ダミー×システム・エンジニア	0.778	0.840	0.881	0.943
	(0.665)	(0.673)	(0.670)	(0.677)
社外通用ダミー×プログラマー	0.376	0.365	0.415	0.419
	(0.606)	(0.615)	(0.621)	(0.629)
社外通用ダミー×医　師	0.000	0.000	0.000	0.000
	(28351.729)	(28420.389)	(40192.956)	(40192.841)
社外通用ダミー×薬剤師	1.246	1.293	0.477	0.384
	(1.006)	(1.035)	(1.325)	(1.396)
社外通用ダミー×看護師	0.761	0.718	0.951	0.852
	(0.770)	(0.774)	(0.915)	(0.923)
サンプルサイズ	941		841	
対数尤度	1168.473	1151.564	1045.375	1029.465
χ^2	105.513***	122.422***	96.747***	112.657***
Pseudo R^2	0.143	0.164	0.146	0.169

注：*** 1 ％水準で有意。** 5 ％水準で有意。*10％水準で有意。推定方法は二項ロジット分析による。上段はオッズ比，下段の括弧内は標準誤差。職種ダミーのベースはその他情報処理技術者。表には示されていないが，推定式には職種ダミー，社外通用ダミー，前年度収入の対数値，年齢，勤続年数（モデルによっては含まれない），企業規模ダミー，性別ダミー，学歴ダミーも含まれる。

4　汎用性は転職を促進しない

　本章で得られた結果をまとめると以下のようになる。分析全体の傾向として企業内研究者，医師，薬剤師，看護師では勤続年数が長いほど，正社員ほどスキルに汎用性があると回答する確率が高まる傾向が見られた。一方，システム・エンジニアとプログラマーでは勤続年数が長いほど，正社員ほどスキルに汎用性がないと回答する確率が高まる傾向が見られた。こうした傾向は専門的知識ありと回答するものにサンプルを限定した場合，全体的により強く現れた。

仕事段階とスキルの汎用性の分析からは，企業内研究者では基本段階で，システム・エンジニアではベテラン段階でそれぞれ最もスキルに汎用性を感じることが明らかとなった。また，医療プロフェッショナルのうち，医師はベテラン段階の人が相対的に最もスキルに汎用性があると感じるのに対し，薬剤師や看護師ではひとり立ちの時点で相対的に最も汎用性を感じており，ベテラン段階では汎用性への意識は相対的に弱まる傾向があることがわかった。さらに退職未経験者にサンプルを限定した場合，企業内研究者と看護師ではスキルに汎用性があると回答する確率が高まり，システム・エンジニアではスキルに汎用性がないと回答する確率が高まる傾向が見られた。以上のことから，全体的に医療プロフェッショナルの方が企業内ホワイトカラー型プロフェッショナルに比べてスキルに汎用性を感じる傾向が強いという結果を得たので，仮説2はおおむね支持されたと言うことができる。しかし，企業内研究者は企業内ホワイトカラー型プロフェッショナルの他の職種に比べてスキルに汎用性を感じる傾向が強いことや，医療プロフェッショナルの中でも仕事段階の違いや退職経験の有無などによって汎用性の感じ方に違いがあるなど，多様性も見られた。一方，スキルに汎用性を感じていれば転職志向が促進されるという関係は見られなかった。つまり，仮説1は支持されなかったと結論付けられる。

　本章ではアンケートの設問の都合上，自身を「専門能力を活かしたプロフェッショナルである」と回答するものにサンプルを限定して分析を行ったが，このことがセレクション・バイアスを生んでいる可能性がある。したがって，本章で得られた分析結果はそれぞれの職種全体の傾向を十分に代表したものではない可能性があることには留意が必要であろう。しかし，プロフェッショナルのスキルの汎用性意識に関するより望ましいデータは，筆者の知る限り今のところ見あたらない。今後，より大規模なサンプルに対してスキルの汎用性を尋ねる調査が行われ，本章の主張が正しいかどうか検証する必要があると思われる。

　また，「実態」としての職種特殊的スキルと転職との関係に焦点があてられてきた先行研究に対し，本章では，個人がスキルに関して持つ「感覚」として

の汎用性に着目して潜在的な転職の可能性へアプローチした。分析結果ではいずれの職種においてもスキルに汎用性を感じても転職志向が強まる傾向は見られなかったが、このことは少なくとも個人の感覚において職種特殊的スキルは転職にあたっての重要な動機とはなっていないことを示唆している。こうした傾向が年齢や職種の経験年数が異なっても変わらないのかなど、さらなる分析を今後行っていく必要があるだろう。

　さて、本章で明らかとなったスキルの汎用性に関する職種ごとの意識の違いと、第3章で見たスキル形成を主導する主体の違いや、労働市場に用意されたジョブラダーに対するプロフェッショナルの価値付けの程度との間には、一定の対応関係を見出すことができるだろう。つまり、入職資格がなく、企業主導型のスキル形成が行われている企業内ホワイトカラー型プロフェッショナルは、スキルがより企業特殊的な性質を持っていると感じている。一方、入職資格が義務付けられ、職能団体主導型のスキル形成過程が用意される医療プロフェッショナルは、より企業を超えて汎用的なスキルを持っていると感じている。また、企業内ホワイトカラー型プロフェッショナルの中でも、学会など企業外部での学術活動の機会に恵まれる企業内研究者は、情報処理技術者に比べてスキルに汎用性を感じる傾向がある。さらに、各専門領域学会によって主導される専門医制度や、大学病院を中心とした医局制度を利用してスキル形成を行う慣行が浸透している医師は、自己研鑽によってスキル形成を行う慣行が主流をなしてきた薬剤師や看護師に比べてスキルに汎用性を感じる傾向がある。

　一方、スキルに汎用性を感じていることが転職志向を促進するわけではないという結果は、プロフェッショナルが汎用スキルを身につけることと、労働市場が職業別市場化することが別次元の問題であることを意味している。このことは、企業におけるプロフェッショナルの処遇問題、特に賃金に関する処遇が労働市場の職業別市場化においてより本質的な問題であることを示唆しているように思われる。人的資本論に立ち返れば、企業特殊的なスキルに対する企業の訓練費用の負担は、一般スキル（あるいは職種特殊的スキル）に対する訓練費用の負担よりも大きなものとなる。このことは、企業特殊的スキルを身につけ

た労働者が企業を去った場合の企業側の損失が大きくなることを意味するので，企業は労働者が長期的に定着するような賃金処遇を採るだろう。逆に，企業特殊的でないスキルを多く身につけた労働者に対して，企業が彼らを長期的に企業に引き留めるような賃金処遇を採ることはそれほど合理的でないように思われる。

　果たして，本章で結論付けられたスキルの汎用性の違いは，プロフェッショナルが実際に受ける賃金処遇との間に対応関係を見出すことができるだろうか。第5章では，プロフェッショナル労働市場の賃金構造を労働移動の頻度と共に検討していく。

注
(1) 久本（1999）ではこれらのスキルに「業界専用スキル」も加えられているが，本章では職種内におけるスキルの汎用性に議論の焦点を絞っているため扱わない。
(2) スキルの汎用性意識を尋ねる慶應義塾家計パネル調査の結果によると，プロフェッショナルに限定せずとも，回答者の9割近くが現在の企業で身につけた知識は他企業でも活用できると考えている（戸田・樋口 2005）。
(3) 二次分析にあたり，東京大学社会科学研究所附属社会調査・データアーカイブ研究センター SSJ データアーカイブから『ワーキングパーソン調査2010』（リクルートワークス研究所）の個票データの提供を受けた。
(4) スキルの汎用性に関する意識を尋ねるその他の調査として，連合総合生活開発研究所（1995）の調査や『慶應義塾家計パネル調査』（これを利用してスキルの汎用性を検討する先行研究として戸田・樋口 [2005]）などが挙げられる。『ワーキングパーソン調査2010』がプロフェッショナルのスキル汎用性に焦点をあてた調査であるのに対し，連合総合生活開発研究所（1995）の調査はホワイトカラー全般のスキル汎用性に焦点をあてた調査である。また『慶應義塾家計パネル調査』は，ワーキングパーソン調査に比べてサンプルサイズが小さく，職種の分類が大きい。
(5) 職種については以下のようにまとめた。企業内研究者は研究開発（化学），研究開発（バイオテクノロジー），研究開発（電気・電子），研究開発（光関連技術），研究開発（通信技術），研究開発（半導体），研究開発（機械），研究開発（メカトロニクス），研究開発（コンピュータ），その他研究開発からなる。システム・エンジニアはデータベース系 SE，制御系 SE，システムアナリストからなる。プログラマーは CG プログラマ，WEB 系プログラマ，ゲームプログラマからなる。その他情報処理技術者は開発職（ソフトウエア関連職），ネットワークエンジニア，サポートエンジニア（ソフト），システムコンサルタント，通信・ネットワークエンジニア，

画像処理，CAD オペレーター，WEB 系アプリケーション開発，サーバ管理エンジニア，ローカライゼーションエンジニア，IT コンサルタント，セキュリティ技術者，ERP コンサルタント，その他ソフトウエア関連技術職からなる。医師には歯科医師，獣医師が含まれる。看護師には看護助手も含まれる。ただし，医療プロフェッショナルについては国家資格の有無によってプロフェッショナルを分類する本章の趣旨に従って，「資格・免許がないと仕事に従事できない」と回答したものにサンプルを限定している。

(6) 専門的知識の有無，仕事段階，転職意向の有無についてはアンケートの回答をまとめて使用した。どのようにまとめたのかは表4-2〜4-5を参照。

第5章

賃金と労働移動（1）：日本

1 複眼的検証の必要性

　本章では，『賃金構造基本統計調査』の集計データを使った労働移動と賃金構造の分析から，日本のプロフェッショナル労働市場がどれほど職業別労働市場としての性格を持っているのか，定量的に評価することを試みる。

　経営環境の変化を背景に，1990年代以後，時に「終身雇用」と形容された日本企業の雇用慣行は，次第にその姿を変えてきたと評することができるかもしれない。その流れの中で，例えば日本経営者団体連盟（1995）が雇用ポートフォリオの3類型を示して「高度専門能力活用型」人材の活用を謳ったことが象徴的であるように，企業外部人材活用のニーズは徐々に高まりを見せており，プロフェッショナルを中心とした即戦力人材の重要性や，彼らが活躍できる職業別労働市場の整備の必要性が叫ばれている（労働政策研究・研修機構編 2011；佐藤 2012など）。具体的には，プロフェッショナル人材のキャリアのデュアルラダー化や（佐藤 1999），企業外部の専門教育機関の充実化（小川 2006）などが[1]提案されているが，他方でこうした議論からは，プロフェッショナルの養成や処遇の面で日本企業が解決しなければならない課題が数多いことも読み取れると言えよう。

　ところで，職業別労働市場の整備の重要性については，すでに1980年代初頭から指摘されていた。例えば高梨（1982）は，労働者派遣事業における情報処理技術者を念頭に次のように発言している。

専門職の中には，開業医や弁護士のように自由職業のものもいるが，この大部分は，雇用労働者として存在し（中略）企業間労働移動をする職業別労働市場で収入を得て生活をするものも多く存在する。（中略）日本でも，近年，職業別労働市場が，特に専門職業分野で形成され，発展してきている。そして，将来，ますます，これが成長すると展望できるのである[2]。

しかし，職業別労働市場が実際にどの程度形成されているのかについて，これまで十分な実証研究は行われてこなかった。

すでに第2章で見たように，職業別労働市場は Doeringer and Piore（1971）によって大成された内部労働市場論において，企業別労働市場と並んで管理的ルールが機能する労働市場の概念として登場した。職業別労働市場の特徴を議論する研究としては Althauser and Kalleberg（1981），Smith（1983），Marsden（1990, 1999），労働政策研究・研修機構編（2011）などが挙げられよう。これらの先行研究からは，職業別労働市場の存否を見る上で①企業外部機関による技能評価システムの有無，②企業横断的な労働移動，そして③賃金構造への職種経験年数の影響，という3つの主要な判断材料があり，これらを複合的に評価した上で，その判断を下すべきことが読み取れる。

本章では職業別労働市場を見る上記3つの指標のうち，特に労働移動と賃金構造に関して本文中で明らかとなるような2つの仮説を設定し，分析を行っていく。労働移動と賃金構造を同時に検証しなければならない理由は，個人がスキルを身につける上で賃金は重要なインセンティブとして働き，労働市場における個人の移動を動機付けると考えられるからである。例えば，どの企業で働いても職種経験年数しか評価されないような賃金構造を労働市場が備えるならば，個人が企業特殊的なスキルを身につけ当該企業にとどまり続ける必要性は低くなるだろう。つまり，転職が起こりやすくなると予想できる。逆に，当該企業での勤続年数など，企業特殊的な要素が賃金構造に大きな影響を与えるような労働市場であれば，転職は労働者個人にとって不利に働くであろう。この場合，個人は企業を超えて汎用的なスキルではなく，企業特殊的なスキルを身

につけようとするかもしれない。また，賃金構造や労働移動は労働市場の管理的ルールの強さを反映するものと捉えられることから，労働移動と賃金構造を同時に検証することにより，その影響力を間接的に比較検討することができると思われる。

　しかしながら，従来のプロフェッショナル研究の中にはプロフェッショナルの自律性，とりわけ企業からの独立志向性の強さばかりに注目したものが散見される。このような見方は本章で議論する職業別労働市場を見る指標のうち，労働移動のみに着目するものであって，プロフェッショナル労働市場の本質を十分捉え切れていないと言うことができよう。

　労働移動に注目が集まりやすくなる背景には，職業別労働市場をテーマにした研究がそもそも少ないことや，先行の実証研究が労働移動以外の指標をあまり考慮してこなかったことが影響しているのかもしれない。特に，プロフェッショナル労働市場を職業別労働市場化という観点から捉えた研究は，プロフェッショナルの重要性が高まっているにもかかわらず非常に少ない。日本に関するものは職種ごとに賃金分析を行う中田（1992）や，労働移動から職業別労働市場化の程度を議論する Ariga et al.（1997）などが挙げられるのみである。本章では，これまでほとんど検討されてこなかったプロフェッショナル労働市場の賃金構造の実証分析を試みる。

　本章の構成を説明しておこう。第2節では，内部労働市場論に関する先行研究のレビューから，職業別労働市場を特徴付ける指標を明らかにし，分析仮説を導出する。第3節では先行研究で行われた分析手法から，1989年，1990年，2012年の労働移動と賃金の状況を比較する。特に後者についてはより踏み込んだ分析を行うため，第4節では賃金関数の推定と賃金上昇に与える職種経験効果の試算を行う。最後に第5節では本章の結論を述べる。

2　職業別労働市場を捉える3つの指標

　第2章で検討したように，職種ごとに形成されるプロフェッショナル労働市

場の特性を包括的に把握する分析上の枠組みとしては，内部労働市場論が有用である。二次的労働市場の存在をひとまずおくとすれば，内部労働市場論において労働市場は企業別労働市場と職業別労働市場に類型化することができる。しかしながら，職業別労働市場の特性に言及する研究は企業別労働市場に関するそれに比べれば決して多いとは言えない。以下では職業別労働市場の性質への言及が見られる Althauser and Kalleberg (1981)，Smith (1983)，Marsden (1990, 1999)，労働政策研究・研修機構編 (2011) といった先行研究を取り上げながら，職業別労働市場の特徴を明らかにしていきたい。

　まず，Althauser and Kalleberg (1981) による労働市場論についてはすでに第2章で触れたが，今一度その要点を詳しく見ておこう。Doeringer and Piore (1971) の内部労働市場論はジョブラダーの長さに関して非常に幅広い解釈が可能となる。つまり，入職口を下限とした長いジョブラダーを備える労働市場と，入職口付近でジョブラダーが止まっているような労働市場とを区別することができない。そこで，Althauser and Kalleberg (1981) はジョブラダーの長短によって労働市場を分類し，長いジョブラダーを備える労働市場を「企業別内部労働市場 (firm internal labor markets, FILM)」と「職業別内部労働市場 (occupational internal labor markets, OILM)」と呼び，逆に短いジョブラダーのみの労働市場を「企業別労働市場 (firm labor markets, FLM)」および「職業別労働市場 (occupational labor markets, OLM)」と区別した。すなわち，通常言われる企業別労働市場と職業別労働市場をジョブラダーの長短によってそれぞれ二分したのである。

　また企業別労働市場の場合に比べて，企業横断的に形成される職業別労働市場では，ジョブラダーの有無は傍目には不明瞭になりがちである。Althauser and Kalleberg (1981) の内部労働市場論を踏襲した Smith (1983) は，OILM における「労働移動は独立した一連の出来事ではなく，相互依存的な個人の移動」であるといい，「欠員の連鎖 (vacancy chains)」(White 1970) が見られるかどうかが，OILM におけるジョブラダーの存在確認の指標となると述べている。重要なのは，ただ移動が行われるだけでなく，移動が連鎖して起こる必要があ

るということである。しかし Smith（1983）の議論はなぜ欠員の連鎖が生じる
のかについて十分考察しているとは言い難い。欠員の連鎖は確かにジョブラ
ダーが職業別労働市場において形成されていることを示す指標となり得るが，
すでに第3章で見た通り，スキル形成に関するステージが職業別労働市場にお
いてどのように用意されているのかを確認しなければ，ジョブラダーの長さま
では明らかにできない。つまり，連鎖していようといまいと，職業別労働市場
で一般的に見られる労働移動は職業別労働市場の階層性を測る1つの指標にす
ぎないと考えられるだろう。

　労働移動以外の論点にも目を向ける必要がある。Marsden（1990）によれば，
職業別労働市場とは労働者が専門的スキルを活用して企業横断的に活動する市
場を指し，専門的スキルが高度に標準化され，公的資格や免許制，あるいは専
門分野を同じくする同僚による承認によって担保されるという特徴を持つとい
う。また，労働政策研究・研修機構編（2011）によれば，医師，看護師，介護
士，教員などの職種で見られるように，公的資格を付与する機関が存在し，そ
れぞれの職種を形成する専門能力が，雇い入れる企業の外側で定義・評価され
ること，技能形成が企業の外部にある職種特有の訓練プログラムにそって行わ
れることが職業別労働市場の特徴であるという[4]。このように，職業別労働市場
においては専門的スキルが資格等の導入により同職集団の厳しい目に晒され，
企業を超えて標準化する傾向があることを先行研究は指摘している。

　また，こうした技能形成を支える報酬インセンティブのシステムも，労働市
場の特性を知るための重要な情報である。一般に，職業別労働市場が形成され
ていれば企業間で労働者の賃金は相関する傾向があると言われる。企業別労働
市場では勤続年数などの企業固有の要素が賃金へ大きな影響を与えるのに対し，
職業別労働市場では当該技能の価値に関する共通認識が形成され，職業資格が
賃金構造に優先して影響を与えるからである（Marsden 1999）。もっとも，この
ような職種別賃金構造（occupational pay structure）が職種経験年数から影響を
受ける可能性は考えられる。なぜなら，職業別労働市場では，職種経験年数の
上昇と共に人的資本としての職種専用技能（久本 1999）が蓄積されると捉えら

れるからである。したがって，職業別労働市場の賃金構造は，職業資格を軸に企業を超えて平準化しつつ，職種経験年数の違いを反映したものとなる可能性が考えられるのである。

　以上をまとめると，プロフェッショナル労働市場の職業別労働市場化が進んでいるかどうかを見る上で重要な指標は3点あることがわかる。①企業外部機関による技能評価システムの有無，②企業横断的な労働移動，そして③賃金構造への職種経験年数の影響，である。これらの指標のうち，いずれかが存在していれば職業別労働市場が成り立つというわけではなく，実際にはこれらの組み合わせの上にそれは成立していると考えるべきであろう。

　以上を踏まえ，分析上の仮説を設定したい。職業別労働市場を見る指標のうち，企業外部機関による技能評価システムの有無（資格・免許制導入の有無）は最も明確な指標と言えるだろう。そこで，これを軸に仮説を設定する。資格・免許制導入の有無と労働市場における流動性および賃金構造の関係を考慮すると，以下の2つの仮説が考えられる。

　仮説1：公的資格が導入されている医療プロフェッショナルでは，公的資格
　　　　　が導入されていない企業内ホワイトカラー型プロフェッショナルに
　　　　　比べて労働市場の流動性が高い。
　仮説2：公的資格が導入されている医療プロフェッショナルでは，公的資格
　　　　　が導入されていない企業内ホワイトカラー型プロフェッショナルに
　　　　　比べて職種経験年数が賃金構造により大きな影響を与えている。

3　仮説の検証1：先行研究の追試

　以下，第1項では仮説1を，第2項では仮説2を検証する。仮説1と関連する先行研究として Ariga et al. (1997)，小野（1997）が挙げられる。いずれも勤続年数と職種経験年数の比較から労働移動の実態を明らかにしている。また，仮説2と関連する先行研究のうち，賃金への年齢と職種経験年数の影響を比較

した先行研究として中田（1992）が挙げられる。小野（1997）を除いていずれも『賃金構造基本統計調査』の集計データを利用した分析である。本章でも同様のデータを用いて分析を行うため，以下では中田（1992）と Ariga et al.（1997）を検討しながら仮説の検証を行っていく。

（1）　Ariga et al.（1997）による労働移動の検討

Ariga et al.（1997）は労働市場の職業別市場化を定量的に把握しようと努めた貴重な研究である。彼らは，1990年の『賃金構造基本統計調査』から60歳未満の男子データを用い，勤続年数と職種経験年数の平均値の比較から職業別労働市場化率を職種別に算出している。ただし，5つの階級で与えられる職種経験年数に関しては，集計データから正確な平均値が求められないため，階級ごとの中央値で代用している。以下に分析手順の詳細を見ていこう。

今，職業 j において同じ年齢階層 m に分類される労働者の平均勤続年数と平均職種経験年数を，それぞれ T_{mj}, E_{mj} とする。次に，N_{mj} をグループ m に属する労働者の数とする。年齢階層は全部で M グループだけあるので，職業別労働市場化の指標 φ は

$$\varphi_j = \frac{\sum_{m=1}^{M} 1 \cdot [T_{mj} \geq E_{mj}] N_{mj}}{\sum_{m=1}^{M} N_{mj}}$$

と定義される。$1 \cdot [T_{mj} \geq E_{mj}]$ は，$T_{mj} \geq E_{mj}$ が真なら1，偽なら0を示す変数である。ゆえに φ_j は0から1の間の値をとり，0に近づくほど職業別労働市場化の程度が大きいことを示す。[5] 表5-1は，以上の手順に従って筆者が計算した結果である。[6] ところが，筆者が計算し直したところ，φ の値だけでなく年齢や勤続年数も含めて Ariga et al.（1997）とは異なる結果を得た箇所があった。φ の値に関して言うなら，Ariga et al.（1997）においてシステム・エンジニア（男）では0.19，プログラマー（男）では0.02という数値が示されている。こうした違いが生まれる理由については目下のところ不明であるが，いずれの計算結果も φ の値が0に近いという意味で変わりはないので，以下では筆者

表 5-1　φの値，平均年齢，平均職種経験年数，平均勤続年数の比較（60歳未満）

	1990年					2012年				
	φ	平均年齢	①平均職種経験年数	②平均勤続年数	①-②	φ	平均年齢	①平均職種経験年数	②平均勤続年数	①-②
企業内研究者（男）	—	—	—	—	—	0.12	38.52	11.58	10.83	0.74
システム・エンジニア（男）	0.00	29.53	6.47	6.21	0.25	0.08	36.71	12.55	10.97	1.57
システム・エンジニア（女）	—	—	—	—	—	0.02	33.81	10.11	8.74	1.37
プログラマー（男）	0.01	26.60	4.47	4.53	-0.07	0.00	32.11	8.32	6.76	1.56
プログラマー（女）	0.07	25.28	3.72	3.73	-0.01	0.02	30.86	6.43	5.44	0.99
医　師（男）	0.00	37.24	9.17	4.83	4.35	0.01	39.06	12.29	4.84	7.45
医　師（女）	—	—	—	—	—	0.02	36.19	10.26	3.81	6.45
薬剤師（男）	0.00	35.08	10.01	7.86	2.15	0.03	35.71	9.61	6.64	2.96
薬剤師（女）	0.00	32.65	8.09	5.74	2.36	0.02	38.31	11.34	7.09	4.25
看護師（男）	—	—	—	—	—	0.00	34.45	9.39	5.90	3.48
看護師（女）	0.00	33.03	9.56	6.39	3.17	0.00	36.98	12.15	7.09	5.05
電車運転士（男）	1.00	39.97	14.03	20.19	-6.16	1.00	39.88	11.76	20.30	-8.53

の計算結果に基づいて論を進めることにしたい。

　さて，表5-1から1990年と2012年で比較可能な職種について見てみよう。職種経験年数と勤続年数の差に着目してみると，すべての職種で2012年の方が大きくなる傾向がある。この20年間に労働市場の流動性が高まっていることが読み取れる。次にφの値を見てみると，システム・エンジニア（男），医師（男），薬剤師（男女）では2012年の値が1990年に比べてやや大きくなっている。特にシステム・エンジニア（男）では勤続年数の伸びが他の職種に比べて大きいことが影響してか，それは最も顕著に増加している。しかし，いずれの職種も0に非常に近い値をとっており，比較のために書き入れた電車運転士（男）[7]と比べても，流動性が相対的に高いことを示している。Ariga et al.（1997）はφの

値から，上記の職種の労働市場はいずれも職業別労働市場の特徴を持つ，と結論付けている。

　しかし，勤続年数と職種経験年数の乖離を仔細に比較してみると，医療プロフェッショナルはその他の職種に比べて乖離の度合いが大きいことがわかる。例えば2012年において医師（男）とプログラマー（男）の φ の値はほぼ同じだが，職種経験年数と勤続年数の乖離はプログラマー（男）が1.56年であるのに対し，医師（男）では7.45年とおよそ5.9年の開きがある。さらに，年齢階級別の平均勤続年数を示した**図5-1**を見ると，企業内ホワイトカラー型プロフェッショナルの勤続年数カーブは医療プロフェッショナル（医師，薬剤師，看護師）に比べて明らかに傾きが大きい。特に40代後半以降，その傾向は顕著だと言えるだろう[8]。つまり，いずれの職種においても企業間移動は行われているが，企業内ホワイトカラー型プロフェッショナルの流動性は医療プロフェッショナルのそれと比較して十分に高いとは言えないことが読み取れる。したがって，仮説1は支持されると解釈できるだろう。

（2）　中田（1992）による職種経験年数の賃金上昇へ与える影響についての検討

　次に，賃金構造への職種経験年数の影響を確認しよう。中田（1992）は1989年の『賃金構造基本統計調査』の集計データから，職種別に25〜29歳，35〜39歳，および40〜44歳の所定内給与額を比較し，賃金上昇の総効果に占める加齢効果と経験効果について検討している。中田が賃金上昇の総効果を加齢効果と経験効果に分解した理由は，年齢と職種経験年数に関する賃金の情報しか得られないというデータ上の制約が大きかったことによるものだろう。しかし，中田（1992）も触れるように，この分析には生活費保障仮説に代表される年齢上昇の効果と，熟練による職種特殊的人的資本の蓄積効果のどちらがより強い影響を賃金構造に与えているのかを明らかにする点で，意味があると考えられる。したがって，本章でも中田（1992）の手法に従って仮説を検討していきたい。

　具体的な比較の手順は以下の通りである。まず，総効果については，職種ごとに最若年層の1〜4年経験を持つ者の賃金を基準に，10歳年上で職種経験年

図5-1　年齢階級別の平均勤続年数（企業規模10人以上）

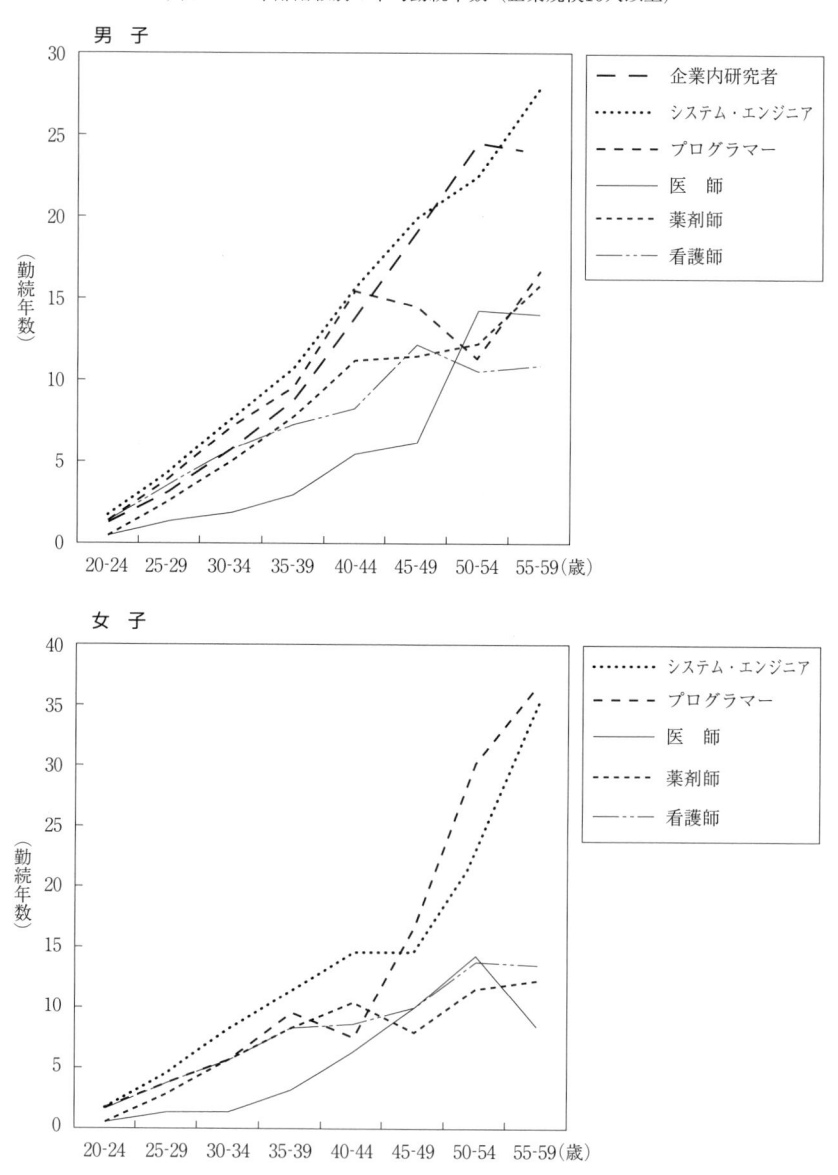

出典：厚生労働省『平成24年賃金構造基本統計調査』より筆者作成。

表5-2　中田（1992）の手法に基づく昇給の加齢・経験効果への分解

（単位：％）

	1989年						2012年					
	継続就業の総効果		総効果に占める加齢効果の割合		総効果に占める経験効果の割合		継続就業の総効果		総効果に占める加齢効果の割合		総効果に占める経験効果の割合	
	10年	15年	10年	15年	10年	15年	10年	15年	10年	15年	10年	15年
企業内研究者（男）	—	—	—	—	—	—	53	68	93	94	7	6
システム・エンジニア（男）	86	113	68	65	32	35	34	51	100	18	0	82
システム・エンジニア（女）	—	—	—	—	—	—	28	23	66	380	34	-280
プログラマー（男）	69	79	74	87	26	13	60	45	40	78	60	22
プログラマー（女）	64	66	-29	23	129	77	7	40	-227	52	327	48
医　師（男）	75	112	29	41	71	59	66	100	18	28	82	72
医　師（女）	—	—	—	—	—	—	65	81	23	53	77	47
薬剤師（男）	51	83	104			-4	41	55	242	44	-142	56
薬剤師（女）	30	49	58	47	42	53	25	42	35	64	65	36
看護師（男）	—	—	—	—	—	—	37	18	56	175	44	-75
看護師（女）	27	39	20	5	80	95	8	21	3	5	97	95

数10～14年の賃金および15歳年上で職種経験年数15年以上の賃金とを比べ，それぞれの上昇率を計算する。次に，加齢効果は，年齢については総効果と同様に10歳，および15歳年上で，職種経験年数については，最若年層と同じ1～4年経験を持つ者の賃金との比較を行う。最後に，経験効果は総効果から加齢効果を引いた残差とする。[9]

　さて，表5-2はこの手順に基づいて筆者が再計算し，さらに同じ手続きで2012年のデータについて計算した結果である。1989年と2012年との間で比較可能な職種について見ると，まず総効果について2012年ではすべての職種で1989年を下回る結果となっている。このことは，このおよそ20年の間に賃金上昇率が鈍化し，賃金カーブがフラット化していることを意味している。次に，総効

果に占める加齢効果と経験効果の割合を比較してみると，1989年ではプログラマー（女），医師（男），薬剤師（女），看護師（女）でのみ経験効果が加齢効果を上回っているのに対し，2012年では企業内研究者（男），システム・エンジニア（女），看護師（男）以外のすべての職種で経験効果が加齢効果を上回っている。

　日本では90年代後半以降，成果主義の導入と年功賃金の見直しが進んだと言われるが（幸田 2010），先の賃金カーブのフラット化と共に，職種経験がより重視される傾向にはこうした背景が影響しているものと思われる。年功的処遇弱体化の傾向は，前項で確認した労働市場流動化の傾向とも整合的に捉えられるだろう。

　しかし，中田（1992）の分析結果は少なくとも次のような3つのバイアスを含んでいる。すなわち，1点目は比較する集計データのセルに含まれる労働者数の偏りから生じるバイアス，2点目は勤続年数の賃金への影響を無視することによって生まれるバイアス，そして3点目は企業規模によるバイアスである。特に後者2点について，一般に企業規模が大きいほど労働者の勤続年数は長くなる傾向があり，さらに企業規模が大きいほど勤続年数効果が賃金に与える影響が大きいことが指摘されている（石井 1997）。また，日本では収入に占める賞与の割合が小さくないと言われるが（大湾・須田 2009），中田（1992）では『賃金構造基本統計調査』における「賞与その他特別給与額」を含めずに分析が行われている。

　中田（1992）の手法では2012年において，医師（女），薬剤師（男），看護師（男）では加齢効果が経験効果を上回り，システム・エンジニア（男）やプログラマーでは経験効果が加齢効果を大きく上回る。いずれの結果も仮説2を否定しており，仮説2を肯定するのは企業内研究者（男），医師（男），看護師（女）の結果のみである。上記のバイアスおよび賞与の問題が，これらの結果に影響を与えている可能性が考えられる。そこで仮説をより厳密に検証するために，以下では，やはり年齢と職種経験年数を対比させながら賃金関数を推定し，賃金上昇に占める経験効果の試算を行う。

4　仮説の検証2：賃金関数の推定と経験効果の試算

（1）　データと推定式

　以下では2009〜2012年の『賃金構造基本統計調査』の集計データをプールして利用する。先行研究において職種別賃金関数の推定が行われてこなかった理由の1つとして，推定に利用できるだけのサンプルサイズの確保が困難であったことが挙げられるかもしれない。2009年以降，企業規模別の職種経験年数のデータが公開されており，「政府統計の総合窓口（e-Stat）」からダウンロードすることで，筆者は十分なサンプルサイズを確保することができた[10]。ここでは定年制の影響を受けないよう，60歳未満のサンプルを用いて推定する[11]。

　次に推定式について説明する。本章の関心は，職業別労働市場での経験年数が賃金へどの程度影響を与えるのかを明らかにすることである。通常，ミンサー型の賃金関数では過去に経験したすべての職業経験の通算年数（潜在経験年数）が用いられるが，ここでは現在就いている職業に関する経験年数（職種経験年数）を推定に用いる。職種経験年数は職業別労働市場における職種固有の人的資本を表す変数と考えることができる。これに対し，企業内賃金構造の特徴を表す変数として勤続年数と年齢を用いる。先行研究において前者は勤続給の，後者は年齢給の代理変数として用いられている（三谷 1992；都留ら 2003など）。勤続年数と年齢を推定式に含めた時の職種経験年数の効果を検討することで，職種別賃金構造が勤続給，あるいは年齢給としての性格が強いのか，それとも職業別労働市場での経験年数が重視される性格を持つのかを明らかにする。

　なお，今回の推定ではデータの制約上，教育年数を推定式に含めることができないが，その効果は年齢に含まれてしまう可能性が高い。2010年の総務省『国勢調査』（抽出詳細集計）から被雇用者に占める大学・大学院卒の割合を職種ごとに比較すると，大学・大学院卒が多い順に医師（約97％），薬剤師（約97％），企業内研究者（約88％）[12]，情報処理技術者（62％）[13]，看護師（約7％）で，

看護師では短大・高専卒が約62%と最も多い。[14]職種内に教育年数のばらつきがあるほど，教育年数が賃金上昇に与える影響は大きくなると予想できる。そのため，情報処理技術者や看護師では年齢に含まれる教育年数の効果が他の職種に比べて大きくなる可能性があることには留意が必要である。

　以上を踏まえ，賃金関数の推定は以下の式によるものとする。

$$\ln W = \beta_0 + \beta_1 Age + \beta_2 Age^2 + \beta_3 Occ + \beta_4 Occ^2 + \beta_5 T + \beta_6 S_{1000-} + \beta_7 S_{10-99} + u \qquad ①$$

　W は所定内給与額＋年間賞与その他特別給与額／12を表し，推定では自然対数値化する。ただし，「所定内給与額」は調査年の6月における金額だが，「年間賞与その他特別給与額」は調査前年の1月1日から12月31日までの金額であり，W は実際の年収の月割りではない点に留意されたい。[15]

　Age は年齢を表す変数である。『賃金構造基本統計調査』において60歳未満の年齢は9階級に分けて公表されており，ここではそれぞれ中央値をとって「～19歳」は17.5歳，「20～24歳」は22.5歳，「25～29歳」は27.5歳，「30～34歳」は32.5歳，「35～39歳」は37.5歳，「40～44歳」は42.5歳，「45～49歳」は47.5歳，「50～54歳」は52.5歳，「55～59歳」は57.5歳とした。

　Occ は職種経験年数を表す変数で，『賃金構造基本統計調査』では5階級にまとめられている。ここではそれぞれ中央値をとって「0年」は0.5年，「1～4年」は3年，「5～9年」は7.5年，「10～14年」は12.5年とした。また「15年以上」に関しては上限値として20年，25年，30年を想定し，15年との中央値である17.5年，20年，22.5年から選んだ。選定にあたって職種ごとに①式で推定を行い，その自由度修正済み決定係数（Adjusted R^2）の値が最も大きくなるケースの職種経験年数を選ぶことにした。表5-3で示されるように，システム・エンジニア，プログラマー，薬剤師では17.5年，企業内研究者（男），看護師では20年，医師では22.5年がそれぞれ最も当てはまりが良かった。

　T は勤続年数に関するダミー変数である。分析で利用する集計データでは，セルごとの勤続年数は与えられていない。したがって勤続年数の伸びが賃金関数にどの程度影響を与えているのかを直接観察することはできない。しかし，

表5-3　自由度修正済み決定係数（Adjusted R^2）の値

職　種	職種経験年数の上限値		
	17.5年	20年	22.5年
企業内研究者（男）	0.6677	0.6725	0.6714
システム・エンジニア	0.6782	0.6757	0.6760
プログラマー	0.6834	0.6824	0.6824
医　師	0.8189	0.8191	0.8200
薬剤師	0.5682	0.5678	0.5680
看護師	0.5441	0.5471	0.5439

企業規模ごとに年齢階級別平均勤続年数が利用できるため，セルごとの職種経験年数と平均勤続年数を比べることで勤続年数の影響を間接的に測ることにする。平均勤続年数を Ten とすると，勤続年数ダミー T は

$$T = \begin{cases} 1, & Ten - Occ \geqq 0 \\ 0, & Ten - Occ < 0 \end{cases}$$

と定義される。いま，年齢と職種経験年数を同じくする2つのセルを想定しよう。2つのセルのうち片方は $T=1$ を，もう一方は $T=0$ をとるとする。つまり2つのセルの違いは勤続年数のみであると想定する。[16]このとき，もし推定結果において T の係数がプラスに有意な値を示すならば，同じ年齢と職種経験年数を有する労働力のグループを比較したとき，勤続年数のより長いグループで勤続年数が賃金上昇に有意な効果を持つと言うことができる。

　S_{1000-} および S_{10-99} は，それぞれ企業規模1000人以上，10-99人を表すダミー変数で，ベースは企業規模100-999人である。

　推定では以上の変数に加え，女性をベースとした性別ダミー（$Male$），2012年をベースとした年ダミー（Y_{2009}, Y_{2010}, Y_{2011}）も投入する。また，今回使用するデータは個票ではなく集計データであるため，個々のセルが代表する労働者の数にはばらつきが見られる。そのため，実際の推定では労働者数でウエイト付けした加重最小二乗法（Weighted Least Square）を使用する。各セルには労働者数が10人単位で示されているため，それぞれ10倍する。また労働者数が

「０人」と表示されるセルは労働者数が１人以上５人未満であることを意味するため，その場合は中央値をとって2.5人とカウントする。

　さて，分析では以下の４つのモデルを考える。すなわち勤続年数，企業規模ともにコントロールしないモデル（１），勤続年数のみコントロールするモデル（２），企業規模のみコントロールするモデル（３），勤続年数，企業規模ともにコントロールするモデル（４）である。また，分析によって仮説２を支持する結果が得られるとするなら，（１）医療プロフェッショナルでは職種経験年数に強く規定される賃金構造が確認され，経験効果が加齢効果を上回り，（２）企業内ホワイトカラー型プロフェッショナルでは企業主導による年功型の賃金構造が確認され，加齢効果が経験効果を上回る，という結果が得られるはずである。

（２）　推定結果

　推定結果を示した**表５−４**から，まず企業規模と勤続年数の関係について見ていこう。勤続年数ダミーの係数に着目すると，すべての職種でモデル（４）よりもモデル（２）でより係数値が大きいことがわかる。企業規模が大きいほど勤続効果が大きいと言われるが（石井 1997），モデル（２）では企業規模の大きい労働者群の勤続効果が勤続年数ダミーの係数値に影響していると考えられる。また勤続年数ダミーの係数の符号に着目すると，有意な結果のうち企業内研究者（男），システム・エンジニア，プログラマー，薬剤師，看護師ではプラス，医師ではマイナスであった。医師では，勤続年数が長いことが賃金上昇にプラスの影響を与えていないことがわかる。企業規模ダミーの係数を比較すると，企業内ホワイトカラー型プロフェッショナルでは企業規模が大きいほど賃金が高くなる傾向が読み取れる。これに対し，医療プロフェッショナルのうち，医師と薬剤師では企業規模が大きいほど賃金が高いという関係は必ずしも成り立っていない。他方，看護師では企業規模が大きいほど賃金が高いという関係が見られる。前述の企業規模と勤続効果の関係から類推すれば，看護師では企業規模が大きいほど賃金上昇に与える勤続年数の効果が大きいのかもし

表 5 - 4　推定結果　　　　　　　　　　　　　　　　　　　　　　　　　　　　（ 1 ）

モデル	企業内研究者（男）				システム・エンジニア			
	（1）	（2）	（3）	（4）	（1）	（2）	（3）	（4）
Const.	10.995***	11.090***	10.906***	10.963***	11.343***	11.601***	11.255***	11.349***
	(36.167)	(36.451)	(38.952)	(38.930)	(55.765)	(58.577)	(66.418)	(66.035)
Age	0.081***	0.073***	0.081***	0.076***	0.052***	0.029**	0.052***	0.044***
	(5.044)	(4.492)	(5.489)	(5.070)	(4.500)	(2.503)	(5.341)	(4.340)
Age^2	−0.001***	−0.001***	−0.001***	−0.001***	0.000***	0.000*	0.000***	0.000***
	(−3.802)	(−3.672)	(−4.066)	(−3.973)	(−2.962)	(−1.831)	(−3.536)	(−3.014)
Occ	0.013	0.029**	0.013	0.023*	0.013	0.055***	0.024***	0.038***
	(1.119)	(2.227)	(1.263)	(1.913)	(1.396)	(5.313)	(3.194)	(4.225)
Occ^2	0.000	0.000	0.000	0.000	0.000	−0.001**	0.000	−0.001*
	(0.771)	(−0.113)	(0.789)	(0.186)	(0.499)	(−2.310)	(−0.752)	(−1.722)
T		0.105**		0.064		0.198***		0.068***
		(2.453)		(1.603)		(7.642)		(2.819)
S_{1000-}			0.151***	0.150***			0.245***	0.234***
			(4.901)	(4.877)			(13.079)	(12.283)
S_{10-99}			−0.212***	−0.200***			−0.104***	−0.090***
			(−3.960)	(−3.729)			(−5.011)	(−4.234)
Male					0.081***	0.075***	0.078***	0.076***
					(2.989)	(2.874)	(3.460)	(3.352)
Y_{2009}	0.175***	0.194***	0.170***	0.182***	0.255***	0.244***	0.232***	0.229***
	(4.510)	(4.932)	(4.773)	(5.008)	(9.251)	(9.190)	(10.083)	(9.990)
Y_{2010}	0.009	0.030	−0.009	0.004	0.034	0.031	0.043**	0.041*
	(0.222)	(0.731)	(−0.246)	(0.104)	(1.291)	(1.220)	(1.969)	(1.901)
Y_{2011}	−0.024	−0.014	−0.030	−0.024	0.069**	0.058**	0.065***	0.061***
	(−0.561)	(−0.337)	(−0.773)	(−0.619)	(2.571)	(2.276)	(2.915)	(2.770)
Number of Cells	348				673			
Adjusted R^2	0.609	0.615	0.671	0.673	0.531	0.568	0.675	0.678

モデル	プログラマー				医　師			
	（1）	（2）	（3）	（4）	（1）	（2）	（3）	（4）
Const.	11.471***	11.660***	11.499***	11.553***	11.198***	11.007***	11.631***	11.440***
	(90.610)	(85.670)	(103.908)	(95.922)	(39.238)	(37.680)	(49.108)	(47.411)
Age	0.041***	0.026***	0.041***	0.037***	0.071***	0.085***	0.062***	0.076***
	(5.338)	(3.045)	(6.176)	(4.840)	(4.689)	(5.333)	(4.957)	(5.803)
Age^2	0.000***	0.000	0.000***	0.000***	-0.001***	-0.001***	0.000***	-0.001***
	(-3.035)	(-1.518)	(-3.802)	(-3.069)	(-3.042)	(-3.643)	(-3.340)	(-4.101)
Occ	0.028***	0.045***	0.029***	0.034***	0.059***	0.038***	0.054***	0.033***
	(4.620)	(5.861)	(5.559)	(5.000)	(6.847)	(3.329)	(7.599)	(3.514)
Occ^2	-0.001***	-0.001***	-0.001***	-0.001***	-0.001***	-0.001**	-0.001***	-0.001**
	(-2.720)	(-3.974)	(-3.310)	(-3.482)	(-4.492)	(-2.155)	(-4.898)	(-2.158)
T		0.076***		0.022		-0.141***		-0.142***
		(3.551)		(1.137)		(-2.679)		(-3.287)
S_{1000-}			0.180***	0.176***			-0.306***	-0.306***
			(9.810)	(9.513)			(-13.651)	(-13.811)
S_{10-99}			-0.077***	-0.075***			0.075	0.074
			(-5.602)	(-5.446)			(1.656)	(1.672)
Male	0.073***	0.067***	0.076***	0.074***	0.077***	0.072***	0.098***	0.094***
	(3.982)	(3.689)	(4.738)	(4.610)	(2.747)	(2.601)	(4.278)	(4.122)
Y_{2009}	0.016	0.021	-0.001	0.001	0.096***	0.096***	0.085***	0.086***
	(0.827)	(1.070)	(-0.054)	(0.044)	(2.713)	(2.748)	(2.939)	(2.991)
Y_{2010}	0.055***	0.049***	0.011	0.010	0.032	0.034	0.048	0.050
	(2.929)	(2.667)	(0.633)	(0.593)	(0.907)	(0.951)	(1.645)	(1.711)
Y_{2011}	0.065***	0.069***	0.045**	0.047**	0.044	0.042	0.042	0.041
	(3.050)	(3.290)	(2.410)	(2.493)	(1.258)	(1.233)	(1.463)	(1.438)
Number of Cells		564				438		
Adjusted R^2	0.585	0.594	0.683	0.683	0.728	0.731	0.816	0.820

（3）

モデル	薬剤師				看護師			
	（1）	（2）	（3）	（4）	（1）	（2）	（3）	（4）
Const.	12.232***	12.312***	12.172***	12.241***	12.380***	12.533***	12.140***	12.227***
	(70.042)	(69.328)	(71.188)	(70.023)	(107.256)	(104.637)	(121.139)	(115.784)
Age	0.012	0.006	0.013	0.007	0.007	-0.008	0.013**	0.005
	(1.288)	(0.573)	(1.360)	(0.731)	(1.003)	(-1.118)	(2.326)	(0.795)
Age^2	0.000	0.000	0.000	0.000	0.000	0.000	0.000	0.000
	(-0.729)	(-0.180)	(-0.808)	(-0.329)	(-0.608)	(1.147)	(-1.416)	(-0.238)
Occ	0.037***	0.048***	0.037***	0.046***	0.026***	0.051***	0.030***	0.043***
	(4.632)	(5.126)	(4.798)	(5.051)	(4.810)	(6.371)	(6.344)	(6.175)
Occ^2	-0.001*	-0.001**	-0.001*	-0.001**	0.000*	-0.001***	-0.001***	-0.001***
	(-1.761)	(-2.457)	(-1.809)	(-2.354)	(-1.847)	(-4.000)	(-2.862)	(-3.810)
T		0.060**		0.048*		0.122***		0.064**
		(2.223)		(1.822)		(4.172)		(2.517)
S_{1000-}			0.109***	0.105***			0.181***	0.177***
			(5.298)	(5.061)			(12.992)	(12.609)
S_{10-99}			0.069***	0.071***			-0.091***	-0.089***
			(3.249)	(3.350)			(-4.789)	(-4.697)
$Male$	0.159***	0.160***	0.148***	0.150***	0.029	0.028	0.035	0.034
	(8.463)	(8.571)	(8.025)	(8.135)	(1.055)	(1.031)	(1.487)	(1.463)
Y_{2009}	0.076***	0.072***	0.082***	0.078***	0.059***	0.060***	0.066***	0.067***
	(3.212)	(3.006)	(3.513)	(3.347)	(2.936)	(3.010)	(3.858)	(3.885)
Y_{2010}	-0.010	-0.011	-0.006	-0.006	-0.002	0.000	0.003	0.004
	(-0.403)	(-0.433)	(-0.242)	(-0.254)	(-0.092)	(0.016)	(0.148)	(0.208)
Y_{2011}	-0.018	-0.023	-0.019	-0.022	0.007	0.011	0.010	0.012
	(-0.766)	(-0.945)	(-0.789)	(-0.920)	(0.362)	(0.547)	(0.594)	(0.702)
Number of Cells	504				662			
Adjusted R²	0.542	0.546	0.566	0.568	0.378	0.393	0.543	0.547

注：***１％水準で有意。**５％水準で有意。*10％水準で有意。Tは勤続年数ダミー。括弧の中はt値。Maleは男性ダミー（ベースは女性）。S_{1000-} および S_{10-99} はそれぞれ1000人以上、10-99人を表す企業規模ダミー（ベースは企業規模100-999人）。Y_{2009}、Y_{2010}、Y_{2011} は年ダミー（ベースは2012年）。推定はセルごとの労働者数を用いた加重最小二乗法（Weighted Least Square）による。なお、企業内研究者（男）の推定ではサンプルが男性に限られているので男性ダミーは含まれない。

れない。

　次に，年齢と職種経験年数に関して，１次項の係数値を見ていこう。モデル（１）と（２）およびモデル（３）と（４）を比較すると，医師を除いたすべての職種で勤続年数ダミーを投入したモデル（２）と（４）ほど，年齢の１次項の係数値が小さいことがわかる。これは勤続効果を無視した場合に，勤続効果が加齢効果に含まれるからだと解釈できる。逆に医師では，勤続年数ダミーを投入しなかったモデル（１）と（３）に比べて，モデル（２）と（４）ほど，職種経験年数の１次項の係数の値が小さくなる傾向が見られる。勤続年数ダミーは勤続年数と職種経験年数を比較しているため，勤続年数ダミーの係数がマイナスの値を示すモデル（２）と（４）では，勤続年数ダミーが職種経験年数の効果を吸収してしまい，職種経験年数の１次項の係数値が小さくなったと推察される。

　企業内ホワイトカラー型プロフェッショナルでは，ほとんどのモデルで年齢の係数値が職種経験年数の係数値よりも大きい。また，企業内研究者（男）とシステム・エンジニアでは職種経験年数が有意になっていない結果が見られる。一方，薬剤師と看護師では職種経験年数の効果がすべてのモデルで有意であったのに対し，年齢は看護師のモデル（３）を除いて有意でなかった。また，医師ではすべてのモデルで年齢の係数値が職種経験年数のそれを上回っている。

（３）　賃金上昇に占める経験効果の割合

　勤続年数や性別，企業規模の影響をコントロールした上で加齢効果と経験効果を比較したとき，賃金上昇のうち純粋に経験効果によって説明されるのは何％なのか。このことをより仔細に議論するため，Ohta and Tachibanaki（1998）の手法[17]にならいながら，表5-4のモデル（４）の結果を使って経験効果を試算してみたい。

　試算では５年ごとの変化を見ることにする。いま年齢と職種経験年数以外のすべての条件は一定であるとする。仮に年齢 a，職種経験年数 e，賃金 W_0 の労働者が５年間同じ職種で働き続けるとする。このとき，５年後の賃金を W_5 と

すると5年間の賃金の変化量 ΔW^{Total} は

$$\Delta W^{Total} = W_5(a+5, e+5) - W_0(a, e)$$

である。このうち年齢による効果 ΔW^{Age} は

$$\Delta W^{Age} = W_5(a+5, e) - W_0(a, e)$$

一方，職種経験年数による効果 ΔW^{Occ} は

$$\Delta W^{Occ} = W_5(a+5, e+5) - W_0(a+5, e)$$

である。いま，25歳で職種経験年数0年の労働者を基準に，賃金の変化量に占める職種経験年数効果（$\Delta W^{Occ}/\Delta W^{Total}$）の5年ごとの変動を百分率で示したのが**表5-5**である。この表は，例えば医師の場合，25歳で職種経験年数0年の者が5年間同じ仕事を続け30歳（職種経験年数5年）になったときの賃金の変化分のうち，41.9%が職種経験年数によって説明される，というふうに解釈する。

　この表からは，以下の3点を指摘することができるだろう。まず1点目は，システム・エンジニアとプログラマーの賃金構造が職種経験年数を重視する傾向が強いことである。企業内研究者（男）では40代前半までは加齢効果の影響が大きく，経験効果は50%をほぼ下回っている。これに対し，システム・エンジニアとプログラマーではほとんどのケースで経験効果が50%を超えている。特にシステム・エンジニアでは表5-2の結果と比較しても，経験効果の影響が大きい印象を受ける。システム・エンジニアとプログラマーでは仮説2を支持しない結果が出たと言ってよく，第3節第2項で見たように，これらの職種で年功的処遇の後退が進んでいることを印象付けていると言えるだろう。

　2点目は，医療プロフェッショナルにおいて医師でのみ年齢を重視する年功的な賃金構造が見られることである。薬剤師と看護師では経験効果が80〜90%を超え，職種経験を大変重視する賃金構造が観察されるのに対して，医師では多くのケースで経験効果が50%を下回っている。薬剤師や看護師の労働市場とは異なり，医師の労働市場では職種経験に対する相対的な評価が低く，逆に年

表 5-5　賃金上昇に占める職種経験効果の割合

企業内研究者（男）

Occ / Total（%）

Occ / Age	30	35	40	45	50	55
5	38.3	43.3	49.8	58.5	71.0	90.2
10		44.2	50.7	59.4	71.7	90.5
15			51.5	60.2	72.4	90.8
20				61.0	73.1	91.0
25					73.7	91.3
30						91.6

医　師

Occ / Total（%）

Occ / Age	30	35	40	45	50	55
5	41.9	45.9	50.8	56.8	64.5	74.6
10		39.6	44.4	50.5	58.5	69.4
15			36.1	41.9	49.9	61.7
20				29.8	36.9	48.6
25					14.8	21.9
30						-62.4

システム・エンジニア

Occ / Total（%）

Occ / Age	30	35	40	45	50	55
5	59.7	63.7	68.3	73.6	79.8	87.2
10		58.8	63.7	69.4	76.3	84.7
15			57.6	63.7	71.3	81.0
20				55.4	63.7	75.1
25					50.6	63.8
30						33.6

薬剤師

Occ / Total（%）

Occ / Age	30	35	40	45	50	55
5	88.9	89.7	90.4	91.2	91.9	92.7
10		87.1	88.0	88.9	89.9	90.8
15			83.9	85.1	86.3	87.6
20				77.2	78.9	80.7
25					54.1	56.8
30						284.5

プログラマー

Occ / Total（%）

Occ / Age	30	35	40	45	50	55
5	58.7	62.6	67.1	72.2	78.2	85.2
10		51.4	56.3	62.1	69.3	78.4
15			34.9	40.6	48.5	60.2
20				-37.6	-60.4	-153.3
25					244.0	158.0
30						126.0

看護師

Occ / Total（%）

Occ / Age	30	35	40	45	50	55
5	90.1	90.5	90.9	91.3	91.7	92.1
10		87.8	88.3	88.8	89.3	89.8
15			83.7	84.3	85.0	85.7
20				73.9	74.9	75.9
25					23.2	24.2
30						166.2

注：試算は表5-4のモデル（4）による。

功的要素が強く機能していることが示唆される。この結論は大変興味深い。第3章で確認したように，医師の労働市場には上級スキルを習得するための様々な専門医資格制度が各専門領域学会や医師会主導の下に整備されており，近年多くの医師がそのスキル形成システムにコミットしている。特に，日本の医師のキャリアは出身大学の医局から大きな影響を受けてきたという歴史的背景があるが，医局は医局内の若手医師へ臨床経験を分配する機能を担ってきたと言え（猪飼 2010；吉田 2010），医局への入局は専門医資格取得の近道となる。第2章で見たように，職能団体主導により熟練形成が行われる労働市場ではジョブラダーの上昇は報酬の上昇を伴う可能性があるが，上級スキルの取得に十分な症例を経験できるだけの年齢を重ねる必要がある医師労働市場では，医局制度や専門医資格制度を中心として行われる医師の序列化が，賃金構造を年功化させるよう機能しているのかもしれない。他方，薬剤師や看護師の労働市場では，スキル形成において医師で見られるような序列化は進んでいない。そのため，スキルレベルの評価基準は入職資格と入職後の職種経験年数に依存することになり，薬剤師や看護師では賃金上昇における職種経験年数の規定力が大きくなるのだと解釈できるだろう。以上のことから，薬剤師と看護師では仮説2が支持されたが医師では支持されなかったと結論付けられる。

　3点目は，企業内ホワイトカラー型プロフェッショナル（特に企業内研究者）と医師を比べた場合，前者では40代を過ぎると経験効果が年齢を経るほど高まるのに対し，後者では年齢を経てもそれほど経験効果が高まらないことである。この原因として，企業内ホワイトカラー型プロフェッショナルでは，部分的に職種転換が行われていることが影響している可能性が考えられる。図5−2は年齢階級別の労働者分布を男女別に比較している。この図を見ると，医師と比べて，企業内ホワイトカラー型プロフェッショナルでは分布のピークが訪れるのが早く，労働者の多くが30代以下に偏っていることがわかる。また男子の場合，システム・エンジニアとプログラマーでは分布のピークが訪れる時期が異なっており，プログラマーの方が早い。システム・エンジニアとプログラマーは職階を形成しているという指摘もあり（佐藤 1999；今野 2005），さらに上位職

図 5 - 2　年齢階級別の労働者分布（企業規模10人以上）

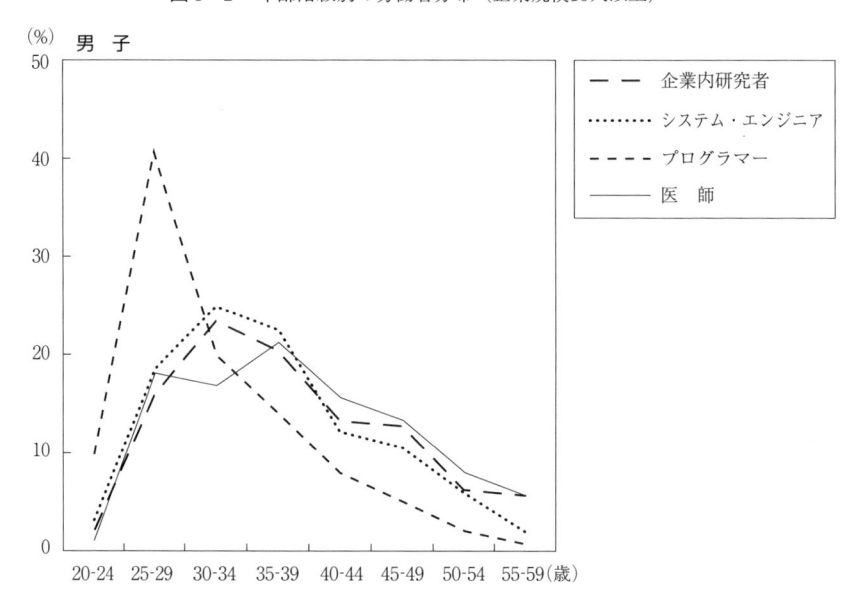

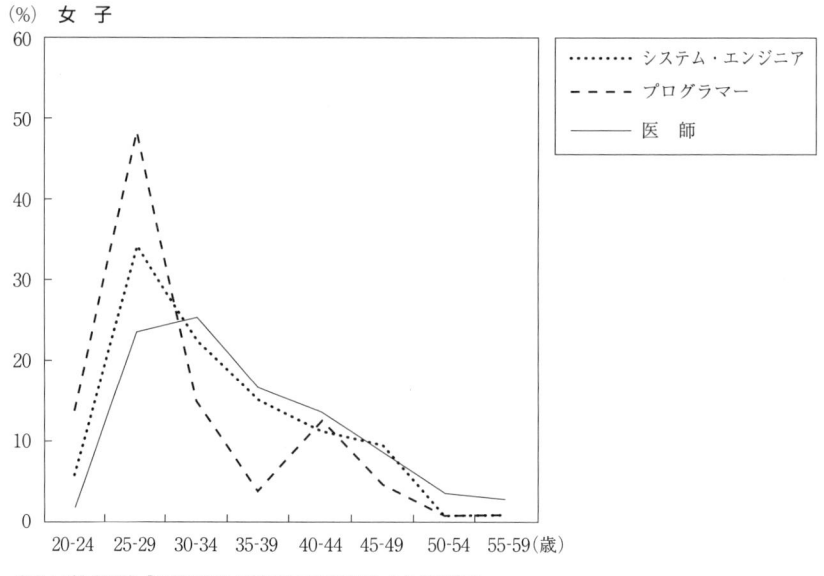

出典：厚生労働省『平成24年賃金構造基本統計調査』より筆者作成。

階であるシステム・エンジニアが管理職へ昇進するケースも考えられる。40代を過ぎてこれらの職種を続けている者は，企業内の昇進コースから外れた者，もしくは中途参入者である可能性が高いと考えられる。

　以上，仮説2に関しては企業内研究者（男），薬剤師，看護師でのみ支持される結果となった。企業内研究者（男），医師（男），看護師（女）が仮説2を支持するとする，中田（1992）の手法によって得られたもの（表5-2）とは異なる結果を得た。さらに，表5-2ではシステム・エンジニア（男）と薬剤師（男）を除いたすべての職種で年齢を経るほど加齢効果が高まる傾向が見られたのに対し，計量分析の結果は，逆に年齢を経るほど経験効果の割合が高まる傾向を明らかにしたことも記しておく。

5　管理的ルールの影響力と賃金構造

　まず，本章の分析結果を要約する。本章では，日本のプロフェッショナル労働市場の流動性と賃金構造に焦点をあてて分析を行った。具体的には，職業別労働市場の特徴を表す3つの指標から導かれる2つの仮説の検証を行った。すなわち，（仮説1）公的資格が導入されている医療プロフェッショナルでは，公的資格が導入されていない企業内ホワイトカラー型プロフェッショナルに比べて労働市場の流動性が高い，（仮説2）公的資格が導入されている医療プロフェッショナルでは，公的資格が導入されていない企業内ホワイトカラー型プロフェッショナルに比べて職種経験年数が賃金構造により大きな影響を与えている，という2つの仮説である。

　労働市場の流動性に関する分析では，確かにすべての職種で流動性が見られ，職業別労働市場としての性格が垣間見られた。しかし，公的資格の取得が義務付けられている医療プロフェッショナルと，義務付けのない企業内ホワイトカラー型プロフェッショナルを比較すると，明らかに後者の流動性は前者のそれに及んでいないことが明らかになった。すなわち，仮説1はいずれの職種でも支持されると解釈できた。

また，賃金構造に関する分析結果では，中田（1992）の分析手法には様々なバイアスが含まれていることを示し，仮説2をより厳密に検証するため賃金関数の推定と賃金上昇に占める経験効果の試算を行った。分析結果からは，①システム・エンジニアとプログラマーでは職種経験を重視する賃金構造が確認されること，②医療プロフェッショナルでは医師においてのみ年功賃金の特徴が見られること，③企業内ホワイトカラー型プロフェッショナルでは40代を過ぎると経験効果が年齢を経るほど高まるのに対し，医師では年齢を経てもそれほど経験効果が上がらないことが明らかとなった。特に，医師労働市場における加齢効果の影響の強さは職業別労働市場における年功賃金，階層性の存在を示唆していた。総じて，仮説2は企業内研究者（男），薬剤師，看護師では支持され，医師，システム・エンジニア，プログラマーでは支持されなかった。

　本章の分析の意義は，企業横断的活動の有無ばかりに注目が行きがちなプロフェッショナル労働市場に関して，その特徴を多面的な観点から実証分析によって評価し得たところにあると言えるだろう。特に，賃金上昇への加齢効果と経験効果の影響を様々なバイアスを取り除いて評価し得たことは先行研究にはない貢献であり，薬剤師や看護師の労働市場とは異なって，医師の労働市場では年功賃金の特徴が見られるという事実発見もあった。しかしながら，分析では個票データが使えなかったために勤続年数，年齢そして職種経験年数といった分析上重要な意味を持つ変数に関して，集計データを利用するほかなかった。また，先行研究では教育年数や労働時間なども推定式に含められるが，やはりデータの制約によりこれらの情報を利用することもできなかった。より望ましいデータを使った分析が今後の課題である。

　本章では，労働移動と賃金構造に関する2つの仮説を同時に検証した。医療プロフェッショナルの3職種における労働移動の激しさは，職業別労働市場の典型的特徴の1つを示していると考えることができるだろう。しかし，医師の賃金構造が年齢によって管理される傾向が強いのに対し，薬剤師と看護師ではもっぱら職種経験年数の影響が強いという違いも見られた。医師の労働市場では入職資格である医師免許にとどまらず，医局制度や専門医資格制度による長

期のスキル形成の機会が制度的に構築されているのに対し，薬剤師や看護師の
労働市場では入職資格以外のスキル形成に関わる諸制度は十分に確立されてい
ないという違いがある。これはまさに，労働市場における管理的ルールの強さ
が職業によって違うことを反映したものだと言えるが，賃金構造に関しても同
様に管理的ルールの強さの違いが反映されていることをうかがわせる結果を得
たと言えるだろう。つまり，職業別労働市場の特徴を持つ医療プロフェッショ
ナルの中でも，医師では職業特殊的な労働市場の管理的ルールがひときわ強い
ことが，賃金構造の面からも読み取れたと言えるのである。

　これに対し，企業内ホワイトカラー型プロフェッショナルでは，高い組織率
を誇る職能団体が存在している様子は今のところない。つまり，職業別労働市
場における管理的ルールは医療プロフェッショナルに比べればごく限られたも
のであると考えられる。確かに，システム・エンジニアとプログラマーの流動
性上昇や賃金構造における職種経験重視の傾向からもわかるように，従来組織
内定着型だったプロフェッショナルが，今後ますます組織間移動型へと移行す
る可能性は十分に予想できる。しかしながら，それは技能価値の共通認識が労
働市場で固まることによってもたらされたと言うよりも，成果主義の導入，悪
く言えば企業のコストカットの影響による「消極的結果」としての側面を現時
点では多分に含んでいる感が否めない。流動性が高まったとは言え，企業内ホ
ワイトカラー型プロフェッショナルの流動性が医療プロフェッショナルと比べ
て明らかに低いことがこの点を物語っていよう。おそらく，部分的な資格の導
入は行われていたとしても，企業内ホワイトカラー型プロフェッショナルの技
能形成では依然として企業内 OJT が重要な役割を果たしている。そして，ス
キル形成だけでなく賃金構造も企業が定める管理的ルールの影響を強く受けて
おり，そのことが労働移動を抑制しているのではないだろうか。分析では企業
内職種転換の可能性も示唆されたが，職業別労働市場としての特徴と言うより
も，企業別労働市場型とかねてから指摘される，日本型労働市場の特徴の一端
が垣間見られたと評するべきではないだろうか。この意味で，日本における企
業内ホワイトカラー型プロフェッショナルの労働市場は，医療プロフェッショ

ナルと比較して，職業別労働市場としてはまだまだ発展途上であると結論付けられるだろう。

　さて，本章で得られた知見がどの程度の普遍性あるいは異質性を孕んでいるのかを判断するためには，国際比較を行う必要がある。しかしながら，諸外国のプロフェッショナル労働市場に関して，本章と同様の観点から実証的分析を行う研究はほとんど蓄積されておらず，現段階では十分な国際比較を行うことは難しい。第6章では，本章で得られた結果との比較を念頭に置き，アメリカにおけるプロフェッショナル労働市場の労働移動と賃金構造の分析を課題とする。

注

(1)　デュアルラダーとは企業内の縦のキャリアパスを「階段（ラダー）」に見立て，管理職系列と専門職系列の二本立てにすることを言う（佐藤1999）。

(2)　高梨（1982），14ページ。

(3)　Smith（1983），p. 292.

(4)　労働政策研究・研修機構編（2011），78ページ。

(5)　φの算出手順についてはAriga et al.（1997），pp. 451-452による。

(6)　なお，本章においては『賃金構造基本統計調査』の「自然科学系研究者（男）」を企業内研究者（男）として捉えている。

(7)　Ariga et al.（1997）が検証する中でφの値が最大の職種の1つである（Table 4, p. 455）。

(8)　プログラマー（男）の勤続年数は，40代以降医療プロフェッショナルに近づく傾向がある。第4節第3項で議論するが，この背景として中途参入者の影響を考えることができる。

(9)　中田（1992），170ページ。

(10)　http://www.e-stat.go.jp/SG1/estat/NewList.do?tid=000001011429より，2014年1月8日にダウンロード。なお，集計データを利用することによって，分析結果に依然としてバイアスが残ってしまう点については弁解の余地はない。年齢や職種経験年数の情報が階級ごとにしか得られないことによるバイアスは，その最たる例だろう。しかし，個票データを利用し得たとしても，職種経験年数に関しては調査票の段階ですでに階級別に回答を求めており，この点でバイアスを完全に取り除くことは不可能に近い。具体的な年齢，勤続年数，職種経験年数を尋ねる欧米の政府統計と『賃金構造基本統計調査』を厳密に比較することは，現時点では困難だと言うほかない。

⑾　2007年の統計法改正により，政府統計の個票データへのアクセスは以前に比べて
　　緩和されつつあるが，『賃金構造基本統計調査』の個票利用が認められるのは（1）
　　公的機関からの委託研究または公的機関との共同研究，（2）公的機関からの公募
　　による補助を受けて行う研究，（3）行政機関等が，政策の企画，立案等に有用で
　　あると認める場合，またはその他特別な事由があると認める場合，に限られている
　　（総務省ホームページ，http://www.soumu.go.jp/toukei_toukatsu/index/seido/2jiriyou.
　　htm　2017年2月4日アクセス）。政府機関等のホームページ上で個票の公開が進
　　む欧米に比べれば，依然として個票データへのアクセスに制限がある状況が続いて
　　おり，今後の改善が求められる。

⑿　ここでは『国勢調査』において「自然科学研究者」に分類される者を指している。

⒀　『国勢調査』において「システムコンサルタント・設計者」「ソフトウェア作成
　　者」「その他の情報処理・通信技術者」に分類される者の合計。

⒁　ただし，これは准看護師を含んだ値である。日本看護協会政策企画部編（2010）
　　から正看護師に限定して看護系大学卒以上の割合を調べると6.1％であり（統計表
　　11，42ページ），大卒以上の割合が小さいことに変わりはないと思われる。

⒂　賃金関数を推定する先行研究では時間あたり賃金の自然体数値を被説明変数にす
　　ることが多い。しかし本章ではデータの制約上，セルあたりの労働時間が不明で時
　　間あたり賃金は計算できなかった。

⒃　企業規模や性別などの条件も同じであると仮定する。

⒄　Ohta and Tachibanaki（1998），pp. 53-55は，賃金上昇に占める勤続年数と年齢の
　　効果を比較している。以下では同じ手法で職種経験年数と年齢の効果を比較する。

第6章

賃金と労働移動（2）：アメリカ

1 職種固有の人的資本と労働市場の制度

　同じ職業であっても国が違えば労働市場の条件は異なり，職種特殊的な人的資本の収益率や労働移動の特徴も異なっている可能性がある。日本についてはすでに第5章で見た通りだが，この結果との比較を行う意味で，他国におけるプロフェッショナルの職種特殊的人的資本の状況を分析しておく必要があるだろう。本章では，アメリカのプロフェッショナル労働市場を題材に，労働移動や賃金構造に影響を与える人的資本の特徴を考察したい。

　さて，近年，海外の労働経済学的研究では職種特殊的人的資本の推定に注目が集まっている（Zangelidis 2008；Kambourov and Manovskii 2009；Sullivan 2010など）。これらの研究は，いずれも職種経験年数を加えた拡張・変形型のミンサー型賃金関数を推定しており，特に Zangelidis（2008）や Sullivan（2010）などは，他の職業に比べてプロフェッショナルは職種特殊的人的資本を多く持つと指摘している。これらの研究に共通することとして，大括りの職業分類が推定に用いられていることを挙げることができよう。しかし，特定の職種に固有な人的資本の大きさは個々の職種によって多様であるため，より細かい職業分類の下に推定しなければ，職種特殊的人的資本に関する議論はほとんど意味をなさないという批判には耳を傾ける必要があるだろう（Kwon and Milgrom 2014）。

　他方，個別職種の賃金関数の推定は労働経済学以外のアプローチから行われてきたと言うことができる。しかし，こちらは逆に職種固有の人的資本への関心が薄く，職種経験年数が賃金に与える効果は十分に調べられてこなかった。[1]

つまり，個別職種のレベルからプロフェッショナルの職種特殊的人的資本の大きさを本格的に推定する研究は，これまでほとんど行われてこなかったと言えるのである。

ところで，一口にプロフェッショナルと言ってもそこには多様な特徴を持つ職業が含まれている。分析へ進む前に，これらの職業をどのような立場から捉えるのか，今一度明確にしておくことにしよう。本章では職能団体の機能に着目してプロフェッショナルを捉え，労働市場の管理運営に職能団体の影響が見られるグループの代表として医療プロフェッショナル（医師，薬剤師，看護師）を，逆にほとんど職能団体の影響が見られないグループの代表として企業内ホワイトカラー型プロフェッショナル（企業内研究者，システム・エンジニア，プログラマー）をそれぞれ設定し，分析の対象とする。職能団体の機能に着目し，両職種グループを対比させる理由は，職能団体の管理的ルールが賃金構造に与える影響を確認するためである。

前述の職種経験年数を推定する先行研究は，基本的に職種特殊的人的資本を「職種が同じであれば雇い主を超えて完全に移転可能な人的資本」と定義し，これを職種経験年数に代理させて推定を行う。ここでは，いったんある職業に入職してしまえば，職種経験年数の上昇に伴って労働力全体が同質に熟練化することが暗黙裏に仮定されている。しかし，職種固有の人的資本の中には特定の熟練の段階（ジョブラダー）を踏まなければ獲得できないものがある。この種の人的資本は職種特殊的であるにもかかわらず，時に人為的なアクセスの制限を伴うことで，職種の構成員のうち限られた者しか獲得できないという性質を持つと考えられる。本章の例で言えば，専門医の技能（資格）獲得プロセスが該当するだろう。アメリカの医師労働市場において職能団体により管理されるジョブラダーの上昇プロセスは非常に排他的であり，その上昇には相当な時間的・金銭的コストを伴う必要がある。つまり労働市場の構造上，上級専門医の資格は年長の限られた医師しか獲得できないのである。

このように，職種内部の熟練化は必ずしも労働力全体に同質的に起こるものではない。したがって，労働市場の制度的要因により限られた者しかアクセス

できない人的資本は，従来の研究が想定してきたような，入職後に職種経験年数を積み重ねさえすれば同質的に誰もが獲得可能な人的資本とは峻別して捉える必要がある。本章では前者の人的資本を，「制度的要因によって説明される職種特殊的人的資本」として捉え，後者の，通常の職種特殊的人的資本とは区別する。そしてこのように考えれば，例えば，Kwon and Milgrom（2014）は医療プロフェッショナルの職種特殊的人的資本は他の職種に比べて大きいと言うが，その多くは制度的要因によって説明されるかもしれないのである。

　労働市場の制度的要因が賃金に与える影響については，これまで内部労働市場論の中で言及されてきた（Doeringer and Piore 1971）。プロフェッショナル労働市場の分析には，入職制限や技能形成プロセス，そして労働市場からの（強制的な）退出などが職能団体によって一括に管理される「職業別労働市場」への着目が不可欠である（第2章）。本章では，職能団体が労働市場の技能形成過程に強い影響を与える職種と，そうした影響がほとんど見られない職種の賃金構造を比較し，労働市場の制度的要因をコントロールした場合に，職種経験年数の効果がどのように変化するのかを検討する。以上のような観点に立てば，アメリカのプロフェッショナルは職能団体による職業別労働市場の制度化が明確に見られ，かつ，複数の職種を調べる大規模調査データへのアクセスが比較的容易なため，本章の目的に非常に適した分析対象だと言えるだろう。

　本章の構成は以下の通りである。第2節では，内部労働市場論の観点からアメリカにおけるプロフェッショナル労働市場の階層性と賃金の関係について検討する。第3節では，分析に用いるデータと推定方法について述べる。第4節では，分析の結果について述べ，最後に第5節で本章の結論を述べる。

2　労働市場の構造と賃金

（1）　労働市場の階層性

　内部労働市場論ではプロフェッショナルの職能団体と労働市場の関係性を純化できる有用な理論が構築されてきた。内部労働市場は，知識や技能の進展・

発展と関連した職階を備え，最も下位からの入職と上位職階への移動を伴う構造により特徴付けられる。この技能形成過程の構造は「ジョブラダー」と呼ばれ，職業名や雇用組織に関係なく発達し，管理的ルールが機能する職業別労働市場においても形成される可能性がある（第2章参照）。第3節第2項で確認するように，本章で分析する職種はいずれも流動性が高く職種の継続性も高い。そこで，以下では職業別労働市場を中心に論を進める。

　第2章で議論したように，職業別労働市場は管理的ルールが強い市場と弱い市場の2つに分類できる。前者では職能団体の影響力が強く，先に労働市場に入職した者たちは職業資格の義務化などにより入職制限を行ったり，入職後の訓練期間を長期化させ，労働市場を階層化させることで自らの利得を守ろうとする。逆に後者では職能団体の影響力は弱く，訓練期間が短いため労働市場は階層化しない。低技能労働市場とは異なるものの，労働市場で定められる公式の技能形成機会は非常に限られている。

　アメリカのプロフェッショナル労働市場のうち，管理的ルールの影響力が強い市場の例としては，医療プロフェッショナルの労働市場を挙げることができるだろう。中でも，医師の養成過程は高度に制度化されている。アメリカで医師になるには，まず4年制の大学を卒業し，その後4年制の医学校（medical school）に進学する必要がある。医学校卒業後，インターンシップと呼ばれる初期研修を1年間受け，医師国家試験に合格することで医師免許を取得できる。ほとんどの医師は，その後さらに3〜6年間のレジデンシーと呼ばれる卒後研修を受ける。研修の修了後，アメリカ専門医認定機構（American Board of Medical Specialties）から認可を受けた各専門領域認定機構が実施する試験に合格すれば，「総合内科医」「一般外科医」などの specialty における専門医資格が与えられる。その後は，さらに3〜10年間に渡って行われるフェローシップと呼ばれる研修プログラムが用意されており，それらを修了すれば subspecialty における上級専門医資格を取得することができる[2]。このように，医師の養成過程は長期にわたる累積的な構造を持っており，それは医師会や関連学会・機構の連携の上に成り立っている。また，多くの医師がそうした技能

形成の機会にコミットしていることも特筆に値する。Smart（ed.）（2014）によると，2012年時点で1つ以上の専門医認定を受けている医師は，活動中の医師82万6001人の約74％を占めている。[(3)]

　医師ほど訓練期間は長くないとは言え，薬剤師や看護師にも上級の専門薬剤師・看護師資格が薬剤師会や看護師会，その他関連機構により整備されている（Laven 2002；早川 2007）。ただし，上級看護師資格を持っている者は，看護師全体の約8％にすぎず（早川 2010），専門薬剤師資格を持っている者も，活動中の薬剤師のやはり約8％にすぎない（The Board of Pharmacy Specialties 2014）。つまり，薬剤師や看護師の労働市場は，職業別労働市場に参加する意義を「労働者へ価値付ける」（Doeringer and Piore 1971）点で，医師の労働市場に後塵を拝している。したがって，職能団体が存在しているとはいえ，医師の労働市場に比べれば薬剤師や看護師の労働市場には技能形成に関わる階層性はそれほど生まれていないと考えられる。

　一方，企業内ホワイトカラー型プロフェッショナルの労働市場には，医療プロフェッショナルに見られるような累積的な構造を持ったジョブラダーは基本的に存在していないと見ることができる。[(4)]職能団体等による入職制限が行われない企業内研究者や情報処理技術者の労働市場では，入職後の技能形成は統一的な訓練プログラムではなく，企業を渡り歩きながら行う「自己研鑽」に委ねられる傾向が強い（Cordero et al. 1994；Joseph et al. 2012）。もっとも，この自己研鑽を支える仕組みとして，個別の団体が発行する認定資格が部分的に機能していることは確認しておく必要がある。情報処理技術者においては，Microsoft，Cisco，IBM などが個別に発行する IT 技術に関する認定資格が複数存在しており，少なくとも1つ以上の IT 認定資格を保有するアメリカ国内の情報処理技術者数は，2010年4月時点で650万人以上だと推定されている。ただし，それらの取得は完全に任意であり，それぞれの資格は階層性を成すものでもない。また，これらの認定資格は採用段階で応募者の技能レベルの評価基準の1つとしては考慮されるが，実際の業務遂行能力の指標としては必ずしも機能しないと指摘される（Kabia et al. 2013）。

（2） 技能形成と賃金

　技能形成過程の特徴は，賃金とどのような対応関係を持つと言えるのか。内部労働市場の賃金はジョブラダーの各段階と対応して設定される傾向がある（Doeringer and Piore 1971）。同様の傾向は，管理的ルールの働きが強く，労働市場が階層化する職業別労働市場においても確認することができると考えられる（第2章参照）。

　前項で確認した通り，企業内研究者や情報処理技術者の労働市場には階層的なジョブラダーは生まれていないと考えられる。そのため，職種別賃金構造における労働市場の制度的要因の説明力はそれほど強くないことが予想される。もっとも，IT 認定資格の取得が賃金にプラスの影響を与える可能性は考えられる。この点を包括的に検討する研究はほとんど見あたらないが，1万人規模のクロスセクションデータを用いて賃金関数を推定する Quan et al. (2007) は，資格によっては情報処理技術者の賃金を上昇させるという結論を得ている。しかし，推定では労働時間がコントロールされていないため，これをコントロールした場合にも同様の結論が支持されるかどうかは不明である。また，企業内研究者では入職前の学校教育が職種固有の人的資本と深く関係する可能性がある。実際，先行研究では賃金構造における教育年数の説明力が非常に大きいことが示されている（Biddle and Roberts 1994；Langbein and Lewis 1998）。

　これに対し，医療プロフェッショナルでは賃金構造における制度的要因の説明力が小さくない可能性がある。Marder and Willke (1991) は，専門医資格を取得した場合としない場合それぞれの医師の賃金カーブを推定し，専門医資格の取得はキャリアの初期において機会費用を伴うことになるが，資格を取得することができれば，その利得は50歳代に向けて拡大し続けることを示した（図6-1）。前項で見た通り，専門医資格にはさらに上級の資格も存在しており，いずれの資格でも外科や hospital-based の専門分野ほど訓練期間は長い。また，外科において上級専門医資格の取得者数が制限されるように（Dranove and Satterthwaite 1991），上級資格取得の道は非常に排他的なプロセスであり，訓練期間が長い分野の上級専門医ほど高収入を得る構造を生み出している（Marder

図6-1　医師の賃金カーブ

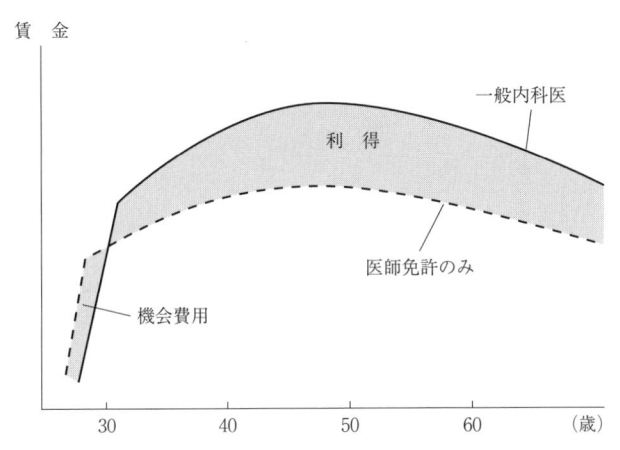

注：ここでは専門医資格の例として，一般内科医の賃金カーブが推定されている。
出典：Marder and Willke（1991），Figure 10-1（p. 264）を筆者改変。

and Willke 1991；US Department of Health and Human Services 2008；Leigh et al. 2010）[5]。医師の多くが上級資格の取得を目指す中，こうした上級専門医の再生産構造は年長医師と若年医師の間に賃金・技能格差を生み出し，結果的に賃金を年功化させる働きを持つ可能性がある[6]。

　薬剤師や看護師でも，医師と同様のメカニズムにより年齢間に賃金格差が発生する可能性が考えられる。しかし，Carvajal and Armayor（2015）は薬剤師の専門資格保持者と非保持者では後者ほど賃金が高く，専門資格による賃金変動分を取り除くと学歴が高い者ほど賃金が高いという結果を示している。看護師についても学歴が高いほど賃金が高く（Holtmann and Idson 1993；Jones and Gates 2004など），逆に上級看護師資格は賃金上昇へそれほど寄与しないことがそれぞれ指摘されている（Byrne et al. 2004；Sechrist et al. 2006；Niebuhr and Biel 2007）。後者の研究は，学歴の影響を取り除いた上で上級看護師資格が賃金に与える効果を推定するものではないが，上級看護師資格の取得には修士以上の学歴が要求されるため（Minarik and Chan 2014），学歴の効果を取り除けば，上級看護師資格が賃金上昇へ与える効果はやはり限定的なものになる可能性が否

定できない。

　前項では，薬剤師と看護師では上級資格取得者が少ないことを確認したが，それは資格を取得しても賃金上昇が期待できず，資格取得の金銭的インセンティブが機能していないことが影響しているのかもしれない。医師に比べ，薬剤師や看護師では制度的要因によって生み出される入職後の職種特殊的な人的資本の年齢間格差は限定的で，それはむしろ入職前の教育年数の違いによって生まれている可能性が考えられる。

3　SIPP2008を使った計量分析

（1）　データ

　分析に使用するデータは，アメリカ国勢調査局（The United States Census Bureau）が実施したパネル調査 The Survey of Income and Program Participation 2008 Panel（SIPP2008）における Wave1の個票である[7]。これまでの労働研究において，アメリカの労働者の賃金を分析する統計としては The Current Population Survey（CPS）が最も一般的に用いられてきたと言えるだろう。しかし，測定誤差の問題や[8]，分析に利用可能な変数・サンプルサイズの違いなどを総合的に考慮して，本章では CPS ではなく SIPP を用いることにした。

　SIPP2008の Wave1では，同一世帯に対して2008年の5月から11月のうちの連続する4ヶ月にわたり調査が行われている。つまり，4期の月次パネルデータとなっている。原則的に世帯の構成員全員に対して面接調査が行われ，調査時に調査対象者が不在の場合のみ，世帯の構成員による代理回答が行われる。また SIPP2008では，職種経験年数に関する質問は Wave1の調査票のみに含まれている。以下で説明するようなサンプルの限定を行うため，実際の分析で使用するデータは不完備パネルデータとなっている。なお，集計乗率によるウエイト付けは行わない。

　第5章で用いた『賃金構造基本統計調査』との比較を念頭に置き，分析では

民間企業に勤務する60歳未満の者のうち，⁽⁹⁾以下のような手順で選定されたサンプルを使用する。まず，賃金関数の推定で使用する諸変数のすべてについて情報が得られる者に限定する。次に，調査月に3週間以上働く者に限定する。最後に，短時間労働者を除外する。SIPP2008には，週あたり労働時間について具体的な時間を回答してもらう質問と，調査月のすべての週について労働時間が35時間を超えているかどうかを尋ねる質問が含まれている。そこで，週あたり労働時間が35時間を超えると回答した者のうち，調査月のすべての週において35時間以上働いたと回答した者にサンプルを限定する。

（2）　推定方法

　第2節で確認したように，医療プロフェッショナルの職種固有の人的資本は職種経験年数を単に積み重ねるだけでは形成されない。上級技能の獲得は，労働市場内部のジョブラダーへプロフェッショナル各々が主体的にアクセスし，職能団体が定める条件をクリアしなければ達成されないのである。この職種特殊的人的資本の階層性をコントロールするには，専門資格に関わる情報を用いて推定するのが望ましいが，残念ながらSIPP2008にはそうした情報を示す変数は含まれていない。しかし労働市場が階層的構造を持つ場合，図6-1が示すように上級資格保持者（上位階層へコミットする労働者群）と入職資格のみの者（労働市場の下位階層にとどまる労働者群）との間に賃金格差が生じる。この労働市場の制度的要因によって生じる賃金格差は年齢の上昇と共に変動し，労働市場が階層的構造を持つほど大きくなると考えられる。したがって，この賃金格差を近似する代理変数として年齢を用いることが可能となろう。⁽¹⁰⁾そこで，次のようなミンサー型賃金関数を拡張した推定式を考える。

$$\ln W = \beta_0 + \beta_1 Age + \beta_2 Age^2 + \beta_3 Occ + \beta_4 Occ^2 + \beta_5 Ten + \beta_6 Ten^2 + \beta_7 OJ$$
$$+ \beta_8 Edu + \beta_9 Edu^2 + \beta_{10} Z + u$$

　$\ln W$ は時間あたり賃金率 W の自然対数値，Age は年齢，Occ は職種経験年数，Ten は勤続年数，OJ は勤続年数＞1の場合に1をとるダミー変数，⁽¹¹⁾Edu

は教育年数，Z はその他のコントロール変数，u は誤差項を表す。職種経験年数では捉えられない制度的要因に起因する賃金格差が，年齢の上昇と共に拡大するとすれば，年齢項を推定式に含めることで職種経験年数の効果は低下することになるだろう。その低下の幅は，制度的要因の効果が大きいほど大きくなると考えられる。

　具体的な分析は4期分のデータをすべてプールした最小二乗法（pooled OLS）によって行い[12]，主要な説明変数の組み合わせを変えながら以下のような3つのモデルを検討する。モデル（1）では，職種経験年数のみを加えて推定する。モデル（2）では，職種経験年数と勤続年数を加えて推定する。モデル（3）では，年齢，職種経験年数，勤続年数を加えて推定する。これら3つのモデルを比較し，職種特殊的人的資本の効果がどのように変化するのか検討する。

　推定に用いる変数の詳細は以下の通りである。時間あたり賃金率は，調査月の控除前所得（トップコーディング無し）を週あたりの労働時間と調査月に働いた週数の積で除したものを用いる。月数単位でSIPP2008中に含まれる年齢，職種経験年数，勤続年数は，各々12で除し，年数に変換して用いる。教育年数は，最終学歴に関する質問を利用して小学校卒（6年），中学校卒（9年），高校卒（12年），短大卒（14年），大学卒（16年），修士卒（18年），メディカルスクールなどのプロフェッショナルスクール卒（20年），博士卒（21年）とする。コントロール変数は企業規模100人未満ダミー S_{-99}（以下括弧内はレファレンスグループ：企業規模100人以上[13]），男性ダミー $Male$（女性），有色人種ダミー $Race$（白人），労働組合員ダミー $Union$（非組合員），18歳未満の子ども有りダミー $Child$（子供無し），婚姻状況ダミー，調査月ダミーである。

　また Zangelidis（2008），Kambourov and Manovskii（2009），Sullivan（2010）などでは産業特殊的人的資本の効果をコントロールする意味で，産業経験年数が推定式に含められている。SIPP2008には産業経験年数を尋ねる設問は含まれていないが，産業ダミーを推定式に含めることで，人的資本の産業特殊性をひとまずコントロールすることにしたい。

　推定に用いる主な変数の記述統計は**表6-1**の通りである。被説明変数には

時間あたり賃金率の自然対数値を用いるが，これを実額で見ると最も賃金率が高いのは医師の約65ドル，最も低いのは看護師の約30ドルである。標準偏差が最も大きいのは医師，最も小さいのはプログラマーである。全体として，賃金水準の高い職種（医師，薬剤師，企業内研究者）ほど職種内の賃金のばらつきが大きい傾向がある。

　次にコントロール変数について見ると，最も男性が多かったのはプログラマーで，8割近くが男性である。逆に女性比率が最も高いのは看護師で，およそ9割が女性である。労働組合員の割合は1〜5％程度の職種が多いが，薬剤師と看護師では10％を超えている。人種の違いを見てみると，いずれの職種でも有色人種の比率は2割前後を占めるにとどまっているが，医師では3割程度とやや高い。18歳未満の子供がいる割合が最も高かったのは医師（約56％），最も低かったのは薬剤師（約39％）である。なお，システム・エンジニアでは労働組合員のサンプルが含まれず，薬剤師はサンプルサイズが小さく，企業規模100人未満のサンプルは含まれていない。

　また，職種経験年数と勤続年数から労働市場の流動性や職種の継続性について確認しておく。**表6-2**において，平均職種経験年数から平均勤続年数を差し引いて乖離年数を比較してみると，若干企業内ホワイトカラー型プロフェッショナルほど乖離年数が短くなる傾向が見られるものの，企業内ホワイトカラー型プロフェッショナルの乖離年数が，医療プロフェッショナルに比べて特段に大きいわけではないことがわかる。また，分析サンプルのうち同一職種内での転職経験者（職種経験年数＞勤続年数となる者）の割合を調べてみると，企業内研究者（76.3％），システム・エンジニア（65.8％），プログラマー（74.9％），医師（90.6％），薬剤師（71.4％），看護師（81.8％）であり，やはり企業内ホワイトカラー型プロフェッショナルと医療プロフェッショナルの間に決定的な差があると言うことはできない。第5章では同様の指標を算出し，日本の企業内ホワイトカラー型プロフェッショナルの流動性や職種の継続性が，医療プロフェッショナルに比べて顕著に低いという結論を得たが，これとは対照的にアメリカのプロフェッショナル労働市場では職種を問わず流動性が高く，転職の

158

表6-1　記述統計

	企業内研究者		システム・エンジニア		プログラマー		医　師		薬剤師		看護師	
	平均値	標準偏差	平均値	標準偏差	平均値	標準偏差	平均値	標準偏差	平均値	標準偏差	平均値	標準偏差
$\ln W$	3.414	0.565	3.405	0.533	3.485	0.389	3.873	0.844	3.686	0.572	3.303	0.433
W(米ドル)	36.530	29.080	34.558	20.183	34.977	12.500	65.010	44.992	47.501	34.122	29.795	13.800
Age	40.856	9.713	42.184	9.510	41.226	9.078	43.138	8.555	39.786	9.298	43.610	10.491
Age^2	1763.320	796.948	1869.768	799.149	1781.738	743.471	1933.792	732.018	1668.740	794.002	2011.779	886.861
Occ	13.909	9.515	12.721	8.613	14.556	8.749	14.098	9.119	12.743	9.373	15.648	10.591
Occ^2	283.745	319.103	235.886	289.768	288.187	309.267	281.594	292.044	249.611	301.260	356.933	390.751
Ten	7.650	8.074	9.278	9.098	8.088	7.383	5.623	5.476	8.344	7.780	8.053	8.540
Ten^2	123.524	218.904	168.750	289.680	119.760	200.944	61.485	108.930	129.723	187.516	137.712	267.768
OJ	0.820	0.385	0.851	0.356	0.873	0.333	0.793	0.406	0.836	0.372	0.864	0.343
Edu	17.121	2.601	14.990	2.032	15.698	1.902	19.805	1.169	17.857	2.724	15.368	1.725
Edu^2	299.882	88.293	228.818	60.929	250.030	58.074	393.579	42.885	326.243	94.008	239.154	54.737
S_{-99}	0.121	0.327	0.035	0.184	0.045	0.208	0.177	0.382	0.000	0.000	0.040	0.195
$Male$	0.623	0.485	0.645	0.479	0.795	0.405	0.695	0.461	0.414	0.494	0.095	0.294
$Union$	0.011	0.106	0.000	0.000	0.036	0.187	0.049	0.216	0.121	0.328	0.118	0.323
$Race$	0.200	0.401	0.242	0.429	0.236	0.425	0.305	0.461	0.200	0.401	0.184	0.387
$Child$	0.434	0.496	0.420	0.494	0.483	0.500	0.556	0.498	0.393	0.490	0.408	0.492
サンプルサイズ	355		685		331		266		140		1187	

表6-2　平均職種経験年数と平均勤続年数の乖離

	①平均職種経験年数	②平均勤続年数	乖離年数（①-②）
企業内研究者	13.91	7.65	6.26
システム・エンジニア	12.72	9.28	3.44
プログラマー	14.56	8.09	6.47
医　師	14.10	5.62	8.48
薬剤師	12.74	8.34	4.40
看護師	15.65	8.05	7.60

際に職業別労働市場の外へ移動することも比較的少ないと考えることができるだろう。

4　賃金関数の推定結果と職種経験年数効果の試算

（1）　推定結果

　推定結果を示したのが**表6-3**である。まず，職種経験年数のみ加えたモデル（1）の結果から見ていこう。職種ごとに職種経験年数の効果を比較すると，企業内研究者と薬剤師以外の職種ではおおむね有意な結果を得たと言えるだろう。中でも，医師では職種経験年数の一次項の係数値が他の職種に比べて大きいことがわかる。また，表6-3では示していないが産業ダミーをコントロールせずに推定してみると，企業内研究者以外の職種では産業ダミーの有無は職種経験年数の効果に影響を与えなかったが，企業内研究者では産業ダミーを加えない場合，モデル（1）における職種経験年数の係数値は一次項では0.027，二次項では-0.001であり，いずれも有意だった。また，他のモデルにおいても，産業ダミーをコントロールしない場合にはこれと同程度の職種経験年数の効果が確認された。いずれも産業ダミーを加えることで職種経験年数の係数値が有意でなくなっていることから，企業内研究者では，職種特殊的人的資本の効果が産業特殊性に由来する効果に比べて重要でないことが示唆される。

　次に，モデル（2）では勤続年数に関わる変数を加えた推定を行った。いずれの職種でも職種経験年数の効果に大きな変化は見られないと言える。

表6-3　推定結果　　　　　　　　　　　　　　　　　　　　（1）

モデル	企業内研究者			システム・エンジニア			プログラマー		
	(1)	(2)	(3)	(1)	(2)	(3)	(1)	(2)	(3)
Const.	2.021	1.586	1.090	4.143***	3.798***	3.797***	0.017	-0.085	0.650
	(1.636)	(1.265)	(0.809)	(5.093)	(4.514)	(4.253)	(0.020)	(-0.098)	(0.556)
Age			-0.043			-0.009			-0.010
			(-1.571)			(-0.491)			(-0.385)
Age²			0.001**			0.000			0.000
			(2.357)			(0.805)			(0.227)
Occ	0.002	-0.001	-0.002	0.036***	0.036***	0.037***	0.041***	0.040***	0.044***
	(0.196)	(-0.041)	(-0.129)	(5.281)	(4.926)	(4.777)	(5.685)	(5.034)	(4.214)
Occ²	0.000	0.000	0.000	-0.001***	-0.001***	-0.001***	-0.001***	0.000**	-0.001*
	(0.346)	(0.665)	(-0.155)	(-3.650)	(-3.647)	(-3.811)	(-2.900)	(-2.146)	(-1.834)
Ten		0.001	-0.013		-0.001	-0.004		-0.002	0.001
		(0.090)	(-0.855)		(-0.073)	(-0.463)		(-0.265)	(0.177)
Ten²		0.000	0.000		0.000	0.000		0.000	0.000
		(-0.314)	(0.211)		(0.563)	(0.688)		(-0.330)	(-0.630)
OJ		0.177**	0.172**		0.015	0.018		-0.027	-0.03
		(2.095)	(2.085)		(0.258)	(0.309)		(-0.457)	(-0.505)
Edu	0.091	0.122	0.258*	-0.201*	-0.160	-0.152	0.328***	0.346***	0.278**
	(0.651)	(0.857)	(1.820)	(-1.827)	(-1.412)	(-1.340)	(2.804)	(2.927)	(2.151)
Edu²	0.000	-0.001	-0.005	0.010***	0.009***	0.008**	-0.009**	-0.009**	-0.007
	(-0.106)	(-0.287)	(-1.339)	(2.703)	(2.282)	(2.208)	(-2.219)	(-2.339)	(-1.618)
サンプルサイズ		355			685			331	
Adjusted R²	0.410	0.417	0.447	0.405	0.405	0.409	0.640	0.641	0.641
職種計経験年数の効果									
5　年	0.015	0.004	-0.011	0.162	0.160	0.162	0.191	0.187	0.209
10　年	0.037	0.020	-0.026	0.287	0.281	0.281	0.353	0.351	0.392

モデル	医 師			薬剤師			看護師		
	(1)	(2)	(3)	(1)	(2)	(3)	(1)	(2)	(3)
Const.	22.957**	19.125**	11.154	-2.836*	-2.855*	-4.568***	-1.577**	-1.162*	-2.336***
	(2.358)	(2.057)	(1.209)	(-1.742)	(-1.816)	(-2.682)	(-2.498)	(-1.874)	(-3.603)
Age			0.229***			0.185***			0.059***
			(2.996)			(2.771)			(5.423)
Age^2			-0.002**			-0.002***			-0.001***
			(-2.591)			(-2.753)			(-5.102)
Occ	0.122***	0.111***	0.047*	-0.005	0.032	-0.020	0.012***	0.014***	0.000
	(6.398)	(5.557)	(1.916)	(-0.290)	(0.830)	(-0.485)	(2.926)	(3.278)	(0.028)
Occ^2	-0.003***	-0.003***	-0.001*	0.000	-0.001	0.001	0.000	0.000***	0.000
	(-4.667)	(-4.153)	(-1.754)	(0.441)	(-0.510)	(0.881)	(-1.392)	(-3.047)	(-0.182)
Ten		-0.144***	-0.138***		0.001	0.016		-0.001	-0.003
		(-4.279)	(-4.201)		(0.037)	(0.415)		(-0.223)	(-0.539)
Ten^2		0.007***	0.007***		-0.001	-0.001		0.000***	0.000***
		(4.830)	(4.662)		(-0.557)	(-0.951)		(2.770)	(3.010)
OJ		0.608***	0.561***		-0.322*	-0.264		0.035	0.037
		(4.068)	(3.869)		(-1.957)	(-1.626)		(0.919)	(0.978)
Edu	-2.267**	-1.835*	-1.512	0.672***	0.667***	0.460**	0.554***	0.493***	0.499***
	(-2.145)	(-1.819)	(-1.504)	(3.298)	(3.337)	(2.072)	(6.943)	(6.286)	(6.378)
Edu^2	0.063**	0.050*	0.042	-0.017***	-0.016***	-0.011	-0.015***	-0.014***	-0.014***
	(2.185)	(1.836)	(1.534)	(-2.762)	(-2.754)	(-1.656)	(-6.159)	(-5.480)	(-5.584)
サンプルサイズ	266			140			1187		
Adjusted R^2	0.370	0.432	0.471	0.338	0.393	0.421	0.236	0.269	0.288
職種計経験年数の効果									
5 年	0.537	0.489	0.205	-0.020	0.146	-0.076	0.056	0.062	0.000
10 年	0.931	0.851	0.346	-0.028	0.266	-0.099	0.105	0.106	-0.001

注：括弧内は t 値。*** は 1 ％水準，** は 5 ％水準，* は10％水準でそれぞれ有意。被説明変数は時間あたり賃金率の自然対数値，推定方法は pooled OLS。表では示していないが，推定式には産業ダミー，企業規模ダミー，男性ダミー，有色人種ダミー，労働組合員ダミー，18歳未満の子ども有りダミー，婚姻状況ダミー，調査月ダミーも含まれる。

さらに，年齢と勤続年数に関わる変数を加えたのがモデル（3）である。企業内研究者では年齢の二次項のみ有意な結果を得ているが，システム・エンジニアとプログラマーでは年齢項は全く有意でない。一方，医療プロフェッショナルではすべての職種で年齢項が有意である。看護師では年齢を推定式に加えることで職種経験年数の効果は有意でなくなっている。年齢の一次項の係数値は看護師＜薬剤師＜医師の順に大きくなっているが，薬剤師については企業規模100人未満のサンプルが含まれていないため，企業規模の効果が年齢の係数値に上方バイアスを与えている可能性が否定できない。また，看護師における年齢の一次項の係数値は医師の4分の1ほどである。これらより，総じて医師とその他の医療プロフェッショナルの間には，年齢の効果に関して無視できないほどの違いがあると言え，医師の賃金構造には制度的要因に起因する大きな賃金格差が生まれていることが示唆される。

　同様のことは，推定式に年齢項を加えることによって職種経験年数の効果がどう変化するのかを見ることからも確認できる。表6-3の最下段に示したのは，二次項も含めた職種経験年数の効果を職種経験年数5年と10年に関して試算した結果である。職種経験年数のみのモデル（1）の試算値と，年齢と勤続年数を含めたモデル（3）の試算値を比較してみると，システム・エンジニアとプログラマーでは両試算値の乖離は2〜10%程度にとどまっている。これに対して，医師ではモデル（3）の試算値はモデル（1）の試算値に比べて60%以上も減少している。[14] これは，モデル（1）では職種経験年数に含まれていた制度的要因に起因する職種特殊的人的資本の効果が，モデル（3）において年齢項を加えたことにより，通常の職種特殊的人的資本の効果とは分離されたからだと解釈できる。

　また，企業内研究者，薬剤師，看護師に関しては教育年数が賃金に与える影響が無視できないことも指摘しておく。結果は示さないが，モデル（3）を用いて教育年数の効果を試算してみると，これら3つの職種ではすべての年齢・職種経験年数階層において，教育年数の効果が年齢や職種経験年数の効果よりも賃金に大きな影響を与えていることがわかった。これは，第2節第2項で議

論した教育年数の効果に関する仮説を支持する結果として解釈できる。

（2）　賃金上昇の年齢効果と職種経験年数効果への分解

　前項では職種経験年数の効果を簡単な試算によって確かめたが，他の変数の
効果とも比較しながら職種経験年数の効果をもう少し詳しく試算してみたい。
ここでは第5章の第4節第3項で用いたものと同様の手法により，年齢と職種
経験年数が賃金上昇へ与える影響を比較する。すなわち，表6-3のモデル
（3）の係数値を使い，25歳で職種経験年数0年の労働者を基準に，賃金の変
化量に占める職種経験年数効果（$\Delta W^{Occ}/\Delta W^{Total}$）の5年ごとの変動を試算する。
その結果を百分率で示したのが**表6-4**である。例えば医師の場合，25歳で職
種経験年数0年の者が5年間同じ仕事を続け30歳（職種経験年数5年）になった
ときの時間あたり賃金の変化分うち，28.49％が職種経験年数によって説明さ
れる，というふうに解釈する[15]。

　まず企業内ホワイトカラー型プロフェッショナルの結果から見ると，システ
ム・エンジニアとプログラマーではほぼ全年齢にわたって職種経験年数の効果
が年齢の効果を上回っており，職種経験年数が賃金上昇に大きな影響を与えて
いることがわかる。これに対し，企業内研究者では職種経験年数の効果が有意
でないこともあり，ほとんどの試算値がマイナスとなっている。推定式に産業
ダミーを加えることで，企業内研究者では職種経験年数の効果が有意でなくな
ることや，教育年数の効果が非常に大きいことは既述の通りである。

　一方，医療プロフェッショナルでは試算値の多くが50％を下回っており，年
齢効果の相対的な重要性を示唆する結果となった。ただし，医師では45歳以上
の職種経験年数が浅いところを中心に，職種経験年数の効果が50％を上回る箇
所が散見される。これは，労働市場の制度的要因に起因する賃金プレミアムの
恩恵を享受するためには，できるだけ若いうちに医師労働市場へ参入する必要
があることを示唆していると解釈できるだろう。他方，薬剤師と看護師に関し
ては，職種経験年数の係数値が有意でなかったこともあり，企業内研究者の場
合と同様に試算値が不安定な動き（マイナス値が多く見られる）を示した。これ

表6-4　賃金上昇に占める職種経験年数効果の割合

企業内研究者

Occ / Total（%）

Occ / Age	30	35	40	45	50	55
5	65.30	-54.54	-19.24	-11.68	-8.38	-6.54
10		-83.41	-26.24	-15.57	-11.07	-8.59
15			-34.13	-19.75	-13.89	-10.72
20				-24.24	-16.86	-12.93
25					-19.99	-15.24
30						-17.64

医師

Occ / Total（%）

Occ / Age	30	35	40	45	50	55
5	28.49	33.90	41.85	54.68	78.84	141.24
10		26.15	33.19	45.44	72.00	173.31
15			21.50	31.46	58.64	429.80
20				7.87	20.87	-32.00
25					-810.88	45.01
30						65.27

システム・エンジニア

Occ / Total（%）

Occ / Age	30	35	40	45	50	55
5	97.88	92.73	88.08	83.88	80.07	76.58
10		90.36	84.47	79.29	74.72	70.64
15			77.70	71.04	65.43	60.65
20				51.86	45.39	40.36
25					-29.99	-23.13
30						2008.82

薬剤師

Occ / Total（%）

Occ / Age	30	35	40	45	50	55
5	-29.03	-49.14	-159.80	127.64	45.61	27.76
10		-11.23	-23.23	340.84	20.44	10.54
15			19.23	64.12	-48.04	-17.47
20				83.30	-963.89	-71.03
25					305.13	-214.31
30						-1837.58

プログラマー

Occ / Total（%）

Occ / Age	30	35	40	45	50	55
5	116.97	114.75	112.62	110.57	108.59	106.68
10		117.21	114.68	112.25	109.93	107.70
15			117.54	114.58	111.77	109.09
20				118.01	114.45	111.10
25					118.71	114.25
30						119.89

看護師

Occ / Total（%）

Occ / Age	30	35	40	45	50	55
5	0.08	0.11	0.19	0.54	-0.61	-0.19
10		-1.35	-2.25	-6.79	6.64	2.23
15			-4.80	-15.28	12.91	4.54
20				-25.24	18.40	6.74
25					23.23	8.84
30						10.86

注：試算は表6-3のモデル（3）による。

らの職種において，教育年数の効果が非常に大きいことはすでに述べた通りである。

5 プロフェッショナル養成の制度的要件

本章では，アメリカの医療プロフェッショナルと企業内ホワイトカラー型プロフェッショナルを対比させ，労働市場の制度的要因が賃金へ与える影響について検討した。事前に先行研究を吟味した結果，医療プロフェッショナルでは職能団体による技能形成過程の階層化度合は職種により違っており，最もその程度が大きいのは医師で，他方，薬剤師や看護師ではそれほど階層化が進んでいないことがうかがわれた。対して，企業内ホワイトカラー型プロフェッショナルでは職能団体が労働市場を階層化している様子はなく，技能形成の特徴はいずれの職種においても「自己研鑽」的色彩が強いと推察された。技能に関わる労働市場の制度化は，職種別の賃金構造にも影響すると考えられ，特に医師の労働市場では，アクセス制限を伴う人的資本の獲得プロセスへの参加が賃金構造に重要な影響を与えていると推測できた。

個票データを用いた実証分析において，まず職種ごとの流動性を比較すると，第5章で見た日本の場合とは異なり，医療プロフェッショナルと企業内ホワイトカラー型プロフェッショナルの間にそれほど大きな違いは見られず，職業の枠を超えた転職も比較的少ないものと思われた。次に賃金関数を推定してみると，まずシステム・エンジニアやプログラマーにおいて職種経験年数が賃金構造に大きな影響を与えていることが明らかとなった。また，医師では制度的要因の代理変数として用いた年齢が賃金構造に大きな影響を与えており，排他性の強い技能形成過程が大きな賃金プレミアムを生み出していることが示唆された。他方，企業内研究者，薬剤師，看護師では教育年数が賃金構造に大きな影響を与えており，その効果は職種経験年数や年齢よりも大きなものであった。これらの職種では入職前の人的資本形成のプロセスが賃金構造上，重要な意味を持っていることが推察された。総じて，プロフェッショナルの職種固有の人

的資本は職種経験年数のみによって規定されるわけではなく，また医師のケースが示すように，労働市場の制度的要因からも強く影響されていることが賃金構造の面から明らかになったと言えるだろう。

　古くよりプロフェッショナルとしての社会的地位を確立してきた医療プロフェッショナルの労働市場では，報酬構造と密接に関係した技能形成過程の階層化や入職前教育が，人的資本形成において決定的に重要な役割を担っている。医師の労働市場において最も完全な形で確認されるこの事実は，プロフェッショナル労働市場の1つの典型について，我々に重要な示唆を与えているように思われる。つまり，プロフェッショナルとしての社会的信任や地位の維持・獲得という点において，技能水準の集団的維持が決定的に重要な意味を持ってくるわけだが，それは「自己研鑽」による個々人の鍛錬にもっぱら頼るのではなく，技能形成過程を階層化させ，ジョブラダーの段階に応じて報酬を設定してそれへの参加を価値付けることにより，漸う実現されるものなのである。もちろん，医療プロフェッショナルのように入職資格を伴う場合には，構造的排他性に起因するある種の経済的非効率性が発生してしまうことは避けられないであろう。しかし，以上を裏返して解釈すれば，入職資格など伴っていなくとも，入職後の労働市場を階層化することさえできれば，それは効果的なプロフェッショナルの養成機会になり得ると言えよう。そして，これまでプロフェッショナル労働市場としては捉えられることのなかった，階層的構造を持った企業別労働市場は，まさにこの意味でプロフェッショナルの養成装置として捉えることができるのである。

　さて，第3章から第5章において行った日本に関する実証分析の結果と，本章のアメリカに関する実証分析の結果を比較することで，プロフェッショナル労働市場の類型をどのように一般化して論じることができるだろうか。この点については，第7章で本書全体に関わる問題関心へ解答する中で明らかにすることとしたい。

注

(1) これらの研究は無数にあるため，ここでは特段の明示は控える。多くは，そもそも職種経験年数を推定式に含んでいない，職種経験年数を含む場合も他の人的資本の代理変数との比較が行われていない，就業形態の別（自営業か被雇用か）が推定の際に十分考慮されていない，短時間労働者を含んで推定が行われている，サンプルの年齢層に偏りがある，などの問題を抱え，労働経済学分野の先行研究との比較に耐えない。なお，わずかに比較可能なものについては本文中で適宜言及している。

(2) 以上の医師養成プロセスに関する記述は足利・香坂（2006），猪飼（2010），米本（2011），平林編（2012）に依拠している。

(3) 分類不明・行方不明者を除く。

(4) 情報処理技術者の労働組合の中には，経験の浅い労働者や非正規労働者に対して技能訓練機会を提供するものもある。しかし，それらはエントリーレベルの職業訓練機会にすぎず，医療プロフェッショナルのように労働市場に階層構造を形作るほどの機能はない（Van Jaarsveld 2004）。

(5) 訓練期間が長い診療科では労働時間も長くなる傾向がある。しかし，労働時間を考慮してもほぼ同様の傾向が確認できる（Marder and Willke 1991）。

(6) 年長医師による若年医師の「搾取構造」は，医師の地位を安定化させるコーポラティズムとして各国で見られる現象だと指摘される（Zweifel and Eichenberger 1992；Selder 2006）。

(7) アメリカ国勢調査局ホームページ（http://thedataweb.rm.census.gov/ftp/sipp_ftp.html）より，2013年7月6日にダウンロード。SIPP2008では2002 Census Occupation Code が用いられており，各職種名と職種コードの対応は以下の通りである。企業内研究者（Life and Physical Scientists；1600から1760までの職種をまとめて使用），システム・エンジニア（Computer Scientists and System Analysts；1000），プログラマー（Computer Programmers；1010），医師（Physicians and Surgeons；3060），薬剤師（Pharmacists；3050），看護師（Registered Nurses；3130）。

(8) CPS は電話調査で，世帯の代表者が世帯の構成員全員の情報を代理返答する。

(9) 薬剤師については20歳未満に該当者がいたため除外した。

(10) 年齢が高い者ほど役職付与による賃金上昇の効果が見られるかもしれない。しかし，SIPP2008の職業分類において役職者は，企業内研究者（Natural sciences managers；360），システム・エンジニアとプログラマー（Computer and information systems managers；110），医師・薬剤師・看護師（Medical and health services managers；350）と分類される。したがって，役職付与による賃金上昇効果は基本的に含まれないと見なすことができる。

(11) このダミー変数は，Altonji and Shakotko（1987）が勤続初年度の変則的な賃金変動の効果をコントロールするために導入したもので，ミンサー型賃金関数を用いる後続の研究に踏襲されている。

(12) pooled OLS による推定では，誤差項に含まれる観察不能な労働者の能力と人的

資本の代理変数が相関することにより，推定値にバイアスが含まれる可能性がある（Altonji and Shakotko 1987）。また，職種別データでは年齢階級間の労働者の分布は必ずしも一様とならない。例えば女性比率が高い職種（薬剤師や看護師など）では結婚による離職の確率が他の職種に比べて高くなるように（Nooney et al. 2010），性別や結婚などに起因するセレクション・バイアスが発生する可能性も否定できない。中分類以上の職種別データを用いる先行研究では，前者の能力バイアスにのみ対応して操作変数法が用いられているが（Zangelidis 2008；Kambourov and Manovskii 2009；Sullivan 2010），本章では細分類レベルでの職種別推定を行うため，操作変数法を用いる場合は能力バイアスだけでなく，後者のセレクション・バイアスにも対応した変数を見つけ出す必要がある。しかし，今回使用したデータからこれらすべてのバイアスに対応できる適切な操作変数を見つけ出すことは困難であった。また，短時間労働者を除くことで不完備性の高いパネルデータとなることから，固定効果・変量効果モデルなどの推定もここでは行わなかった。

⒀　SIPP2008の調査票では，企業規模に関する質問は25人未満，25人以上100人未満，100人以上の３つの選択肢が用意されているが，ここでは前者２つをまとめた。

⒁　企業内研究者，薬剤師，看護師については職種経験年数が有意でないため結果の解釈は保留とする。

⒂　この試算は Ohta and Tachibanaki（1998）の手法を用いて行った。試算方法の詳細は第５章の第４節第３項を参照のこと。

第7章

プロフェッショナル養成の現状と展望

1　労働市場の実態

　本書の課題は2つあった。第1の課題はプロフェッショナル労働市場の実態を実証研究によって明らかにすること，また第2の課題は，実証研究によって明らかとなった事実から，現代の日本社会においてプロフェッショナル労働市場はどのような発展を遂げているのか，その像を描き出すことであった。

　最初に，第1の課題への解答として，スキル，労働移動，賃金構造について行った分析の結果から，どのような日本のプロフェッショナル労働市場の実態が見えてくるのか総括したい。まず，企業内ホワイトカラー型プロフェッショナルの労働市場の特徴は，次のように要約することができる。

　企業内研究者と情報処理技術者のスキル形成は，入職前の，あるいは公的資格の取得に関わる訓練ではなく，入職後の企業内 OJT によるところが大きいと考えられた。ただし，企業内研究者については企業内で得られる研究成果を学会など企業外部で公表する機会が与えられており，また企業外部での学術活動が企業内の処遇によって評価される仕組みも存在していると推察された。優秀な人材が他企業へ流出してしまうことが，この仕組みにより抑制されていると考えられた。

　スキルの汎用性意識を比較してみると，企業内ホワイトカラー型プロフェッショナルは総じて医療プロフェッショナルに比べてスキルに汎用性を感じていなかった。しかし，企業内ホワイトカラー型プロフェッショナルの中でも，企業内研究者と情報処理技術者とでは汎用性意識が大きく異なっており，前者ほ

どスキルに汎用性を感じていた。このようなスキルの汎用性意識の違いは，スキル形成過程の違いを反映したものと捉えることができた。また，スキルの汎用性が転職志向を強めるような効果は確認できなかった。

労働市場の流動性について見れば，典型的な企業内部養成型の職種（例えば電車運転士）に比べ，確かに企業内ホワイトカラー型プロフェッショナルの流動性は高いと言えた。1990年と2012年で比較可能な情報処理技術者の流動性を見てみると，近年ではやや流動性が高まっているとさえ考えられた。しかし，企業内ホワイトカラー型プロフェッショナルの労働移動は，医療プロフェッショナルと比べれば決して激しいとは言えなかった。アメリカにおいて企業内ホワイトカラー型プロフェッショナルと医療プロフェッショナルの流動性にそれほど差がないこととは対照的であった。

賃金構造の特徴を調べてみると，企業内研究者では40歳代前半まで，年齢の効果が職種経験年数のそれよりも強いことがわかった。これに対し，情報処理技術者では，分析前の予想とは異なって職種経験年数の効果が著しく大きかった。この要因として，成果主義化の影響が考えられた。一方，アメリカの企業内ホワイトカラー型プロフェッショナルの場合，企業内研究者では入職前教育の効果が，情報処理技術者では職種経験年数の効果が賃金構造に大きな影響を与えていた。

また，企業内ホワイトカラー型プロフェッショナルでは，労働市場における職能団体の役割は非常に小さいと言え，スキル形成，賃金構造，そして労働移動に影響を与えているような様子は見られなかった。企業内ホワイトカラー型プロフェッショナルのスキル形成は日本においては主に企業が担っており，そのことがスキルの企業特殊的性質，賃金処遇，そして労働移動の頻度に少なからぬ影響を与えていると考えられた。

次に，医療プロフェッショナルの労働市場の特徴は以下のように要約できる。

医師の労働市場では大学医局，各専門領域学会，医師会などの職能団体や政府組織との間に緊密な連携が見られ，それらがスキル形成に関わるステージとして卒後初期臨床研修，医局制度，そして専門医制度などを構築していた。医

師のほとんどはそれらのスキル形成機会にコミットし，スキル形成を行っていた。一方，薬剤師や看護師にも薬剤師会や看護協会などの職能団体が存在しているが，卒前教育と卒後研修の十分な連携がない，上級スキル獲得のための専門資格制度・能力開発機会が職能団体によって用意されているにもかかわらず，その機会を利用する薬剤師・看護師の数は医師に比べれば極めて少ない，専門資格を取得しても職場で金銭的処遇に反映されない，などの問題点が見られた。その結果として，薬剤師と看護師のスキル形成は，個別の勤務先での研修や自己研鑽に委ねられる傾向が強いと考えられた。また，スキル形成過程の階層性に関わる医師と薬剤師・看護師間の違いは，アメリカの医療プロフェッショナルにおいてもほぼ同様に確認することができた。

　スキルの汎用性意識について分析すると，医師は薬剤師や看護師よりもスキルに汎用性を感じていることがわかった。この結果は，職種間で異なるスキル形成過程の特質を反映するものとして捉えることができた。また，スキルの汎用性が転職志向を強めるような効果は医療プロフェッショナルにおいても確認することはできなかった。

　職能団体の機能の違いが最も明確に表れたのは賃金構造であった。薬剤師や看護師に比べて労働市場における職能団体の影響力が大きい医師において，その賃金構造は職種経験年数よりも年齢からより強い影響を受けていることが明らかとなった。これに対して，薬剤師と看護師の賃金構造では年齢の効果は有意でなく，職種経験年数の影響力が強いことが明らかとなった。他方，アメリカでも，医師の職能団体は薬剤師や看護師のそれに比べて労働市場において強い影響力を発揮していると推察され，また賃金構造に関しても，薬剤師や看護師に比べて医師では年齢の効果が著しく大きかった。以上より，薬剤師や看護師に比べ，医師の賃金構造が職能団体の管理的ルールによって強く規定されていることが，日米に共通して確認できたと結論付けられよう。

　また，日本の医療プロフェッショナルが企業内ホワイトカラー型プロフェッショナルに比して流動性が圧倒的に高いのに対し，アメリカでは両者の間にそれほど目立った違いを確認することはできなかった。ここからうかがい知れる

のは，日米でプロフェッショナルの養成に関わる企業の役割が大きく異なっているという事実であろう。次節ではこの点についてコメントを加えたい。

2　熟練タイプの日本的特徴

　以上のようにプロフェッショナル労働市場の実態を総括することで，スキル形成とスキルの性質，賃金構造，そして労働移動が労働市場を支配する管理的ルールの性格や強さを反映している様子が明確になった。残るは，現代日本におけるプロフェッショナル労働市場の展開像を描くという第2の課題のみである。この点については実証分析の結果を理論モデルにフィードバックさせながら考えることにしたい。

　第2章において議論した通り，労働市場を支配する管理的ルールの性格と強さという2つの要素を軸にすれば，プロフェッショナル労働市場の熟練形成のパターンは職能団体主導型，企業主導型，自己研鑽型という3つに類型可能である。職能団体主導型では，スキル形成に関わる様々なステージが職能団体によって用意されている。ステージの上昇には通常長い時間を要するが，プロフェッショナルはそのステージに参加することに意義を見出している。企業主導型では，スキル形成に関わるステージは企業によって用意される。ステージの上昇は，関連する分野の別の職種や管理職への転換を伴うことが多い。自己研鑽型では，スキル形成のステージは職能団体や企業によって用意されない，もしくは用意されていたとしてもプロフェッショナルはそれらのステージに十分な価値を見出しておらず，利用しないことが多い。

　さて，それぞれのプロフェッショナルがいずれの熟練タイプに該当するのかを日米で比較してみると，**表7−1**のようになるだろう。日米で共通しているのは，医師の熟練が職能団体主導型により形成されていること，薬剤師と看護師では入職資格は義務付けられているが，入職後の熟練形成は自己研鑽型中心であることである。また，企業内研究者と情報処理技術者については，日本では企業主導型，アメリカでは自己研鑽型によって熟練形成が行われると特徴付

表7-1　熟練タイプの日米比較

熟練タイプ	日　　本	アメリカ
職能団体主導型	医　師	医　師
企業主導型	企業内研究者, 情報処理技術者	
自己研鑽型	薬剤師, 看護師	企業内研究者, 情報処理技術者, 薬剤師, 看護師

出典：筆者作成。

けられるだろう。

　また，熟練形成のパターンと賃金構造の関係性についても言及しておく必要がある。実証分析から得られた結論に従えば，各熟練タイプの賃金構造は基本的に以下のような特徴を持っていると言えるだろう。職能団体主導型では年齢，企業主導型では年齢または勤続年数が賃金構造に大きな影響を与える傾向がある。この2つの熟練タイプに共通しているのは，労働市場が階層性を伴っているという点であり，階層の上方へのコミットメントを深めるほど技能水準への評価が高まり，賃金も上昇するような構造になっている。ただし，上方への階層移動は「選抜」を伴うものであり，排他性を帯びた人的資本の獲得プロセスだと評することができる。他方，自己研鑽型では資格や一定の技能水準に対する評価が賃金決定上の基本要件となっており，その上で職種経験年数の違いに応じて幅を持った賃金構造が実現されている。職能団体主導型や企業主導型で見られるような賃金構造の年功的特性は弱いと言えよう。また注意が必要なのは，職能団体主導型や企業主導型よりも自己研鑽型の賃金が必ずしも低いわけではないことである。あくまで賃金管理の方法が異なっていることが明らかになったにすぎない。

　以上のように熟練タイプと賃金構造の関係性を特徴付けると，日本の情報処理技術者に関しては留意が必要なことに思いあたろう。実証分析の結果，情報処理技術者の賃金構造では，近年，職種経験年数の効果が強く働いていることが示唆されたからである。しかし，アメリカの状況と比較してみると，その労働市場に十分な流動性があるとは言えず，またスキル形成に関しても企業に大

きく依存する姿が印象的だった。したがって，ここでは企業主導型として一応
捉えている。しかし，いずれにしても他の職種と比較して明らかなのは，賃金
構造と流動性が曖昧な関係を保っており，現在情報処理技術者が置かれている
状況が，プロフェッショナル労働市場としては実に中途半端だということであ
る。これが企業主導型から自己研鑽型への過渡期と呼べるのかどうか，今後の
動向を注視する必要があると思われる。[1]

　ところで，第2章で見たような先行研究を今一度振り返るとするなら，これ
らの研究は上に示した熟練タイプの違いを区別することなく，プロフェッショ
ナル労働市場を捉える向きがあったと言えよう。つまり，職業資格によって入
職制限が行われる職業別労働市場＝プロフェッショナル労働市場，と理解され
てきたのである。このような見方に従えば，日本においてプロフェッショナル
労働市場はどの程度発展しているのか，という問に対しては次のように答える
ことになろう。すなわち，アメリカと比較した場合，医療プロフェッショナル
については職業別労働市場が発達してきたと言えるが，企業内ホワイトカラー
型プロフェッショナルに関しては職業別労働市場の発展は進んでいない，と。
そして全体として見れば，日本ではプロフェッショナル労働市場は十分に発達
してこなかった，という結論を導くことになるのである。

　しかし表7-1が示す通り，労働市場を支配する管理的ルールの強さという
観点からプロフェッショナル労働市場を見れば，アメリカよりも日本の方が強
い管理的ルールの下にプロフェッショナルを養成してきたと考えることができ
る。そして，その管理的ルールは職業特殊的なものというよりも，企業特殊的
な性格が全体としては強かったのである。したがって，日本のプロフェッショ
ナル労働市場は未発達なのではなく，アメリカとは異なる方法で発達してきた，
と結論付けられるのである。この帰結は，プロフェッショナルの育成において
企業が果たす役割の大きさを過小評価してはならないことを示唆しているよう
に思われる。

3　プロフェッショナル・サービスの質をどう担保するか

　今後，プロフェッショナルはどのように養成されていくのだろうか。科学技術が進歩し，我々が仕事で用いるスキルが高度化していくことはおそらく必至であろう。新しい分野の専門的スキル・知識に精通したプロフェッショナル人材が今後ますます求められることはほぼ間違いない。一方，医師などの古典的プロフェッショナルの活躍領域が今後も健在なことに変わりはないであろう。つまり，プロフェッショナルによって提供されるサービスへの社会の依存は，将来ますます深まっていくと予想できる。しかし，他方で彼らが真にスキルに精通しているのか，クライエントを欺いたり，倫理的に問題のある行動を取らないかどうか，などを厳しくチェックするシステムが社会的に必要となることもまた間違いない。どのような方法で養成されたプロフェッショナルであっても，彼らが提供するサービスに対して我々は常に質の高さを求めているのである。本書の含意として，最後にプロフェッショナル・サービスのクオリティー・コントロールの問題に触れておきたい。

　プロフェッショナル・サービスの質に関するチェック機能は，第２章で見たような先行研究では職能団体によって担われるのが常だと考えられてきた。しかし，第１章で知識の陳腐化問題を論じた際に触れたように，職能団体主導による熟練形成が進むのは，おそらく陳腐化のスピードが非常に遅く，また，知識の標準化がある程度可能な分野に限られる。今後めざましい発展が予想される科学技術などの分野では，日々新しい知識が生み出されると言えるが，そうした分野において労働力の質をコントロールする機能を持った有力な職能団体が現れる可能性は低いと言えるだろう。国家的な養成事業でも行われない限り，プロフェッショナルの養成は企業主導の内部育成，もしくは自己研鑽に依拠することになると考えられる。

　プロフェッショナルが提供するサービスのクオリティー・コントロールの問題が深刻となるのは，そのサービスの内容が我々の生活や生命を左右するよう

な緊急性を要する場合である。職能団体主導型プロフェッショナルであれば，サービスの質に著しい問題が発生した場合には，免許停止などの措置をとることができよう。他方，企業主導の下に養成されたプロフェッショナルがこのようなサービスを提供するとき，その質に問題があれば企業は社会の非難を受けることになろう。最悪の場合は倒産に至るため，企業はプロフェッショナルへの教育訓練を徹底することになるだろう。　もちろん，職能団体主導型や企業主導型プロフェッショナルにおいて，こうしたクオリティー・コントロールの機能が適切に働く保証はどこにもない。クオリティー・コントロール機能が適切に働いているか，消費者としてそのサービスについて監視の目を常に光らせ，問題があればそれについて積極的に発言していく私たちの姿勢こそが，それを実現化する上で非常に重要である。

　さて，クオリティー・コントロールが最も難しいと言えるのは，自己研鑽型プロフェッショナルによって提供されるサービスである。この領域では，企業や職業主導の管理的ルールは働きにくく，サービスの質に対する社会的責任の所在は曖昧になりがちである。また，労働の需給決定が市場原理に大きく依存することになり，その市場環境は二次的労働市場化する誘因を常に孕むこととなる。労働市場の環境がこのような不安定要素を抱える状況においては，特に，労働供給に対して需要が超過するとき，クオリティー・コントロールの問題はより深刻なものとなるだろう。第3章で見た薬剤師や看護師の卒後教育が十分でないことが示すように，この問題は入職資格の義務付けの有無に関係なく発生する可能性があると言えよう。

　こうした問題に対処していく具体的な方策としては，差しあたり企業や職能団体が提供する能力開発・訓練機会の拡充が重要だと筆者は考える。つまり自己研鑽型化しないよう，プロフェッショナルを企業主導型や職能団体主導型の労働市場へ包摂する施策が求められる。

　この点と関連した一般論として，成果主義化がOJTを通して従業員の能力開発を行う仕組みを弱体化させ，逆に個人による「自己啓発」の強化につながった可能性が指摘されている（久本 2008b）。能力開発の考え方を企業に尋ね

図7-1　能力開発の責任主体（正社員）

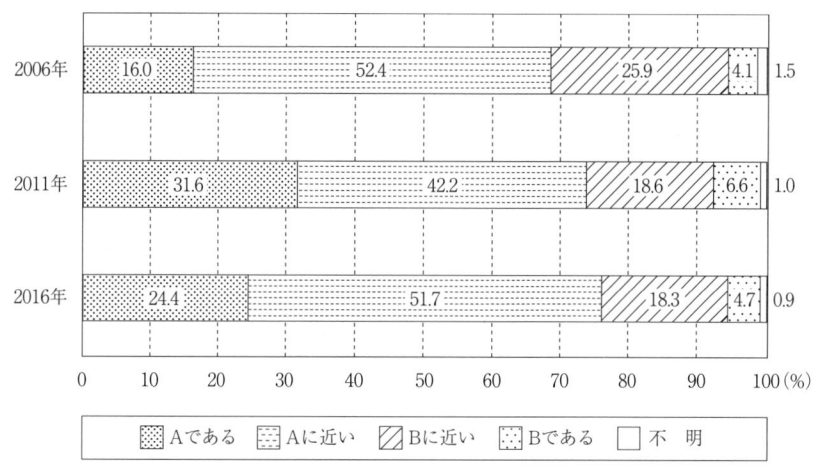

A：労働者の能力開発方針は企業主体で決定
B：労働者の能力開発方針は労働者個人主体で決定

注：2006年と2011年に関しては「現在の方向付け」に関する回答結果。なお図では示していないが，正社員以外についても同様の傾向が確認できる。
出典：厚生労働省『能力開発基本調査』各年版より筆者作成。

る厚生労働省『能力開発基本調査』の結果を経年的に見てみると，労働者の能力開発方針は企業主体で決定している，あるいはそれに近いと答えた企業の割合は年を追うごとに増えている（図7-1）。つまり，直近ではかつての自己啓発強化の傾向に揺れ戻しが起こっており，従業員の能力開発に責任を持とうとする企業の姿勢が強まっていると言えよう。ただし，これはあくまで企業の「姿勢」の変化を示すに過ぎない。どのような人的範囲を対象として，どのような方法により，どの程度の教育訓練が実施されているのか，といった能力開発・教育訓練の過程や効果の「実態」についてこの図は何も語らない。一般論として考えれば，企業規模によって従業員の能力開発・教育訓練に割ける余力には違いがあると考えられる。また，職業スキルの汎用性の高さを鑑みれば，引き抜きを恐れてプロフェッショナル人材への投資を躊躇する企業もあるかもしれない。

しかし，他方でプロフェッショナルの養成に積極的に関わる姿勢の維持・強化は高付加価値化という果実となって企業の競争力を高めることとなろう。本書において明らかとなったように，総じて日本企業はこれまでプロフェッショナルの養成に主体的に関わってきたと言えるが，重要なことはこの仕組みが失われてしまわないことである。それが結果的に日本のプロフェッショナル人材全体の底上げに資することは論を俟たない。その意味で，近年の企業姿勢の変化の内実こそが明らかにされる必要があるだろう。またこのことは医療プロフェッショナルのように職能団体が存在し，入職資格が義務付けられている職種についてもあてはまる。ここでは個別の内部労働市場で実施される教育訓練と職能団体の訓練プログラムが，国家による調整などを伴いながら連携していくことが必須となろう。公共性や緊急性の高いサービスが提供される領域において発生する訓練費用の問題については，消費者負担の増加もあるいは覚悟する必要があるかもしれない。

注
(1)　初職への入職年コーホート別に離職確率を推定してみると，2000年代以降に入職した大卒の情報処理技術者では，離職する傾向が顕著に強まっている可能性がある（西村 2017）。これが自己研鑽型への移行を意味するのか，あるいは単なる労働力の不熟練化を意味するのかは，今後検討されなければならない。

参 考 文 献

足利洋志・香坂俊（2006）「アメリカにおける医師免許と専門医制度」『週刊医学界新聞』第2677号（http://www.igaku-shoin.co.jp/nwsppr/n2006dir/n2677dir/n2677_02.htm　2015年4月9日アクセス）。

葦沢龍人（2012）「医師教育の現状と本学の課題（第1部）──卒前教育」『東京医科大学雑誌』70(3)，285-293ページ。

葦沢龍人・青木昭子（2012）「医師教育の現状と本学の課題（第2部）──卒後教育（新医師臨床研修制度）」『東京医科大学雑誌』70(4)，409-418ページ。

有賀　健・ブルネッロ，ジョルジョ・真殿誠志・大日康史（1996）「企業ヒエラルキーと人的資本形成──内部労働市場と職能別労働市場の比較分析」伊藤秀史編『日本の企業システム』東京大学出版会，81-116ページ。

猪飼周平（2010）『病院の世紀の理論』有斐閣。

石井久子（1997）「日本的雇用慣行の変化──1983年から1996年の推移でみる勤続効果の実証的研究」『高崎経済大学論集』40(1・2)，159-174ページ。

石川経夫（1991）『所得と富』岩波書店。

石田英夫（2002）「日本企業の研究者の人材管理」石田英夫編『研究開発人材のマネジメント』慶應義塾大学出版会，3-28ページ。

井上詔三（1976）「内部労働市場論の再検討」『日本労働協会雑誌』210，21-30ページ。

猪木武徳（1989）「法律職の市場構造について」『日本労働協会雑誌』355，2-13ページ。

猪木武徳（1994）「職業別に見た勤続と経験」『経済研究』45(4)，289-300ページ。

今田敏夫（2007）「医療情勢の変化に対する大学附属病院の役割と病院長としてのリーダーシップ」『W'Waves』13(1)，14-17ページ。

今野浩一郎（2005）「都会のプロフェッショナルたち──デザイナーと情報技術者を中心に」石川晃弘・川喜多喬・田所豊策編『東京に働く人々──労働現場調査20年の成果から』法政大学出版局，25-44ページ。

植村和正（2006）「医学教育改革と卒前教育の変化」『現代医学』53(3)，411-418ページ。

宇仁宏幸（2015）「先進諸国における1980年代以降の雇用構造変化──サービス化と管理・専門職化」『季刊経済理論』51(4)，34-45ページ。

梅澤　隆（2002）「研究機関の研究開発戦略と人的資源管理」石田英夫編『研究開発人材のマネジメント』慶應義塾大学出版会，133-167ページ。

太田　肇（1993）『プロフェッショナルと組織──組織と個人の「間接的統合」』同文舘出版。

大橋勇雄・中村二朗（2002）「転職のメカニズムとその効果」玄田有史・中田喜文編『リストラと転職のメカニズム——労働移動の経済学』東洋経済新報社，145-173ページ。

大湾秀雄・須田敏子（2009）「なぜ退職金や賞与制度はあるのか」『日本労働研究雑誌』585，18-25ページ。

小川千里（2006）「日本におけるプロフェッショナルを対象としたマネジメント施策——コア人材としての可能性の検討から」『経営行動科学』19(3)，221-230ページ。

尾高煌之助（1991）「企業特殊的技能の実相」『経済研究』42(4)，289-295ページ。

小野　旭（1997）『変化する日本的雇用慣行』日本労働研究機構。

小野塚知二（2001）『クラフト的規制の起源——19世紀イギリス機械産業』有斐閣。

科学技術・学術政策研究所編（2013）『民間企業の研究活動に関する調査報告2012』（http://hdl.handle.net/11035/2403　2017年5月3日アクセス）。

草野千秋（2009）『組織内プロフェッショナルのチーム・マネジメントに関する研究』博士論文（京都大学）。

楠田　丘（2002）「新しい経営環境に向けて——これからの病院人事賃金のあり方」病院経営情報研究所編『2002年版　病院賃金実態資料』株式会社産労総合研究所，6-18ページ。

小池和男（2005）『仕事の経済学　第3版』東洋経済新報社。

小池和男編・監修（2006）『プロフェッショナルの人材開発』ナカニシヤ出版。

厚生労働省（2011）「第1回専門医の在り方に関する検討会　事務局提出資料」（http://www.mhlw.go.jp/stf/shingi/2r9852000001rb2x-att/2r9852000001rbqs.pdf　2014年11月28日アクセス）。

厚生労働省（2013）「専門医の在り方に関する検討会　報告書」（http://www.mhlw.go.jp/stf/shingi/2r985200000300ju-att/2r985200000300lb.pdf　2014年11月28日アクセス）。

厚生労働省医薬食品局（2007）「薬剤師養成のための薬学教育実務実習の実施方法について」（http://www.mhlw.go.jp/bunya/iyakuhin/yakuzaishi/dl/yakuzaishi-c.pdf　2014年12月4日アクセス）。

幸田浩文（2010）「わが国企業の賃金・人事処遇制度にみる成果主義の進路」『経営力創成研究』6，111-123ページ。

小村富美子（2011）『日本の薬剤師——医療社会学の視点から』書肆クラルテ。

佐藤　厚（1999）「裁量労働と組織内プロフェッショナル」稲上毅・川喜多喬編『講座社会学6　労働』東京大学出版会，177-196ページ。

佐藤　厚（2001）『ホワイトカラーの世界——仕事とキャリアのスペクトラム』日本労働研究機構。

佐藤　厚（2012a）「企業における人材育成の現状と課題」『社会政策』3(3)，9-24ページ。

佐藤　厚（2012b）「中小機械・金属関連産業における能力開発」『日本労働研究雑誌』618，55-68ページ。

佐藤　厚（2012c）「ILM的企業とOLM的企業——事例調査による基礎付け」『法政大学キャリアデザイン学部紀要』9，439-464ページ。

佐藤博樹（2012）『人材活用進化論』日本経済新聞社。

柴山良彦（2012）「卒後教育における薬剤師専門教育」『YAKUGAKU ZASSHI』132 (12), 1329-1332ページ。

治部眞里・角田英之（2009）『我が国の科学技術人材の流動性調査』科学技術政策研究所第1調査研究グループ（http://hdl.handle.net/11035/896　2017年5月3日アクセス）。

下野恵子・大津廣子（2010）『看護師の熟練形成——看護技術の向上を阻むものは何か』名古屋大学出版会。

情報処理推進機構編（2008）『エンタプライズ系ソフトウェア技術者——個人の実態調査』調査報告書（http://www.ipa.go.jp/files/000004408.pdf　2014年4月24日アクセス）。

情報処理推進機構編（2013a）『情報処理技術者試験統計資料——平成25年度秋期試験全試験区分版』（http://www.jitec.ipa.go.jp/1_07toukei/toukei_h25.pdf　2014年5月6日アクセス）。

情報処理推進機構編（2013b）『IT人材白書2013——強みを活かし多様化の波に乗れ』（http://www.ipa.go.jp/files/000027245.pdf　2014年5月6日アクセス）。

清家　篤（1999）「転換期の日本経済と雇用・労使関係の展望」『日本労働研究雑誌』470, 11-18ページ。

田尾雅夫（1979a）「ローカル・コスモポリタンの概念的枠組みによる看護婦の職業的社会化について」『京都府立大学学術報告人文』31, 19-35ページ。

田尾雅夫（1979b）「自律性の測定——看護婦の場合」『応用心理学研究』2, 1-10ページ。

田尾雅夫（1983）「プロフェッショナリズムにおける態度構造の比較分析」『京都府立大学学術報告人文』35, 159-172ページ。

高梨　昌（1982）『転換期の雇用政策』東洋経済新報社。

竹内　洋（1971）「専門職の社会学」『ソシオロジ』16(3), 45-66ページ。

竹内　洋（1972a）「準・専門職としての教師」『ソシオロジ』17(3), 72-102ページ。

竹内　洋（1972b）「教職の専門職化論」『日本教育社会学学会大会発表要旨集録』24, 180-182ページ。

竹内　洋（1972c）「教職の専門職化の可能性と限界」『日本教育社会学学会大会研究発表要項』31, 148ページ。

竹内　洋（1972d）「官僚制と専門職」『京都大学教育学部紀要』18, 294-317ページ。

都留　康・阿部正浩・久保克行（2003）「日本企業の報酬構造——企業内人事データによる資格，査定，賃金の実証分析」『経済研究』54(3), 264-285ページ。

戸田淳仁（2010）「職種経験はどれだけ重要になっているのか」『日本労働研究雑誌』594, 5-19ページ。

戸田淳仁・樋口美雄（2005）「企業による教育訓練とその役割の変化」樋口美雄・児玉俊洋・阿部正浩編『労働市場設計の経済分析』東洋経済新報社, 251-281ページ。

飛田正之（2006）「高いリスクに対処する人材開発——ファンドマネジャーなど」小池和男編・監修『プロフェッショナルの人材開発』ナカニシヤ出版, 145-181ページ。

富岡次郎（1972）『日本医療労働運動史』勁草書房。

長尾周也（1995）『プロフェッショナルと組織』大阪府立大学経済学部（大阪府立大学経済研究叢書，第83冊）。

中岡哲郎（1971）『工場の哲学——組織と人間』平凡社。

中田喜文（1992）「職種と賃金決定」橘木俊詔編『査定・昇進・賃金決定』有斐閣，137-179ページ。

中野秀一郎（1981）『プロフェッションの社会学——医師，大学教師を中心として』木澤社。

永野　仁（2002）「研究成果と報酬——その決定メカニズムの日英米比較」石田英夫編『研究開発人材のマネジメント』慶応義塾大学出版会，117-131ページ。

西村　健（2012）『新医師臨床研修制度の導入と医師キャリアの変化』修士論文（京都大学）。

西村　健（2017）「学歴と企業規模から見た情報技術者の労働市場——初職からの離職行動に着目して」『日本労務学会誌』18(1)，44-65ページ。

日本学術会議薬学委員会専門薬剤師分科会（2008）『提言　専門薬剤師の必要性と今後の発展——医療の質の向上を支えるために』（http://www.scj.go.jp/ja/info/kohyo/pdf/kohyo-20-t62-12.pdf　2014年12月8日アクセス）。

日本学術会議薬学委員会チーム医療における薬剤師の職能とキャリアパス分科会（2014）『提言　薬剤師の職能将来像と社会貢献』（http://www.scj.go.jp/ja/info/kohyo/pdf/kohyo-22-t184-1.pdf　2014年12月9日アクセス）。

日本看護協会編（2006）『2005年　新卒看護職員の入職後早期離職防止対策報告書』（https://www.nurse-center.net/nccs/scontents/1　2014年12月4日アクセス）。

日本看護協会編（2014）『2012年　病院勤務の看護職の賃金に関する調査報告書』（https://www.nurse.or.jp/nursing/shuroanzen/chingin/data/pdf/wage_report_2012.pdf　2014年12月4日アクセス）。

日本看護協会政策企画部編（2007）『2006年　看護教育基礎調査』日本看護協会調査研究報告，No. 77（http://www.nurse.or.jp/home/publication/seisaku/pdf/77.pdf　2014年12月3日アクセス）。

日本看護協会政策企画部編（2010）『2009年　看護職員実態調査』社団法人日本看護協会（https://www.nurse.or.jp/home/publication/seisaku/pdf/83.pdf　2017年2月6日アクセス）。

日本経営者団体連盟（1995）『新時代の「日本的経営」』日本経営者団体連盟。

日本生産性本部労使協議制常任委員会編（1983）『労使関係白書〈昭和58年版〉　ホワイトカラー化と現代の労使関係』日本生産性本部。

日本専門医制評価・認定機構（2013）『専門医制度整備指針　第4版』（http://www.japan-senmon-i.jp/hyouka-nintei/pdf/fourth.pdf　2014年11月16日アクセス）。

日本労働研究機構編（1999）『専門的職業の労働市場に関する調査研究』資料シリーズ，日本労働研究機構，No. 92。

日本労働研究機構編（2000）『情報産業の人的資源管理と労働市場』調査研究報告書，

日本労働研究機構，No. 134。

野村陽子（2015）『看護制度と政策』法政大学出版局。

橋田　亨・厚田幸一郎・岩川精吾・木村　健・鷲山厚司（2013）「卒後臨床研修として
　　の病院薬剤師レジデント制度に関する調査・研究（最終報告）」『日本病院薬剤師会
　　雑誌』49(8)，806-809ページ。

早川佐知子（2007）「病院組織における派遣労働者の実態——アメリカの看護師を中心
　　に」『経営学研究論集』26，133-148ページ。

早川佐知子（2010）「アメリカにおける派遣看護師の雇用と賃金」『社会政策』1(4)，
　　100-110ページ。

樋口美雄（2001）『雇用と失業の経済学』日本経済新聞出版社。

久本憲夫（1999）「技能の特質と継承」『日本労働研究雑誌』468，2-10ページ。

久本憲夫（2008a）「ドイツにおける職業別労働市場への参入」『日本労働研究雑誌』577，
　　40-52ページ。

久本憲夫（2008b）「第三章　能力開発」仁田道夫・久本憲夫編『日本的雇用システム』
　　ナカニシヤ出版，107-161ページ。

久本憲夫（2010）『日本の社会政策』ナカニシヤ出版。

平林慶史編（2012）『ドクタラーゼ』社団法人日本医師会（http://dl.med.or.jp/dl-med/
　　doctor-ase/pdf/doctor-ase_vol1.pdf　2014年11月９日アクセス）。

藤本昌代（2005）『専門職の転職構造——組織準拠性と移動』文眞堂。

堀有喜衣（2000）「弁護士の業務の多様化とキャリア形成の分化——日本における専門
　　職の労働市場に関する一考察」『日本労働研究雑誌』481，26-35ページ。

増田泰子（1998）「情報処理技術者のキャリア——ホワイトカラーの職種別研究の試み」
　　『大阪大学教育学年報』3，53-68ページ。

三島重顕（2006）『日本におけるフリー・エージェント社会の到来』博士論文（京都大
　　学）。

水島郁子（2010）「勤務医に関する労働法上の諸問題」『日本労働研究雑誌』594，42-52
　　ページ。

三谷直紀（1992）「仕事給（職務給，職能給）と賃金構造」橘木俊詔編『査定・昇進・
　　賃金決定』有斐閣，109-136ページ。

宮下　清（2001）『組織内プロフェッショナル——新しい組織と人材のマネジメント』
　　同友館。

宮本光晴（1996）「技能形成と労働市場構造——国際比較の観点から」『専修経済学論
　　集』30(3)，67-130ページ。

三輪卓己（2011）『知識労働者のキャリア発達——キャリア志向・自律的学習・組織間
　　移動』中央経済社。

村上由紀子（2002a）「アメリカの研究者のキャリアと人材マネジメント」石田英夫編
　　『研究開発人材のマネジメント』慶応義塾大学出版会，315-329ページ。

村上由紀子（2002b）「研究者のキャリアと研究成果」石田英夫編『研究開発人材のマネ
　　ジメント』慶応義塾大学出版会，49-62ページ。

村上由紀子（2003）『技術者の転職と労働市場』白桃書房。

森宏一郎・法坂千代・澤倫太郎（2011）『医学部教育・初期臨床研修制度に関するインタビュー調査——卒前教育・卒後研修のシームレスな連携へ向けて』日医総研ワーキングペーパー，No. 226（http://www.jmari.med.or.jp/download/WP226.pdf　2014年11月18日アクセス）。

守島基博（2002）「研究者の業績と企業の人的資源管理」石田英夫編『研究開発人材のマネジメント』慶応義塾大学出版会，29-47ページ。

文部科学省（2009）「薬学教育に関する基礎資料」薬学系人材養成の在り方に関する検討会，第 1 回配付資料（http://www.mext.go.jp/b_menu/shingi/chousa/koutou/039/siryo/__icsFiles/afieldfile/2010/06/08/1294525_01.pdf　2014年12月 8 日アクセス）。

文部科学省高等教育局医学教育課（2012）「医学教育の現状について」（http://www.mhlw.go.jp/stf/shingi/2r98520000025292-att/2r985200000252bb.pdf　2014年11月28日アクセス）。

谷内篤博（2007）「プロフェッショナルの人材マネジメント」『経営論集』17(1)，63-78ページ。

山口　巧・末丸克矢・荒本博陽（2004）「日本の薬剤師卒後教育の問題点と改善点」『医療薬学』30(11)，739-746ページ。

山本　茂（2009）「プロフェッショナルのスキル形成と知識タイプ」『日本労働研究雑誌』584，39-53ページ。

勇上和史（2001）「転職時の技能評価——過去の実務経験と転職後の賃金」猪木武徳・連合総合生活開発研究所編『「転職」の経済学——適職選択と人材育成』東洋経済新報社，93-113ページ。

吉田あつし（2010）「医師のキャリア形成と医師不足」『日本労働研究雑誌』594，28-41ページ。

吉村治正（1992）「プロフェッション論の変容と展開——社会変動論との関連を念頭に」『社会学研究科紀要』35，45-53ページ。

米本倉基（2011）「欧米との比較による日本の医師報酬政策の検討」『同志社政策科学研究』12(2)，119-130ページ。

ラムザイヤー，J・マーク（2010）「プロフェッショナルの労働市場」『日本労働研究雑誌』594，1ページ。

連合総合生活開発研究所（1995）『平成 6 年度高齢者の雇用環境の整備調査研究』連合総合生活開発研究所。

労働政策研究・研修機構編（2011）『中小製造業（機械・金属関連産業）における人材育成・能力開発』労働政策研究報告書，労働政策研究・研修機構，No. 131。

労働大臣官房政策調査部編（1999）『産業労働事情調査〈平成11年版〉　サービス業就業実態調査』労務行政研究所。

鷲山厚司・山本知佳ほか（2008）「福岡大学病院における薬剤師レジデント制度の構築」『医療薬学』34(9)，853-859ページ。

Althauser, R.P. (1989) "Internal Labor Markets," *Annual Review of Sociology*, 15, pp. 143-161.

Althauser, R.P. and A.L. Kalleberg (1981) "Firms, Occupations, and the Structure of Labor Markets: A Conceptual Analysis," in Berg, I. (ed.), *Sociological Perspectives on Labor Markets*, Academic Press, pp. 119-149.

Altonji, J.G. and R.A. Shakotko (1987) "Do Wages Rise with Job Seniority?," *The Review of Economic Studies*, 54(3), pp. 437-459.

Ariga, K., G. Brunello and Y. Ohkusa (1997) "Occupational and Internal Labor Markets in Japan," *Industrial Relations*, 36(4), pp. 446-473.

Becker, G.S. (1975) *Human Capital: A Theoretical and Empirical Analysis, with Special Reference to Education Second Edition*, University of Chicago Press.

Berlant, J.L. (1975) *Profession and Monopoly*, University of California Press.

Biddle, J. and K. Roberts (1994) "Private Sector Scientists and Engineers and the Transition to Management," *Journal of Human Resources*, 29(1), pp. 82-107.

Byrne, M., W. Valentine and S. Carter (2004) "The Value of Certification: A Research Journey," *AORN Journal*, 79(4), pp. 825-835.

Carr-Saunders, A.M. and P.A. Wilson (1964) *The Professions*, Frank Cass.

Carvajal, M.J. and G.M. Armayor (2015) "The Life-Cycle Argument: Age as a Mediator of Pharmacists' Earnings," *Research in Social and Administrative Pharmacy*, 11(1), pp. 129-133.

Collins, R. (1979) *The Credential Society: An Historical Sociology of Education And Stratification*, Academic Press. (新堀通也監訳 [1984]『資格社会――教育と階層の歴史社会学』有信堂高文社)

Cordero, R., N. Ditomaso and G.F. Farris (1994) "Career Development Opportunities and Likelihood of Turnover among R&D Professionals," *IEEE Transactions on Engineering Management*, 41(3), pp. 223-232.

Doeringer, P.B. and M.J. Piore (1971) *Internal Labor Markets and Manpower Analysis*, D.C. Heath and Company. (白木三秀監訳 [2007]『内部労働市場とマンパワー分析』早稲田大学出版部)

Dranove, D. and M.A. Satterthwaite (1991) "The Implications of Resource-Based Relative Value Scales for Physicians' Fees, Incomes, and Specialty Choices," in Frech III, H. E. (ed.), *Regulating Doctors' Fees*, The AEI Press, pp. 52-70.

Drucker, P.F. (1954) *The Practice of Management*, Harper & Brothers Publishers. (現代経営研究会訳 [1965]『現代の経営 上・下』ダイヤモンド社)

Drucker, P. F. (1969) *The Age of Discontinuity: Guidelines to Our Changing Society*, Heinemann.

Dunlop, J.T. (1966) "Job Vacancy Measures and Economic Analysis," in National Bureau of Economic Research (ed.), *The Measurement and Interpretation of Job Vacancies*, National Bureau of Economic Research, pp. 27-47.

Elliott, P. (1972) *The Sociology of the Professions*, Macmillan.

Etzioni, A. (1964) *Modern Organizations*, Prentice-Hall. (渡瀬浩訳 [1967]『現代組織論』至誠堂)

Eyraud, F., D. Marsden and J.J. Silvestre (1990) "Occupational and Internal Labour Markets in Britain and France," *International Labour Review*, 129(4), pp. 501-517.

Fisher, L.H. (1951) "The Harvest Labor Market in California," *The Quarterly Journal of Economics*, 65(4), pp. 463-491.

Florida, R. (2002) *The Rise of the Creative Class: and How It's Transforming Work, Leisure, Community and Everyday Life*, Basic Books. (井口典夫訳 [2008]『クリエイティブ資本論——新たな経済階級（クリエイティブ・クラス）の台頭』ダイヤモンド社)

Freidson, E. (1970) *Professional Dominance: The Social Structure of Medical Care*, Atherton Press. (進藤雄三・宝月誠訳 [1992]『医療と専門家支配』恒星社厚生閣)

Freidson, E. (2001) *Professionalism, the Third Logic*, The University of Chicago Press.

Friedman, M. (1962) *Capitalism and Freedom*, The University of Chicago Press. (村井章子訳 [2008]『資本主義と自由』日経BP社)

Goode, W.J. (1969) "The Theoretical Limits of Professionalization," in Eztioni, A. (ed.), *The Semi-Professions and Their Organization*, Free Press, pp. 266-313.

Greenwood, E. (1966) "The Elements of Professionalization," in Vollmer, H.M. and D.L. Mills (eds.), *Professionalization*, Prentice-Hall, pp. 9 -18.

Hall, R.H. (1969) *Occupations and the Social Structure*, Prentice-Hall.

Hashimoto, M. and J. Raisian (1985) "Employment Tenure and Earnings Profiles in Japan and the United States," *The American Economic Review*, 75(4), pp. 721-735.

Haug, M.R. (1975) "The Deprofessionalization of Everyone?," in *Sociological Focus*, 8(3), pp. 197-213.

Holtmann, A.G. and T.L. Idson (1993) "Wage Determination of Registered Nurses in Proprietary and Nonprofit Nursing Homes," *Journal of Human Resources*, 29(1), pp. 55-79.

Jones, C.B. and M. Gates (2004) "Gender-Based Wage Differentials in a Predominantly Female Profession: Observations from Nursing," *Economics of Education Review*, 23(6), pp. 615-631.

Joseph, D., B.W. Fong, S. Ang and S.A. Slaughter (2012) "The Career Paths Less (or More) Traveled: A Sequence Analysis of IT Career Histories, Mobility Patterns, and Career Success," *MIS Quarterly*, 36(2), pp. 427-452.

Kabia, M., O. Oni and L. Booher (2013) "Information Technology Certification as a Predictor of Job Performance," *Journal of Leadership and Organizational Effectiveness*, 1(1), pp. 15-32.

Kambourov, G. and I. Manovskii (2009) "Occupational Specificity of Human Capital,"

International Economic Review, 50(1), pp. 63-115.

Kelley, R.E. (1985) *The Gold-Collar Worker: Harnessing the Brainpower of the New Work Force*, Addison-Wesley.

Kerr, C. (1954) "The Balkanization of Labor Markets," in Bakke, E.W. (ed.), *Labor Mobility and Economic Opportunity*, MIT Press, pp. 92-110.

Krause, E.A. (1996) *Death of the Guilds: Professions, States, and the Advance of Capitalism, 1930 to the Present*, Yale University Press.

Kwon, I. and E.M.M. Milgrom (2014) "The Significance of Firm and Occupation Specific Human Capital for Hiring and Promotions," *Labour Economics*, 31, pp. 162-173.

Langbein, L.I. and G.B. Lewis (1998) "Pay, Productivity, and the Public Sector: The Case of Electrical Engineers," *Journal of Public Administration Research and Theory*, 8(3), pp. 391-412.

Laven, D.L. (2002) "A Review on Specialization in Pharmacy—Part I," *Journal of Pharmacy Practice*, 15(3), pp. 267-278.

Leigh, J.P., D. Tancredi, A. Jerant and R.L. Kravitz (2010) "Physician Wages across Specialties: Informing the Physician Reimbursement Debate," *Archives of Internal Medicine*, 170(19), pp. 1728-1734.

Marder, W.D. and R. Willke (1991) "Comparisons of the Value of Physician Time by Specialty," in Frech III, H.E. (ed.), *Regulating Doctors' Fees*, The AEI Press, pp. 260-281.

Marsden, D. (1990) "Institutions and Labour Mobility: Occupational and Internal Labour Markets in Britain, France, Italy and West Germany," in Brunetta, R. and C. Dell'Aringa (eds.), *Labour Relations and Economic Performance*, New York University Press, pp. 414-438.

Marsden, D. (1999) *A Theory of Employment Systems: Micro-Foundations of Societal Diversity*, Oxford University Press. (宮本光晴・久保克行訳 [2007]『雇用システムの理論——社会的多様性の比較制度分析』NTT 出版)

McClelland, C.E. (1991) *The German Experience of Professionalization: Modern Learned Professions and Their Organizations from the Early Nineteenth Century to the Hitler Era*, Cambridge University Press. (望田幸男監訳 [1993]『近代ドイツの専門職——官吏・弁護士・医師・聖職者・教師・技術者』晃洋書房)

Minarik, P.A. and G.K. Chan (2014) "Advanced Practice Nursing in the United States and Japan: Issues Comparison, Lessons Learned and Future Directions for Japan." (http://www.adnr.jp/eng/wp/wp-content/uploads/2014/08/APN_in_US__JAPAN1.pdf 2015年4月14日アクセス)

Murphy, R. (1988) *Social Closure: The Theory of Monopolization and Exclusion*, Oxford University Press. (辰巳伸知訳 [1994]『社会的閉鎖の理論——独占と排除の動態的構造』新曜社)

National Center for Health Statistics (2011) *Health, United States, 2010: with Special Feature on Death and Dying.* (http://www.ncbi.nlm.nih.gov/books/NBK54381/pdf/TOC.pdf 2014年11月13日アクセス)

Niebuhr, B. and M. Biel (2007) "The Value of Specialty Nursing Certification," *Nursing Outlook*, 55(4), pp. 176-181.

Nooney, J.G., L. Unruh and M.M. Yore (2010) "Should I Stay or Should I Go? Career Change and Labor Force Separation among Registered Nurses in the US," *Social Science & Medicine*, 70(12), pp. 1874-1881.

Ohta, S. and T. Tachibanaki (1998) "Job Tenure versus Age: Effects on Wage and the Implication of Consumption for Wages," in Ohashi, I. and T. Tachibanaki (eds.), *Internal Labour Markets, Incentives and Employment*, Macmillan Press, pp. 49-77.

Osterman, P. (1984) "White-Collar Internal Labor Markets," in Osterman, P. (ed.), *Internal Labor Markets*, MIT Press, pp. 163-189.

Pink, D. (2001) *Free Agent Nation*, Warner Business Books. (池村千秋訳 [2002] 『フリーエージェント社会の到来――「雇われない生き方」は何を変えるか』 ダイヤモンド社)

Quan, J.J., R. Dattero and S.D. Galup (2007) "Information Technology Wages and the Value of Certifications: a Human Capital Perspective," *Communications of the Association for Information Systems*, 19, pp. 81-114

Reich, R.B. (1991) *The Work of Nations: Preparing Ourselves for 21st-Century Capitalism*, Alfred A. Knopf. (中谷巌訳 [1991] 『ザ・ワーク・オブ・ネーションズ――21世紀資本主義のイメージ』 ダイヤモンド社)

Rothman, R.A. (1984) "Deprofessionalization: The Case of Law in America," *Work and Occupations*, 11(2), pp. 183-206.

Sechrist, K.R., W. Valentine and L.E. Berlin (2006) "Perceived Value of Certification among Certified, Noncertified, and Administrative Perioperative Nurses," *Journal of Professional Nursing*, 22(4), pp. 242-247.

Selder, A. (2006) "Medical Associations, Medical Education and Training on the Job," *CESifo Economic Studies*, 52(3), pp. 548-564.

Shapero, A. (1985) *Managing Professional People*, The Free Press.

Smart, D.R. (ed.) (2014) *Physician Characteristics and Distribution in the US*, American Medical Association.

Smith, D.R. (1983) "Mobility in Professional Occupational-Internal Labor Markets: Stratification, Segmentation and Vacancy Chains," *American Sociological Review*, 48, pp. 289-305.

Sullivan, P. (2010) "Empirical Evidence on Occupation and Industry Specific Human Capital," *Labour Economics*, 17(3), pp. 567-580.

Tachibanaki, T. (ed.) (1998) *Wage Differentials: An International Comparison*, Macmillan Press.

The Board of Pharmacy Specialties (BPS) (2014) *BPS Pharmacy Specialty Structure and Framework Discussion Paper July 2014.* (http://www.bpsweb.org/about/BPS_structure_discussion_paper.pdf 2014年12月14日アクセス)

Tsai, H., D. Compeau and N. Haggerty (2007) "Of Races to be Run and Battles to be Won: Technical Skill Updating, Stress, and Coping of IT Professionals," *Human Resource Management,* 46(3), pp. 395-409.

US Department of Health and Human Services (2008) *The physician Workforce: Projections and Research into Current Issues Affecting Supply and Demand.* (http://www.uiowa.edu/~ibl/documents/physicianworkforce.pdf 2014年11月7日アクセス)

Van Jaarsveld, D.D. (2004) "Collective Representation among High-Tech Workers at Microsoft and Beyond: Lessons from WashTech/CWA," *Industrial Relations,* 43(2), pp. 364-385.

White, H.C. (1970) *Chains of Opportunity: System Models of Mobility in Organizations,* Harvard University Press.

Wilensky, H.L. (1964) "The Professionalization of Everyone?," *The American Journal of Sociology,* 70(2), pp. 137-158.

Witz, A. (1992) *Professions and Patriarchy,* Routledge.

Zangelidis, A. (2008) "Occupational and Industry Specificity of Human Capital in the British Labour Market," *Scottish Journal of Political Economy,* 55(4), pp. 420-443.

Zweifel, P. and R. Eichenberger (1992) "The Political Economy of Corporatism in Medicine: Self-Regulation or Cartel Management?," *Journal of Regulatory Economics,* 4(1), pp. 89-108.

あ と が き

　本書は筆者が京都大学大学院経済学研究科へ提出した博士論文を大幅に書き改めたものである。各章の初出論文とその原題を示せば以下の通りとなる。

第1章　"Reconsidering the Concept of Modern Professionals," *The Kyoto Economic Review*, 82（1/2）, pp. 2-18, 2013.

第2章　「賃金と労働移動から見た日本のプロフェッショナル労働市場」『経済論叢』189(2), 29-48ページ, 2015年6月。

　　　　「プロフェッショナル労働市場の分析枠組みの検討――内部労働市場論から」『大原社会問題研究所雑誌』688, 57-72ページ, 2016年2月。

第3章　「プロフェッショナルの職業別労働市場はどの程度形成されているのか？――情報処理技術者, 研究開発者, 医療専門職の技能形成の比較から」社会政策学会第128回大会報告論文, 中央大学, 2014年6月。

第4章　「プロフェッショナルは自身の専門能力についてどれほど汎用性があると感じているのか？」『日本労働研究雑誌』655, 83-92ページ, 2015年1月。

第5章　前掲「賃金と労働移動から見た日本のプロフェッショナル労働市場」

第6章　「職種固有の人的資本か？　労働市場の制度的要因か？――米国プロフェッショナルの賃金構造分析」『松山大学論集』28(5), 69-93ページ, 2016年12月。

第7章　書き下ろし

本書の分析は主に2000年代のプロフェッショナル労働市場を舞台として行われているが，その後の労働市場を取り巻く環境・制度の変化については全くフォローできていない。よって，本書の内容には現状にそぐわない箇所があるかもしれない。また，博士論文執筆の段階から常に悩みの種だったのは，職業ごとの労働市場の制度や特性を十分に理解することの難しさであったが，各職種の労働市場の現状認識に関しても，筆者の理解不足により不正確なところもあろうかと思う。これらの点については読者からの忌憚のないご批判を待つよりほかない。さらに，国際比較を行ったとはいえ，アメリカに関する分析は十全なものからはほど遠いという自覚もある。アメリカはもとより，それ以外の国も含めたプロフェッショナル労働市場の国際比較研究にも，今後腰を据えて取り組んでいきたい。

　また，本書では労働供給側に重点を置いてプロフェッショナル労働市場を捉えたが，それは逆に労働需要の側，すなわち企業がプロフェッショナルやその労働をどのように捉えているのかという視点を希薄にしてしまった。後者の視点を加えることがプロフェッショナル労働市場のイメージをより具体的に立ち上がらせる上で，決定的に重要なことは言うまでもない。例えば，医療労働市場の管理的ルールの形成史が政労使に職能団体を交えた闘いの歴史であったように（富岡 1972)，様々なアクター間の利害調整を経てプロフェッショナル労働市場とその管理的ルールは現在の姿をとっている。その歴史的経過を跡付けることこそが，筆者の次なる課題であるように今は感じている。

　さて，本書がなるにあたって，筆者は実に多くの先生方から学ぶことができた。学部時代の指導教員だった西村周三先生には，経済学の面白さを教えていただき，また卒業論文の作成時には厳しいご指導も賜ったが，それは筆者が研究者の道に進むきっかけとなった。

　筆者を研究者としての現在の姿に育ててくださったのは，大学院進学後の指導教員だった久本憲夫先生である。先生の指導方法は実におおらかなものであったが，いつも熱く語り，何より真理の探究に熱心な先生の姿からは，学問

の面白さと厳しさ，そして独創性の大切さを教わった。さらに，怠けがちな筆者に博士論文を手直しして出版するよう何度も勧めてくださったのも久本先生であった。先生のお言葉がなければ，本書が完成に至ることはなかったように思う。また，大学院進学直後に加えていただいた京大病院医師のワーク・ライフ・バランス調査では，医師の大越香江先生にもお世話になった。

　博士課程進学後には宇仁宏幸先生のご指導も賜った。特に印象深いのは J.R. Commons の *Institutional Economics* の輪読で，残念ながら当時はそれを十分消化することはできなかったが，今となっては筆者の研究上の視野を広げていただいたと感謝している。

　学会や研究会などの場でいただいたコメントも，本書の視野を広げる上で欠かせないものであった。特に社会労働研究会では玉井金五先生をはじめ，参加者の先生方から貴重なアドヴァイスと研究上の刺激をいただいた。この場を借りて感謝申し上げたい。

　本書を上梓するにあたっては，筆者の現在の勤務先である松山大学から出版助成を受けることができた。松山大学経済学部では，安田俊一学部長をはじめ同僚の先生方によるサポートのおかげで，筆者は充実した日々を過ごすことができている。また，厳しい出版事情の折に，本書の出版を快く引き受けてくださったミネルヴァ書房と編集部の梶谷修氏には心より感謝申し上げる。

　最後になるが，研究者になるという筆者の進路を応援してくれた父・和明と母・富美，松山での新生活に安らぎを与えてくれる妻・麻理子と娘の詩織に感謝し，本書を捧げたい。

2017年12月

著 者　西村　健

索　引

〈著者紹介〉

西村 健（にしむら・たけし）
1986年 兵庫県生まれ。
2010年 京都大学経済学部卒業。
2012年 京都大学大学院経済学研究科修士課程修了。
2015年 京都大学大学院経済学研究科博士後期課程修了，博士（経済学）。
　　　　京都大学大学院経済学研究科ジュニア・リサーチャーなどを経て，
現 在　松山大学経済学部経済学科講師（専門は労働経済学）。
主 著　「学歴と企業規模から見た情報技術者の労働市場──初職からの離職行動に着目して」
　　　　『日本労務学会誌』18(1)，2017年。
　　　　「プロフェッショナル労働市場の分析枠組みの検討──内部労働市場論から」『大原社会
　　　　問題研究所雑誌』688，2016年。
　　　　「プロフェッショナルは自身の専門能力についてどれほど汎用性があると感じているの
　　　　か？」『日本労働研究雑誌』655，2015年。
　　　　その他

松山大学研究叢書　第94巻
プロフェッショナル労働市場
──スキル形成・賃金・転職の実態分析──

2018年3月30日　初版第1刷発行　　　　　　〈検印省略〉

定価はカバーに
表示しています

著　者　西　村　　　健
発行者　杉　田　啓　三
印刷者　藤　森　英　夫

発行所　株式会社　ミネルヴァ書房
607-8494　京都市山科区日ノ岡堤谷町1
電話代表　(075)581-5191番
振替口座　01020-0-8076番

©西村　健，2018　　　亜細亜印刷・新生製本

ISBN978-4-623-08264-3

Printed in Japan